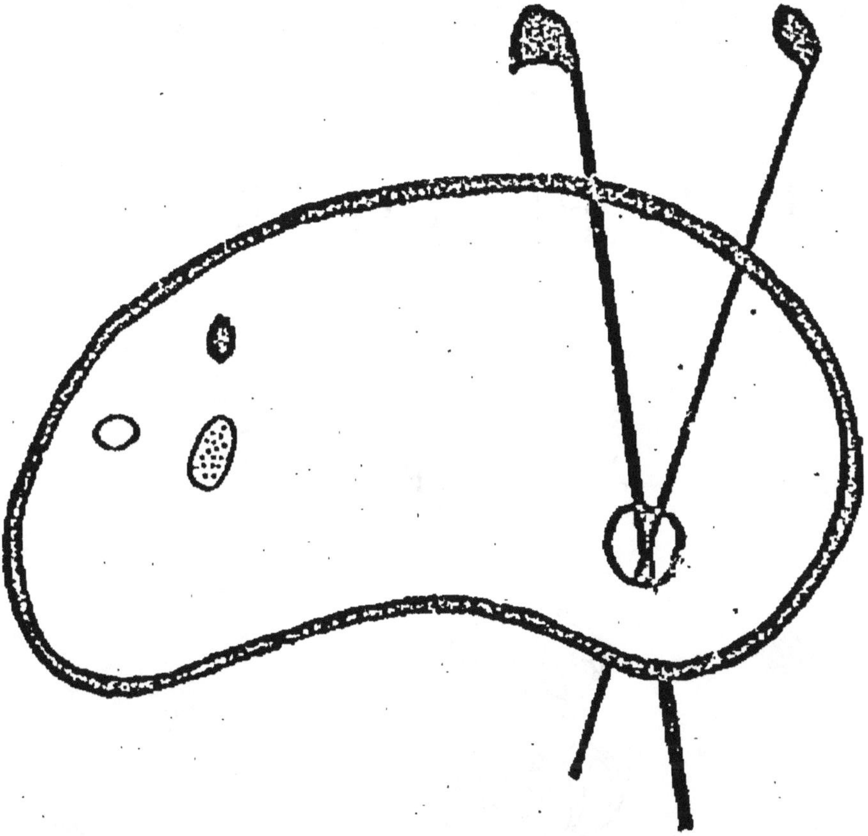

DEBUT D'UNE SERIE DE DOCUMENTS
EN COULEUR

FRÉDÉRIC MASSON

NAPOLÉON
ET
LES FEMMES

I

L'AMOUR

PARIS
PAUL OLLENDORFF, ÉDITEUR
28 bis, RUE DE RICHELIEU, 28 bis
1894
Tous droits réservés.

LIBRAIRIE PAUL OLLENDORFF
28 bis, Rue de Richelieu, Paris

Collection grand in-18 à 3 fr. 50 le volume.

ADAM (Paul). — Les Images sentimentales.
ALLAIS (Alphonse). — A se tordre. — Le Parapluie de l'Escouade.
BERGERAT (Emile). — Le Viol. — Le Petit Moreau. — Le Chèque.
BONNIÈRES (Robert de). — Mémoires d'Aujourd'hui (1re, 2e et 3e séries). — Les Monach. — Jeanne Avril. — Le Baiser de Maïna. — Le Petit Margemont. — Contes à la Reine.
CAHU (Théodore). — Chez les Allemands. — Petits Potins militaires. — Pardonnée ? — Second Mariage. — Un Cœur de Père. — Georges et Marguerite.
CAPUS (Alfred). — Qui perd gagne. — Faux départ.
CARETTE (Mme A.). — Souvenirs intimes de la Cour des Tuileries (1re, 2e et 3e sér.).
CAROL (Jean). — L'Honneur est sauf. (Ouvr. cour. par l'Académie française.). — Le Portrait. — Réparation.
CASE (Jules). — La Petite Zette. — Une Bourgeoise. — La Fille à Blanchard. — Bonnet Rouge. — Ame en Peine. — L'Amour Artificiel. — Un jeune Ménage. — Promesses.
CATULLE MENDÈS. — Les Boudoirs de Verre. — Pour les Belles Personnes. — L'Envers des Feuilles. — La Princesse nue. — Pour dire devant le monde. — Nouveaux Contes de Jadis.
DELPIT (Albert). — Le Fils de Coralie. — Le Mariage d'Odette. — La Marquise. — Le Père de Martial. — Les Amours cruelles. — Solange de Croix-Saint-Luc. — Mlle de Bressier. — Thérésine. — Disparu. — Passionnément. — Comme dans la Vie. — Toutes les deux. — Belle-Madame.
DROZ (Gustave). — Autour d'une Source. — Babolain. — Le Cahier bleu de Mademoiselle Cibot. — L'Enfant. — Entre nous. — Les Etangs. — Monsieur, Madame et Bébé. — Tristesses et Sourires. — Une Femme gênante. — Un Paquet de lettres.
DROZ (Paul). — Lettres d'un Dragon. (Ouvr. cour. par l'Acad. française.)
FOUCHER (Paul). — Le Droit de l'Amant — Monsieur Bienaimé. — « Fin Papa.... »
GAULOT (Paul). — Mlle de Poncin. — Le Mariage de Jules Lavernat. — L'Illustre Casaubon. — Un Complot sous la Terreur. (Ouvr. cour. par l'Acad. française.) — La Vérité sur l'expédition du Mexique, 3 vol. (Ouvr. cour. par l'Acad. française.) — Un ami de la Reine.
HÉRISSON (Cte d'). — Journal d'un Officier d'ordonnance. — Journal d'un Interprète en Chine. — Nouveau Journal d'un Officier d'ordonnance. — Journal de la Campagne d'Italie. — Un Drame royal. — Le Prince Impérial. — Les Girouettes Politiques
HERMANT (Abel). — Les Confidences d'une aïeule.
LEBLANC (Maurice). — Une Femme.
LOCKROY (Ed.). — Ahmed le Boucher. — Une Mission en Vendée, 1793.
MAEL (Pierre). — Mer Sauvage. — Charité. — Le Torpilleur 29. — L'Alcyone. — La Double Vue. — Gaîtés de bord. — Solitude. — Pilleur d'Epaves. — Honneur, Patrie.
MAIZEROY (René). — Bébé Million. — La Belle. — Cas passionnels. — La Fête.
MAUPASSANT (Guy de). — Les Sœurs Rondoli. — Monsieur Parent. — Le Horla. — Pierre et Jean. — Clair de Lune. — La Main gauche. — Fort comme la mort. — La Vie Errante. — Notre Cœur. — La Maison Tellier. — Mlle FiFi. — Une Vie. — La Paix du Ménage.
MIRBEAU (Octave). — Le Calvaire. — L'Abbé Jules.
MONTJOYEUX. — Les Femmes de Paris. — La Vie qui parle.
OHNET (G.). — Serge Panine. (Ouvr. cour. par l'Acad. française.) — Le Maître de Forges. — La comtesse Sarah. — Lise Fleuron. — La Grande Marnière. — Les Dames de Croix-Mort. — Noir et Rose. — Volonté. — Le Docteur Rameau. — Dernier Amour. — L'Ame de Pierre. — Dette de Haine. — Nemrod et Cie. — Le Lendemain des Amours.
PERRET (Paul). — Sœur Sainte-Agnès. — Les Filles Mauvoisins. — L'Amour et la Guerre.
RAMEAU (Jean). — Fantasmagories. — Le Satyre. — Possédée d'amour. — Simple. — L'Amour d'Annette. — La Mascarade. — Mademoiselle Azur.
RENARD (Georges). — Un exilé.
RZEWUSKI (Cte St.). — Alfredine. — Le Doute. — Le Justicier. — Deborah.
SAUSSINE (Henri de). — Le Nez de Cléopâtre.
SILVESTRE (Armand). — Les Farces de mon ami Jacques. — Les Malheurs du Commandant Laripète. — Les Veillées de Saint-Pantaléon.
TASTEVIN (Alfred). — Carnet d'un Séminariste-soldat.
THEURIET (André). — La Maison des Deux Barbeaux. — Les Mauvais Ménages. — Sauvageonne. — Michel Verneuil. — Eusèbe Lombard. — Au Paradis des Enfants.
UCHARD (Mario). — Mon Oncle Barbassou. — Joconde Berthier. — Mademoiselle Blaisot. — Inès Parker. — La Buveuse de Perles. — L'Etoile de Jean. — Antoinette ma Cousine.

Paris. — Typ. Chamerot et Renouard, 19, rue des Saints-Pères. — 30337.

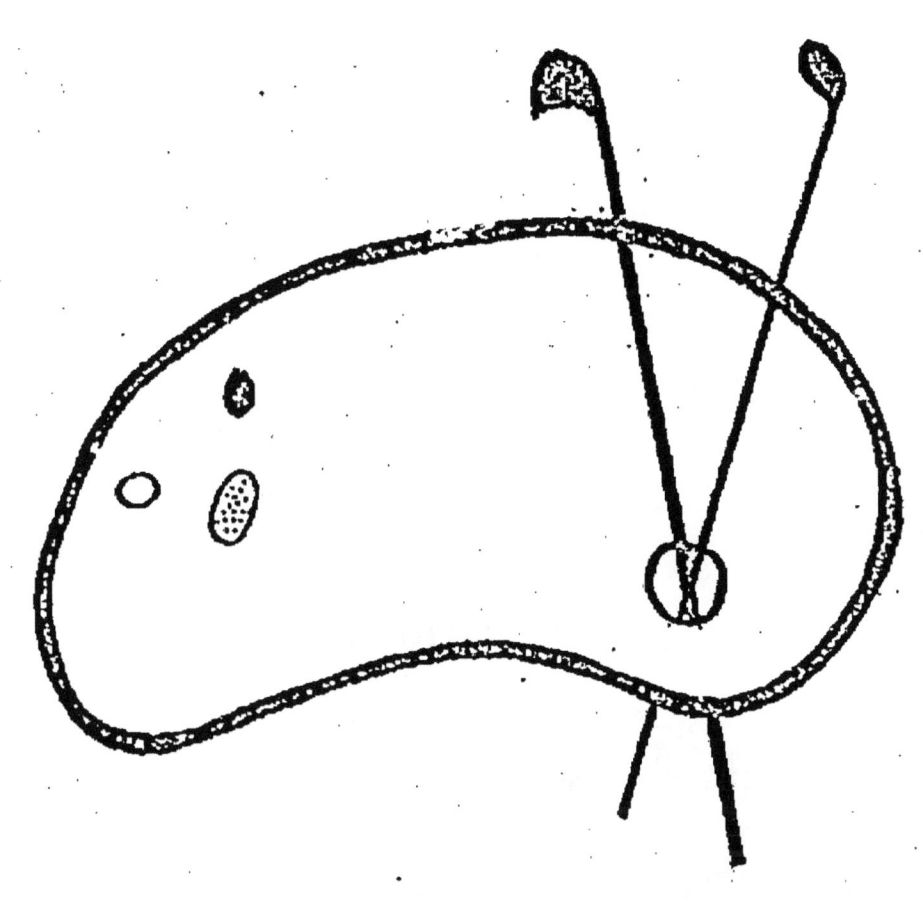

FIN D'UNE SERIE DE DOCUMENTS EN COULEUR

NAPOLÉON

ET

LES FEMMES

Tous droits de reproduction et de traduction réservés pour tous les pays, y compris la Suède et la Norvège.

S'adresser, pour traiter, à M. PAUL OLLENDORFF, *Éditeur,*
28 bis, rue de Richelieu, Paris.

FRÉDÉRIC MASSON

NAPOLÉON

ET

LES FEMMES

I

L'AMOUR

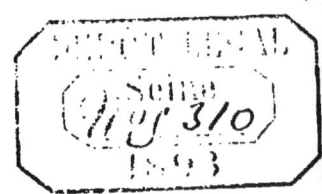

PARIS

PAUL OLLENDORFF, EDITEUR

28 *bis*, RUE DE RICHELIEU, 28 *bis*

1894

Tous droits réservés.

Il a été tiré dix exemplaires sur papier de Hollande numérotés à la presse.

INTRODUCTION

La plupart des chapitres qui composent ce livre ont paru dans le Supplément littéraire du *Figaro*, du mois d'avril au mois de septembre 1893. Voici comment j'ai été amené à les écrire.

Dans le *Courrier* que ce journal publie périodiquement, un anonyme avait posé cette question : « *Quelles sont les femmes avec qui Napoléon Ier entretint de légères liaisons comme jeune homme, puis comme consul et enfin, comme empereur? Eut-il dans sa vie une grande passion? Pour qui?* »

Les réponses se faisaient attendre, étaient peu concluantes ou médiocrement informées. Le directeur du Supplément littéraire, M. Périvier, avait entendu dire que, depuis longtemps, je réunissais des documents sur la vie intime de Napoléon. Il s'imagina que je pouvais fournir à ses lecteurs l'indication désirée. Je la donnai. Mais un tel sujet ne pouvait se traiter en cent lignes et ce n'était là qu'un sommaire. On m'engagea à le développer et, de là, sont nés ces articles, conçus en pleine indépendance, écrits en pleine liberté, et auxquels le *Figaro* a offert une hospitalité dont je lui suis profondément reconnaissant.

Si le public a paru les accueillir avec quelque faveur, si beaucoup de journaux, en France et à l'étranger en ont reproduit des fragments, on ne m'a ménagé d'autre part ni les injures anonymes, ni les reproches déguisés.

La plupart de ceux qui, de 1870 à 1879, depuis la chute de l'Empire jusqu'à la mort du Prince impérial, m'ont vu, à leurs côtés, dans les rangs du parti bonapartiste, ont blâmé ces articles, qu'ils ont trouvés inopportuns et irrespectueux. Ils ne m'ont point fait l'injure de croire que j'eusse pour un intérêt déguisé ma pensée, ou que je recherchasse quelque occasion de renier mon passé, mais ils se sont dit — quelques-uns me l'ont dit à moi-même — que la passion d'écrire et le désir de me voir imprimé en bon lieu, la préoccupation de plaire au public et le goût de lui donner des anecdotes inédites m'avaient entraîné à exposer et à commenter certains faits que j'aurais dû taire; que j'avais une façon à moi d'être bonapartiste qui ne leur agréait point, et que, si ma passion pour Napoléon m'amenait à révéler des histoires de cette sorte, un ennemi n'eût point fait pis.

Ce sont là les accusations. Je ne les diminue, ni ne les aggrave. Il me serait aisé de n'y point répondre ; mais, durant vingt années, j'ai partagé les passions, les espérances, les joies et les deuils de ceux qui m'accusent. Je tiens à l'amitié de quelques-uns et j'entends garder l'estime de tous. Je veux donc m'expliquer avec eux puisque l'occasion s'en présente : je regrette d'être contraint de le faire devant le public que ces querelles n'intéressent point, qui sait à peine que j'existe, qui ignore mon passé et qui trouvera ces pages un hors-d'œuvre dans le livre qu'il achète ; mais, jusqu'ici, nul n'a soupçonné ma loyauté : j'ai toujours marché le front haut et le visage découvert. Il ne saurait donc me convenir de reculer devant une explication qui depuis longtemps me paraissait nécessaire et qui est à présent indispensable. Ce livre, en effet, n'est que le premier d'une série d'études que je publierai successivement. J'entends y exposer le résultat de mes recherches avec une entière et complète indépendance. Je tiens donc à dire à mes anciens amis politiques pourquoi jadis je me suis engagé dans leurs rangs, pourquoi aujourd'hui je me sens libre d'agir à ma guise et d'écrire à ma mode, sans accepter d'eux aucun mot d'ordre, sans recevoir aucune consigne, sans admettre aucune censure.

Les hommes qui, après 1870, ont formé l'état-major du parti bonapartiste venaient en immense majorité des anciens partis, légitimiste ou orléaniste ;

même ceux qui, de la République de 1848 s'étaient ralliés au prince Louis-Napoléon, avaient des attaches réactionnaires. Tous avaient été engagés à la fidélité envers l'Empire tombé par les places qu'ils avaient occupées, les grâces qui avaient été faites à eux ou à leur famille, le désir de jouer un nouveau rôle, l'ambition fort légitime de retrouver les positions qu'ils avaient perdues ou d'en occuper de supérieures.

Ils se flattaient de connaître le seul système d'administration qui convînt à leur pays. Ils avaient appliqué ce système avec une habileté qui n'est point contestable, une intégrité à laquelle on commence seulement à rendre justice, une équité professionnelle qui a disparu. Chacun d'eux a le droit de dire qu'il a été pour une large part dans la prospérité matérielle dont la France a joui pendant quarante ans. L'esprit de gouvernement était en eux : ils savaient commander et obéir. Ils possédaient entières les vertus de leur classe et y joignaient une vertu moins commune dans cette classe même, celle du sacrifice.

Ils tombaient d'accord que, en l'an XII comme en 1852, l'Empire avait été en principe une délégation de la souveraineté nationale. Ils ne pouvaient donc, quelles que fussent au fond les répugnances de plusieurs d'entre eux contre le suffrage universel, rompre en visière avec lui; mais ils tenaient les consultations acquises pour suffisantes, ne se résignaient que mal à la nécessité d'un plébiscite nouveau, et repoussaient avec horreur tout gouvernement démocratique qui n'avait point l'hérédité pour base. C'est que, en effet, si l'Empire leur plaisait parce qu'il avait été un régime d'autorité et que la plupart d'entre eux — au moins tant qu'ils ne furent point entrés au parlement — haïssaient sincèrement le parlementarisme, il leur agréait surtout parce que, dans sa formule dynastique héréditaire, il leur présentait une conciliation pratique entre la monarchie qu'ils regrettaient et la part de la démocratie qu'ils jugeaient inévitable. L'Empereur leur apparaissait, non pas comme l'organisateur prédestiné d'une société nouvelle, mais comme le gardien et le protecteur des intérêts de la société ancienne. Par là, la plupart d'entre eux se rattachaient de si près aux opinions *conservatrices* qu'ils arrivaient à se confondre avec les *Conservateurs*, c'est-à-dire avec les partisans des deux monarchies bourboniennes. Sauf sur la question de l'origine du pouvoir et sur quelques applications secondaires du pouvoir même, ils étaient d'accord avec eux sur tous les points, et, si un Napoléon s'était avisé de discuter ce programme, c'eût été le programme qu'ils eussent préféré au Napoléon.

La doctrine législative, religieuse, politique, qui résulte des actes, des écrits, des modes de gouvernement de Napoléon Ier, ils ne l'acceptaient que sous les réserves les plus expresses; souvent même ils s'en détachaient entièrement. Napoléon III était trop près encore pour qu'on pût le renier aussi librement. Toutefois, on ne se gênait point pour penser qu'il avait été bien loin, que certaines des lois qu'il avait proposées étaient singulièrement révolutionnaires, et, si l'on se parait assez volontiers des mesures prises sur son initiative pour améliorer le sort du peuple, on considérait que c'était là un maximum, et que avancer davantage, reprendre même certains projets déjà étudiés, ce serait compromettre *la Société*. Pour ne citer que deux points, il n'est pas douteux que la liberté des grèves et l'obligation de l'instruction primaire avaient peu ou n'avaient point de défenseurs. Dans la politique extérieure, c'était pis encore : pas un n'eût soutenu le principe des nationalités; pas un n'eût fait sincèrement l'apologie de la guerre entreprise pour l'indépendance de l'Italie; la guerre de Crimée, celle de Chine, trouvaient grâce péniblement : en telle façon que, si l'on essayait de rechercher quelle somme d'idées, appartenant à l'Empereur Napoléon III, les chefs du parti bonapartiste avaient retenues pour former leur corps de doctrines, on était surpris de n'en trouver presque absolument aucune. Par contre, ils professaient des théories qui venaient des légitimistes, des orléanistes, ou même des parlementaires républicains. Et c'est ainsi qu'on avait constitué un bonapartisme où il manquait aussi bien les idées des Bonapartes qu'il y manque à présent le Bonaparte même.

Cette annihilation de la doctrine napoléonienne aux mains de ceux qui, très sincèrement, s'en proclamaient les défenseurs ne s'est accomplie que petit à petit; le travail de désagrégation n'a commencé à être visible que du jour où quelques-uns d'entre eux, étant entrés dans l'Assemblée nationale, se sont constitués en groupe parlementaire, ont recherché des alliances avec les autres groupes et ont contribué à la chute de M. Thiers et à la nomination de M. le maréchal de Mac-Mahon. Dès lors, ils n'ont plus été qu'une fraction de l'Union conservatrice, et, comme ceux-là qui formaient l'immense majorité de cette Union conservatrice étaient des royalistes, les bonapartistes ont été absorbés par eux. Les contacts journaliers, les alliances de couloirs, les relations de société ont fondu ensemble des couleurs qui déjà n'étaient plus que des nuances, si bien que, après vingt-trois ans écoulés, il est devenu impossible de distinguer, à la politique qu'ils suivent, les députés qui avaient été élus comme bonapartistes de ceux qui ont été nommés comme monarchistes.

Tout naturellement, presque dès les premiers jours, ils avaient jugé que le mandat dont ils étaient investis les revêtait d'une autorité à part et leur attribuait la direction : ils considérèrent que, étant sur place, participant dans une mesure au gouvernement, ayant en tout cas une vue directe sur ses actes, ils étaient plus aptes que qui que ce fût à juger ce qu'il fallait faire dans l'intérêt du parti.

Ils n'admettaient donc que *ad referendum* les ordres de leur Prince, les discutaient et le plus souvent refusaient de les suivre. Lorsque l'exécution de ces ordres eût pu, dans la moindre mesure, compromettre leur réélection, ils se révoltaient franchement, car l'intérêt primordial du parti, tel qu'ils le comprenaient, était qu'ils conservassent leur siège. Et ainsi, sans se douter même qu'ils mettaient à bas, par la pratique, l'unique principe politique qui leur restât, ils substituaient à la doctrine d'autorité une doctrine d'autant plus étroitement parlementaire, que, dans leur parlement au petit pied, chacun d'eux ayant perdu le sens de l'obéissance se croyait apte à commander.

Ainsi, peu à peu, s'est effrité ce qui pouvait rester d'état-major au parti napoléonien. Durant la minorité du Prince impérial, le parlementarisme s'y est glissé. Lorsque le Prince impérial, majeur, voulut reprendre la direction qui lui appartenait, il éprouva de telles résistances que vraisemblablement le projet de son départ au Zululand lui a été inspiré par la pensée que, au retour, il serait mieux en mesure de faire respecter son autorité. Dès que le prince Napoléon tenta de s'établir comme le chef, les révoltes se manifestèrent, et elles prirent le caractère que l'on sait lorsqu'il prétendit séparer son drapeau des drapeaux monarchiques. A présent, c'est bien simple : c'est fini du groupe comme du parti. Celui-ci est mort de celui-là. Le parti s'est de nouveau fondu dans la nation ; mais le jour où celle-ci rencontrera l'homme qui incarnera ses aspirations de gloire, d'autorité et de rénovation sociale, le courant populaire se reformera de lui-même, le parti renaîtra, et si l'homme est à la hauteur de sa mission, l'on verra de quelle valeur seront alors les machinations des parlementaires bourgeois pour s'opposer à la marche de celui que Carlyle nomme si justement « le Héros ».

Ces idées triompheront tôt ou tard, ou bien il n'y aura plus de France. C'est là l'unique conviction qui demeure en mon esprit, mais d'autant plus ferme que l'aventure que nous avons vu courir il y a quelques années n'a pu l'ébranler. Si l'homme que poussait alors vers le pouvoir suprême une incroyable fortune, n'a pu l'atteindre et a été précipité du faîte où il touchait, c'est qu'il s'est manqué à lui-même, c'est qu'il n'avait point l'âme à la hauteur de ses destinées, c'est que l'on ne s'improvise point César, on ne le devient même point : on naît tel.

Je ne devais rien à l'Empire ; je n'avais nul lien de famille qui m'attachât aux Bonapartes, nulle obligation de reconnaissance. On m'a payé une pension nationale de 600 francs jusqu'à l'âge de seize ans : c'était le prix de la mort de mon père, tué le 23 juin 1848. La République, en m'adoptant avec les autres orphelins m'avait fait ce don; je ne pense pas qu'on le trouve excessif, et ce n'était point ce bienfait qui m'avait rendu républicain.

Je l'étais ardemment, sous l'Empire, parce que l'éducation classique, une jeunesse solitaire, beaucoup de lectures et une certaine rectilignité dans les idées m'avaient fait tel. Je me représentais une république fondée sur la vertu, comme la veut Montesquieu, et les hommes de la Révolution, grâce à la légende, m'apparaissaient les plus vertueux qui eussent jamais existé. Je ne doutais point que ceux qui disaient suivre leur exemple ne fussent tels, et que la Montagne ne fût exclusivement fréquentée par des gens de bien, aux âmes nettes et aux mains pures. De toutes les constitutions une seule me semblait avoir des origines légales, émaner de la souveraineté du peuple et contenir les articles fondamentaux de la foi républicaine : c'était la constitution de 93. Il est vrai qu'elle n'avait jamais été mise en vigueur, mais elle était à ce point théorique que l'on eût dit qu'elle avait été rédigée par Rousseau lui-même.

Il est sain de rêver ainsi. Napoléon a dit : « Il y a eu de bons Jacobins. Il a existé une époque où tout homme ayant l'âme un peu élevée devait l'être. Je l'ai été moi-même, comme tant de milliers d'autres gens de bien. » C'est là une compagnie que, sur un tel garant, l'on peut avouer. Ceux qui dans la jeunesse ne vont point à ces idées, ne les poussent point à l'extrême, qui déjà prétendent être pratiques et modérés, sauront peut-être mieux mener leur fortune et s'avancer dans la vie, mais ils n'auront jamais senti sur leur front l'ombre rafraîchissante de ces grandes ailes qui enlèvent l'esprit, au-dessus de la boue terrestre, vers la grande, l'éternelle patrie des âmes droites et justes, la patrie des rêveurs et des sages. Ils n'auront point gardé, de ce rapide passage à travers le bien idéal, l'aspiration continuelle vers le progrès, seule religion qui soutienne l'examen et qui brave la critique. Ils ignoreront toujours la joie que donne à la conscience la recherche désintéressée de la vérité. Ils seront des hommes d'expédients, non des hommes de principes. Ils se plieront aux faits et tiendront que, pourvu qu'ils leur apportent des gages plus ou moins forts, les gouvernements sont meilleurs ou pires. Ils sont les habiles et on les en loue. Mieux vaut sans doute, pour soi, rester avec les honnêtes gens et qu'on vous en blâme.

On ne croit pas très longtemps à la Constitution de 1793 lorsque l'on a l'instinct de la recherche et le désir de s'instruire. Devant les livres, les brochures, les journaux accumulés, mon enthousiasme pour les hommes du passé s'éteignait graduellement, et un peu d'expérience des êtres me montrait ceux du présent tels à peu près qu'ils étaient.

Des constitutions qui avaient été soumises à la nation, qui par suite avaient, en droit démocratique, des origines légitimes, celle de l'an VIII me paraissait viciée à son origine par le 18 Brumaire, celle de 1852 par le 2 Décembre ; mais pourtant comment m'expliquer qu'une telle consultation solennelle, quatre fois renouvelée, eût donné des résultats identiques? Si contraint qu'eût été le peuple, comment admettre qu'il n'eût point trouvé quelque moyen de manifester sa haine ou son mépris, si les hommes qui s'étaient proposés à son vote lui avaient été odieux comme on disait, si les idées qu'on avait présentées à son acceptation avaient révolté ses sentiments intimes? Cela était étrange et me donnait à penser. D'ailleurs, si le plébiscite de 1851 était nul, l'élection populaire de 1848 gardait sa pleine valeur et, là, l'on ne pouvait parler ni de pression ni de terreur. S'il y avait eu pression, c'étaient les autres qui l'avaient tentée. L'âme populaire, échappée aux griffes des bourgeois, malgré la candidature officielle la plus éhontée, malgré la rage des parlementaires, malgré la terreur des déportations, le spectre rouge, les baïonnettes sanglantes, malgré les risées et les caricatures, malgré la presse déchaînée, la police aboyante et un ministère d'honnêtes gens arrêtant les diligences, cette âme confuse et flottante, dispersée et désunie d'ordinaire, s'était ce jour-là tout assemblée, toute confondue et avait communié en Napoléon. Certes, jamais spectacle plus étrangement beau — car on a su le rendre singulièrement rare — ne s'est vu dans l'histoire ; c'est proprement là l'acte de naissance du second Empire, et il n'en est guère qui soit plus authentique. Mais, quoi! il fallait donc passer sur la violation du serment, sur les massacres prétendus, sur l'Assemblée dispersée, désapprendre les *Châtiments*, ce livre de chevet de ma génération. Cela était dur, et j'avais peine à me résigner, surtout après avoir mis de la littérature dans le raisonnement politique.

J'en étais là de mon évolution mentale, lorsque, au mois de mai 1870, l'Empereur proposa le renouvellement du contrat conclu entre le peuple et lui. Nul ne peut dire que cette consultation n'a point été libre, que les adversaires de l'Empire n'usèrent point pour le combattre des armes les plus déloyales, que la défense ne fut point d'une modération sans exemple. J'assistai au plébiscite et j'y pris part. Désormais, qui donc pouvait nier que l'union conclue entre la nation et son chef, si elle avait été proposée par celui-ci, avait été consentie par celle-là? Qui donc pouvait invoquer à nouveau le souvenir du 2 Décembre et prétendre qu'il viciait le vote nouveau, émis dix-neuf ans plus tard?

Ce n'était là qu'une part, non la moindre à coup sûr, mais encore relative, des satisfactions que pouvait exiger un esprit théorique. Pour qui était hanté par la passion d' « *améliorer le sort de la classe la plus nombreuse et la plus pauvre* », il était un autre ordre d'idées dont un gouvernement devait poursuivre l'application, pour qu'il fût le gouvernement désirable, le gouvernement souhaitable, qui convînt à la fois au présent et à l'avenir.

Faute d'un chef, toute nation périt. Avec un chef, même qui s'est imposé à elle, même qui n'a point été choisi par elle, une nation vit. Mais, élu par le peuple entier, combien ce chef est-il plus puissant pour le bien et plus libre dans son œuvre? L'élection plébiscitaire peut seule ranger à son devoir et restreindre à ses droits ce Tiers-État qui, à chacun des partis, à ceux mêmes qui se prétendent les plus démocratiques, a fourni jusqu'ici des orateurs et des meneurs, où tous les gouvernements ont recruté leur administration, et qui, par là, sous des vocables divers, détient de fait, même en temps de suffrage universel, la somme tout entière du pouvoir. Cela dure depuis cent ans, et il n'y a eu d'interruption à cette dictature du Tiers que les périodes impériales. L'Assemblée constituante avait proclamé l'avènement de la bourgeoisie, et supprimé les trois puissances qui lui faisaient ombrage : le Roi, la Noblesse et le Clergé. La bourgeoisie a donc régné sans conteste dans la Législative et dans la Convention. C'est par elle et pour elle que le Directoire a existé. Quelque rôle qu'elle ait joué sous la Restauration, elle n'a point trouvé qu'elle lui fût assez soumise et lui a substitué la Monarchie de Juillet, par laquelle elle a été audacieusement souveraine. Dans l'Assemblée constituante de 48, comme dans la Législative, elle a engagé la lutte contre l'élu du peuple, d'abord à cause de son origine plébiscitaire, puis parce qu'elle craignait en lui un adversaire pareil à celui qu'elle avait rencontré un demi-siècle auparavant. Le 2 Décembre n'a point été un attentat contre la souveraineté du peuple — puisque son auteur était l'élu du peuple, — mais un attentat contre la souveraineté de la bourgeoisie parlementaire, attentat que cette bourgeoisie a d'autant moins pardonné qu'elle s'est sentie plus menacée en ses usurpations et qu'elle a craint davantage que le dictateur populaire ne tirât toutes les conséquences du vote national qui l'avait investi d'un pouvoir suprême.

En effet, en même temps que, depuis 1830, la bourgeoisie assumait entièrement la direction politique de l'État, une transformation économique s'accomplissait dans le monde, et au travail individuel de l'ouvrier, aux petits ateliers conduits par de petits patrons, besognant eux-mêmes et faisant besogner sous leurs yeux, substituait l'effort collectif de masses humaines, les grandes manufactures alimentées par des capitaux externes et anonymes, la direction impersonnelle et irresponsable d'un gérant.

Le Tiers-État a fourni les capitaux, entendant qu'ils rapportassent le plus possible, et, pour augmenter leur produit, il a mis au service de ses gérants les lois, le gouvernement et l'armée. Il a inventé le protectionnisme, pour vendre plus cher; il a imaginé toute une série de tyrannies pour contraindre le fabricant prolétaire à demeurer dans sa misère, à ne point se coaliser pour la diminuer. Il a ainsi créé lui-même l'antinomie entre l'exploitant et l'exploité, et donné naissance aux revendications de ce qu'on commence à nommer le Quatrième-État. De cette classe pour noter ses débuts et suivre ses accroissements, deux dates suffisaient : juin 1832, une émeute qui dura deux jours à peine ; juin 1848, une insurrection qu'il fallut une armée pour vaincre, et qui tua plus de généraux qu'il n'en périt dans une grande bataille. Et dès les premiers jours de 1870, n'était-il pas permis de prévoir la Commune ?

Pour empêcher que cette révolution, ajournée seulement par la victoire de la Bourgeoisie en Mai 1871, fût, non seulement en France, mais en Europe et dans le monde, la plus sanglante et la plus épouvantable qui ait jamais été, et fît retourner l'humanité vers la barbarie, il fallait une dictature modératrice, où le dictateur fût suffisamment instruit des intérêts du Tiers-État et des besoins du Quatrième-État pour concilier dans une mesure les uns avec les autres, pour imposer aux uns et aux autres les sacrifices nécessaires et faire accepter aux deux classes ennemies une sorte de concordat. Mais, pour accomplir dans l'ordre industriel l'évolution que Napoléon Ier a accomplie dans l'ordre agraire, le dictateur ne pouvait tirer son autorité que d'une consultation nationale qui, par le fait même de son caractère plébiscitaire, met à leurs rangs respectifs la minorité possédante et la majorité indigente, rend par suite l'élu d'abord l'homme de la majorité. Si, pour une telle œuvre un souverain de droit divin est radicalement impuissant par ses origines, ses entours, ses appuis, le principe même sur lequel repose son pouvoir, combien plus une assemblée toute composée de ceux mêmes qu'il faudrait dépouiller? La noblesse a eu sa nuit du 4 août, où elle a abdiqué ses privilèges honorifiques; c'était un sacrifice déjà immense, mais l'orgueil seul le faisait : la noblesse elle-même n'a point, le 4 août, abdiqué ses privilèges pécuniaires; elle a consenti seulement à ce que la nation les lui rachetât. Le Tiers-État n'aura point sa nuit du 4 août; il ne peut l'avoir : ses privilèges, il les doit à l'argent, et ce serait l'argent qu'il faudrait qu'il sacrifiât.

Personnellement, l'empereur Napoléon III avait la perception de la grande œuvre qu'il avait à accomplir. Personnellement, non point en homme de volonté, car il avait peu de volonté, non point en homme de génie, car il n'avait point de génie, mais en homme intelligent, honnête et convaincu, il s'y était efforcé. Malheureusement, il fut durant tout son règne le prisonnier de ce Tiers-État, contre lequel et malgré lequel il avait été élu. Dès les débuts, obligé par la Constitution de choisir ses ministres dans une assemblée bourgeoise et qui lui était ouvertement hostile, il dut gouverner avec un personnel dont pas un de ceux qui le composaient n'avait voté pour lui. Plus tard, libéré de l'Assemblée, il fut contraint par la force même des choses de prendre tous ses instruments de règne dans le Tiers-État. Qu'ils vinssent de droite ou qu'ils vinssent de gauche, ils étaient semblables, et ce n'était que par l'entêtement doux de sa nature qu'il parvenait à imposer le principe des réformes sociales qu'il tentait. Si l'Empereur n'avait point trouvé à s'associer quelques hommes, bourgeois d'origine, mais qui, ayant passé par la secte saint-simonienne, en avaient conservé la passion de l'Humanité, la plupart des rêves conçus en exil par l'auteur de l'*Extinction du paupérisme* fussent restés des rêves. Pouvait-on faire mieux qu'il n'a fait? Cela est possible. Pouvait-on avec une volonté restreinte aimer davantage le peuple, le mieux comprendre, s'employer à le mieux servir? Non.

Je ne voyais en ce temps que le résultat. Il était grand déjà, mais l'idéal que se forment les jeunes gens et qu'ils voudraient accompli d'un seul coup est loin de la réalité. S'avouer que la source du pouvoir impérial était légitime, c'était une victoire sur mes préjugés acquis; reconnaître que celui qui exerçait ce pouvoir avait relativement compris et rempli son mandat, c'était un résultat d'expérience, et ma bonne foi était contrainte de s'y rendre. Mais pour établir dans la conscience une conviction qui s'y installe en souveraine, qui y absorbe tous les autres sentiments, et produise cette sorte de fanatisme qui résulte de la foi, il fallait qu'une étincelle électrique vînt traverser ces éléments encore disjoints, provoquer leur mélange intime, illuminer brutalement mon esprit. J'ai vu le 4 Septembre. La honte, la formidable honte de cette révolte en présence de l'ennemi, ces cris de : Vive la paix ! jetés aux soldats rendant leurs armes, l'horreur de l'étranger, le dégoût des bravades imbéciles, la haine des avocats orléanistes ouvrant à une populace de souteneurs, d'escarpes et de prostituées les portes de ce palais où ils avaient prêté serment d'être fidèles à l'Empereur, j'en ai subi tout le martyre, — et, par cet admirable soleil d'automne, ces bandes rigoleuses et dansantes emplissant la rue de la Paix, insultant au passage la Colonne, s'engouffrant dans la rue de Rivoli, noircissant de leur flot montant la place de la Concorde, je les vois, je les entends, et j'aurais voulu avoir donné ma vie pour que cela ne fût pas en France au lendemain de Sedan.

Et, ce qu'on entendait, la phrase par laquelle certains voulaient justifier ce guet-apens de quelques Parisiens contre la Patrie, c'était la même que répétaient, en 1814, les bons amis des Alliés : « La Prusse ne fait point la guerre à la France, mais à l'Empereur ! » Alors, j'ai senti, j'ai compris que ce jour-là, comme jadis, ceux-ci comme ceux-là étaient, conscients ou non, les complices de l'envahisseur; que, l'Empereur renversé, c'était la Patrie livrée; que ce serait demain comme ç'avait été hier, et que, bien plus encore contre l'Europe monarchique que pour nous-mêmes, les Napoléons et la Nation étaient inséparables, parce que ceux-là seuls faisaient que celle-ci fût redoutable.

En même temps, tout un tumulte de sensations anciennes et de la prime enfance me remontait au cœur. C'était, de temps très lointains et presque oubliés, comme si je les avais traversés dans une vie antérieure, la religion qu'on m'avait apprise au berceau qui réclamait son fidèle. Des êtres très bons, très vieux, qui aimaient les fleurs et les enfants, qui étaient doux et tendres à ma timidité craintive, me prenaient sur leurs genoux, et, de leur voix brisée, qui, après quarante années, sonne encore dans mes oreilles, ils me disaient quelque chose qui était comme un conte des fées, mais combien plus merveilleux et plus rare ! — Car ils en avaient été, ce qu'ils racontaient ils l'avaient vu, et, si je doutais, de leurs mains gourdes où des doigts manquaient, ils prenaient mes petites mains et me faisaient toucher les trous qu'avaient faits les balles, les lances et les sabres. A cet évangile nouveau, l'évangile de Celui qui n'est plus, comme l'Autre, le Fils de l'Homme, mais qui est l'Homme même, ils apportaient en preuves, ces témoins, les plaies de tout leur corps. Et ils étaient joyeux d'avoir fait au moins à leur dieu, à défaut de leur vie pleine, le sacrifice d'une part d'eux-mêmes. Et mon inépuisable curiosité, qui ne parvenait point à lasser leur inépuisable bonté — la bonté infinie des forts, — les questionnait sans fin, sans relâche, sur Celui dont la face marmoréenne, étrange et superbe, planait sur ce salon comme la divinité du lieu.

Ils disaient ce qu'Il avait fait et ce qu'Il avait souffert, comme Il avait vécu, les combats, les victoires, les apothéoses, les capitales conquises et les peuples délivrés; ils disaient les fleuves à l'eau glaçante traversés à la nage, les Cosaques enlevés et jetés à Ses pieds, les charges fournies en criant Son nom, les duels, les batailles pour Sa mémoire; ils disaient les supplices qu'on Lui a infligés; et nous pleurions alors, eux les vieux soldats, et moi le petit enfant! Que bénies soient-elles, ces larmes saintes, que j'ai vues couler sur ces fiers visages, sur ces faces que couturaient les cicatrices, quand, après avoir parlé, ces hommes de fer restaient un temps les lèvres serrées, si pâles que leurs femmes, se levant, leur disaient : « Tu sais bien que tu as tort d'en parler. Cela te fait mal. » Et eux répondaient : « Il faut bien que je le dise à cet enfant! » Ces larmes-là, en tombant sur mon front, m'ont baptisé ce que je suis, ce que je demeure, un croyant et un fidèle.

J'avais pu, des années durant, laisser sommeiller cette foi première. Au spectacle de ce jour-là, elle s'est éveillée et a maîtrisé tout mon être. J'ai vu, comme mes vieux et grands amis me l'avaient raconté, une chose terrible et infâme : une faction complice de l'étranger abattant l'Élu du Peuple et livrant la Patrie. J'ai vu des joies qui m'ont fait penser aux joies des nobles dames baisant à la bouche les Cosaques; j'ai vu la sauvagerie humaine déchaînée contre le vaincu et, derrière ces bandes, pour leur souffler la haine et leur dicter leur marche, les mêmes hommes que jadis, avec des appétits et des passions pareilles; puis d'autres hommes, non moins purs, et que ce siècle a vus grandir, — ceux qui gouvernaient hier et ceux qui gouvernent aujourd'hui.

De ce jour, je n'ai plus raisonné, je n'ai plus douté, j'ai marché. Volontaire anonyme, j'ai servi l'empereur Napoléon III; soldat inconnu, j'ai servi le Prince impérial. Embrigadé alors, j'ai tenu le poste qu'on m'a ordonné de tenir : j'y ai eu parfois quelque mérite, car c'était le moment où le Parti napoléonien me paraissait dévier le plus, à la fois des origines dont il devait s'inspirer et du but où il devait tendre. Mais je me confiais en l'avenir. Ce jeune homme avait les vertus qu'il faut à un Napoléon : l'audace, la droiture et la foi; il aurait su comprendre sa tâche et la remplir. Lui disparu, j'ai, sans le chercher, rencontré le prince Napoléon. Il m'a accordé une confiance que je n'ai point sollicitée. Il a daigné dire que j'étais son ami. Il m'a, dans son testament, nommé le premier après les siens. Il m'a désigné pour défendre sa mémoire, et si je n'ai point jusqu'ici rempli la tâche qu'il m'a laissée, ce n'est point par ma faute.

Je me sens à présent séparé par des abîmes de

ceux avec qui j'ai combattu jadis. Il n'est plus une seule pensée qui nous soit commune, plus une espérance. Je reste avec les morts, et, sorti de la lutte, je ne garde que des opinions *historiques*. Tout ce qui me reste d'activité, d'énergie et de faculté de travail, je veux le consacrer à étudier Celui qui, dans le passé, m'apparaît le sauveur et dont la tradition méconnue et désertée aurait pu seule nous sauver encore. Depuis vingt ans, j'essaye de me former de lui une idée, et, depuis vingt ans, chaque lecture m'a apporté une preuve nouvelle que tout est à dire sur Napoléon, que son histoire est entièrement inconnue et toute à refaire. Pour commencer par le commencement, j'ai voulu le considérer en dehors des actes qu'il a accomplis et des événements qu'il a conduits. Législateur, diplomate, financier, administrateur, il est plus attirant et plus grand peut-être, mais ce n'est point l'*homme* même. Pour arriver jusqu'à l'*homme*, ne faut-il point voir comment son cerveau fonctionnait, comment chacune de ses minutes était utilisée, quelle part il accordait à ses plaisirs, quelle influence les sens exerçaient sur lui, de quelle façon il éprouvait les passions affectives, quel fils, quel amant, quel époux, quel père il était? A la distance où nous sommes placés, n'est-il point nécessaire, pour se représenter l'homme qu'il a été, d'ouvrir l'enquête le plus largement possible sur son existence quotidienne et d'appeler à son aide tous les témoignages? C'est ce que j'ai essayé de faire : les manuscrits, les livres, les brochures, les journaux, les dessins, les gravures, les bustes, les statues, tout ce qui le montre, tout ce qui émane de lui, tout ce qui parle de lui, j'ai cherché à le réunir. J'y ai été aidé par de puissants secours, et les marques de confiance ne m'ont point manqué. Nulle intention d'ailleurs de publier les notes que j'assemblais. Écrire sur Napoléon, je ne m'en sentais point l'audace, tant je comprenais mon infériorité et mon impuissance. Ce n'est que lorsque j'ai vu je ne sais quels gens imprimer sur Napoléon des compilations de renseignements apocryphes, que j'ai senti le besoin de parler à mon tour, ne fût-ce que pour rétablir la vérité. Alors, de ces dossiers réunis pièce à pièce, copiés fragment à fragment, où j'avais accumulé toutes les notes prises dans les archives d'État et dans les archives particulières, dans les livres, dans les journaux, dans les brochures, tout ce que j'avais vu, lu ou entendu qui avait à mes yeux une valeur de témoignage, j'ai extrait la moelle, et tels que les faits m'apparaissaient je les ai racontés.

Je ne citerai, ni dans ce volume ni dans les suivants, aucune des sources où j'ai puisé. Plusieurs de ceux qui m'ont communiqué les documents les plus précieux m'ont imposé un secret qui arrête l'expression de ma reconnaissance, et, ne pouvant les nommer, il me semble que je ne dois nommer personne. Il ne me plaît point d'inscrire que tel renseignement provient de papiers qui m'appartiennent. De semblables références, suspectes de vanité, ne serviraient de rien à personne. D'ailleurs, cet appareil d'érudition destiné à éblouir un certain public n'est nullement une garantie de véracité. Divers écrivains dont on a récemment imprimé les pamphlets contre Napoléon ont semé au bas des pages des indications de sources avec une prodigalité sans exemple. J'ai vérifié ces indications : elles sont fausses. Pour mon compte, j'ai travaillé du mieux qu'il m'a été possible; je suis convaincu de l'authenticité des documents que j'ai employés, je suis prêt à en fournir la preuve en ouvrant mes dossiers. Mais pour convaincre ceux qui douteront de ma bonne foi, je ne m'en charge, ni ne m'en soucie. Tant vaut l'historien, tant vaut l'histoire. On a dit jusqu'ici que j'étais honnête : je le crois. Malgré la publicité considérable qu'ont eue ces articles, je n'ai reçu que deux rectifications de faits (l'une portant sur une date, l'autre sur un nom de lieu), et, par suite, je pense que, si des erreurs plus graves avaient été commises, on eût bien voulu m'en avertir. Je n'ai pourtant point la vanité de penser qu'il ne s'en rencontre pas, et aussi des omissions nombreuses. C'est pourquoi, en réunissant ces articles en volume, je supplie tous ceux qui le liront et qui auront quelque éclaircissement à me donner ou quelque document à me communiquer de vouloir bien m'en écrire.

Quant à l'esprit dans lequel j'ai conçu ces études,

j'entends dire qu'il n'est pas éloigné du dénigrement et que j'aurai rapetissé celui que j'aurais voulu grandir. Cela tient sans doute à la minutie de l'analyse et à la précision des détails. Pour parvenir à montrer l'Empereur tel qu'il est, il ne suffit point, comme font les poètes, de chanter sa gloire et d'employer des mots sonores, il faut, avec une scrupuleuse attention, déterminer chacune de ses habitudes et chacune des fonctions de ses organes. Il n'est point en son cerveau de circonvolution sans intérêt, en ses actes de mobile négligeable, dans sa vie de fait sans intérêt, dans son entourage même de personnage sans valeur. Je ne me suis point armé comme j'ai fait pour rédiger une apologie déclamatoire ou une généralisation sans preuves. Je mène, avec une rigueur de juge instructeur, une enquête dont je suis tenu de présenter tous les éléments. Ici cette enquête se trouve porter sur les sensations et sur les sentiments affectifs; plus tard elle portera sur la Maison de l'Empereur, sur certaines des périodes de la vie de Napoléon où je me croirai assuré de montrer son caractère et sa façon de penser et d'agir. Le résultat final sera-t-il tel que je me l'imagine? J'en ai la conviction; mais si, pour rendre l'enquête favorable, j'en faussais quelqu'une des parties, si je ne présentais point chacun des faits que je rencontre avec une entière loyauté, je manquerais à mon devoir, et je ne mériterais point qu'on me crût.

Veut-on que Napoléon ne soit pas un homme? qu'il soit né, qu'il ait vécu sans que chaque jour un accroissement se soit fait en lui, tel en 1769 qu'en 1821, tel dès qu'il apparaît en France petit écolier d'Autun que lorsqu'il meurt à Sainte-Hélène après avoir été l'arbitre de l'Europe et le dominateur des Nations? Veut-on que du berceau à la tombe il n'ait ni commis une faute, ni subi un entraînement, ni profité d'une leçon? Veut-on qu'il ait été à ce point supérieur au reste de l'humanité qu'il n'ait partagé aucune de ses passions, éprouvé aucune de ses sensations, qu'il n'ait cédé à aucun des mobiles qui la font agir? Alors, ce n'est plus un homme, c'est un dieu; il est un de ces êtres surnaturels, forgés par l'imagination des peuples, dont les premiers vagissements renferment des enseignements aussi sublimes que leurs paroles suprêmes, qui n'ont ni enfance, ni jeunesse, ni maturité, car, d'un bout à l'autre de leur passage sur terre, ils ne font qu'accomplir la mission dont un dieu supérieur les a chargés. Mais, si Napoléon est un homme tel que les autres hommes, doué seulement d'un cerveau remarquable, ses idées, et par suite les actes que ses idées lui ont suggérés, n'ont point dès sa naissance été classés et réglés par une providence; ils lui appartiennent et n'appartiennent pas à un dieu; ils sont le produit de son cerveau et non l'effet d'une volonté extérieure. Lui-même n'est pas l'instrument prédestiné dont le germe, traversant sans se souiller et sans se corrompre toute une lignée d'êtres prédestinés, se transmet de génération en génération, ballotté de sexe en sexe, portant en puissance dans l'atome impondérable qui doit être son cerveau les fortunes des nations : il est un être qui, des atavismes antérieurs, tient sans doute quelques impressions confuses, mais que l'éducation a formé, que les lectures ont instruit, qui, de chaque expérience de la vie, a retenu quelque idée, dont il faut suivre l'évolution graduelle, dont il faut surveiller les sensations accidentelles, dont l'homme enfin peut se rendre compte, car il est son frère et rien de ce qui est en lui n'est étranger au commun des hommes.

Et c'est pour cela qu'il importe de voir Napoléon en présence de la femme. La nature a attaché à la perpétuation de l'espèce, fonction essentielle du mâle, toute une série de sensations qui l'entraînent, l'obligent, le subjuguent, auxquelles la plupart des actes de son existence sont subordonnés. Chez l'homme, ces sensations ne sont ni moins actives ni moins violentes ; elles lui fournissent la plupart de ses sentiments, engendrent un grand nombre de ses idées, déterminent ou occasionnent les manifestations les plus vives de son caractère. Même lorsque l'homme est Napoléon, même lorsque la femme semble jouer dans sa vie un rôle médiocre, il est indispensable de savoir quelle est la femme et de noter quels rapports il a eus avec elle, quelles sensations elle lui a données, de quelle nature, physiques ou morales ; quels actes ont eu la femme pour objet ; enfin, quelle influence ont exercée sur la direction de sa pensée les idées inspirées par la vue et la conversation de la femme, par la cohabitation avec elle.

Sans doute, à de telles entreprises on risque d'être soupçonné de chercher le scandale : ces listes que j'établis, ces témoignages que je recueille, ces détails que j'accumule choqueront sans nul doute la pudeur des Tartuffes qui voilent le sein de Dorine au sortir d'un attentat sur Elmire. Il se rencontre des êtres éthérés et sans tache qui ne souffrent point qu'on fasse allusion devant eux à cet acte sans lequel la nature animée périrait, et qui, en soi, s'il est toujours identique et conséquemment dénué d'intérêt, est accompagné de préliminaires et de suites qui varient à l'infini, qui montrent l'homme sous les jours les plus différents, qui expliquent et commentent sa vie, qui en établissent le lien, qui seuls en découvrent le secret. Il faut bien noter cet acte, puisque sans lui les préliminaires resteraient sans cause et les suites sans raison ; mais cet acte qui fait le texte de toutes les conversations, l'intérêt de toutes les réunions mondaines, l'attrait de tous les bals, le nœud de toutes les pièces, le sujet de tous les romans, cet acte qui est la base même de la famille et le lien de la société, il est obscène d'en parler dès qu'il s'agit de personnages historiques. L'histoire doit être expurgée comme si le public qui lui est réservé était recruté dans des pensionnats de jeunes filles. A elle seule, il est interdit de montrer que l'un des plus violents ressorts de l'humanité c'est de plaire à la femme. Elle seule doit ignorer que l'amour — ou ce qu'on appelle ainsi — est au fond de la plupart des événements qui ont le plus profondément troublé les destinées des nations. C'est là une hypocrisie que je laisse à d'autres. Le récit sincère d'une liaison de Napoléon en apprend plus, à mon avis, sur son caractère, que la narration d'une guerre ou d'une négociation. Ce qui importe c'est lui; ce qu'il faut connaître c'est son âme, son cœur, son esprit. Or qui peut soutenir que l'on sait le moral d'un homme si l'on ignore comment il se comporte à l'égard de la femme et quelle place il lui accorde dans sa vie?

Dans les romans d'à présent, pour le besoin d'une thèse, toujours passionnelle, les écrivains ont le droit d'analyser longuement chacune des sensations amoureuses, physiques ou morales, de leurs héros imaginaires, et à ces inventions le public se passionne, les femmes s'exaltent, et il y a délire dans les salons et les académies. La psychologie de tels livres est curieuse sans doute, mais elle est toute d'invention, faite de pièces rapportées, puisée dans des confidences ou des observations épisodiques. Il n'importe, c'est une science; elle est revêtue des estampilles les plus officielles et, bientôt, elle aura en Sorbonne des chaires où on l'enseignera comme elle a déjà dans le monde des professeurs qui la démontrent. Mais que, avec l'ensemble des lettres, des aveux, des conversations d'un homme, à l'aide des témoignages les plus divers et les plus variés, en s'entourant de tous les renseignements qui peuvent servir à reconstituer une vie humaine, l'on essaie d'expliquer comment cet homme, qui dans l'histoire tient la première place, a compris, jugé et aimé les femmes; qu'on en écrive franchement, librement, chastement, en se gardant de tout mot cru, en s'interdisant toute description, en se bornant strictement à rapporter le procès, n'importe! on est un de ces pornographes que méprisent les hommes sérieux et dont on dit qu'ils écrivent *des bêtises.* Soit!

J'honore à ma mode l'homme incomparable auquel je voudrais qu'on élevât des autels; je demeure convaincu que plus on approfondit son histoire, plus on l'admire; que mieux on fait connaître sa vie, mieux on le sert; que l'élément que je fournis aujourd'hui à l'enquête, indispensable pour apprécier son être moral, paraîtra de quelque valeur au public sincère et de bonne foi; et, comme je ne demande rien à personne, que je n'aspire à aucune place et que je ne recherche aucun suffrage, je passe mon chemin.

FRÉDÉRIC MASSON.

Clos des Fées, 15 août 1893.

NAPOLÉON ET LES FEMMES

L'AMOUR

I

LA JEUNESSE

Jeudi, 22 novembre 1787, à Paris,
Hôtel de Cherbourg, rue du Four-Saint-Honoré.

Je sortais des Italiens et me promenais à grands pas sur les allées du Palais-Royal. Mon âme, agitée par les sentiments vigoureux qui la caractérisent, me faisait supporter le froid avec indifférence; mais, l'imagination refroidie, je sentis les ardeurs de la saison et gagnai les galeries. J'étais sur le seuil de ces portes de fer quand mes regards tombèrent sur une personne du sexe. L'heure, sa taille, sa grande jeunesse ne me firent pas douter qu'elle ne fût une fille. Je la regardais. Elle s'arrêta, non pas avec cet air cavalier, mais un air convenant parfaitement à l'allure de sa personne. Ce (mot illisible) me frappa. Sa timidité m'encouragea. Je lui parlai, je lui parlai, moi qui, pénétré plus que personne de l'odieux de son état, me crois toujours souillé par un seul regard. Mais son teint pâle, son physique faible, son organe doux ne me font pas un moment en suspens. Ou c'est, me dis-je, une personne qui me sera utile à l'observation que je veux faire, ou elle n'est qu'une bûche.

« Vous avez bien froid, lui dis-je : comment pouvez-vous vous résoudre à passer dans les allées?

— Ah! monsieur, le froid m'anime. Il faut terminer ma soirée. »

L'indifférence avec laquelle elle prononça ces mots, le systématique de cette réponse me gagna, et je passai avec elle.

« Vous avez l'air d'une constitution bien faible, je suis étonné que vous ne soyez pas fatiguée du métier.

— Ah! dame, monsieur, il faut bien faire quelque chose.

— Cela peut être, mais n'y a-t-il pas de métier plus propre à votre santé?

— Non, monsieur : il faut vivre. »

Je fus enchanté. Je vis qu'elle me répondait au moins, succès qui n'avait pas couronné toutes les tentatives que j'avais faites.

« Il faut que vous soyez de quelques pays septentrionaux, car vous bravez le froid.

— Je suis de Nantes en Bretagne.

— *Je connais ce pays-là... Il faut, Mad*ᵉ (sic) *que vous me fassiez le plaisir de me raconter l'histoire de la perte de votre P.......*

— *C'est un officier qui me l'a pris.*

— *En êtes-vous fâchée?*

— *Oh! oui, je vous en réponds.* (Sa voix prenait une saveur, une onction que je n'avais pas encore remarquées.) *Je vous en réponds : ma sœur est bien établie à présent; pourquoi l'ai-je pas été?*

— *Comment êtes-vous venue à Paris?*

— *L'officier qui m'avilit, que je déteste, m'abandonna. Il fallut fuir l'indignation d'une mère. Un second se présenta, me conduisit à Paris, m'abandonna, et un troisième, avec lequel je viens de vivre trois ans, lui a succédé. Quoique Français, les affaires l'ont appelé à Londres, et il y est. Allons chez vous.*

— *Mais qu'y ferons-nous?*

— *Allons, nous nous chaufferons et vous assouvirez*[1] *votre plaisir.* »

J'étais bien loin de devenir scrupuleux. Je l'avais agacée pour qu'elle ne se sauvât pas quand elle serait pressée par le raisonnement que je lui préparais en contrefaisant une honnêteté que je voulais lui prouver ne pas avoir.

Le jour où il écrit ce récit, Bonaparte a dix-huit ans et trois mois, étant né le 15 août 1769.

1. *Exercerez* rayé.

L'on a le droit de croire que c'est là la première femme à laquelle il se soit adressé, et, en repassant très rapidement l'histoire de son enfance, on trouvera sans doute que les motifs de conviction sont suffisants. Lui-même en a inscrit les dates frappantes, et, de ces dates, celles qu'on a pu vérifier se sont trouvées d'une exactitude absolue.

Il est parti d'Ajaccio pour la France le 15 décembre 1778, à l'âge de neuf ans et demi. Les souvenirs féminins qu'il a emportés de son île sont ceux de sa nourrice, Camilla Carbone, veuve Ilari; de ses vieilles bonnes et d'une petite compagne d'école, la Giacominetta, dont il parlera souvent à Sainte-Hélène. Il a plus tard comblé de biens sa nourrice, la fille de cette nourrice, Mme Tavera, et sa petite-fille, Mme Poli, à laquelle il avait lui-même donné au baptême le nom de Faustina. S'il n'a pu rien faire pour son frère de lait, Ignatio Ilari, c'est que celui-ci avait, très jeune, embrassé le parti anglais et était entré dans la marine de guerre britannique.

Des deux bonnes qui l'ont élevé, l'une, Minana Saveria, est restée jusqu'à son dernier jour auprès de Mme Bonaparte; l'autre, Mammuccia Caterina, était morte bien avant l'Empire, ainsi que cette Giacominetta, pour laquelle Napoléon enfant avait essuyé tant de nasardes.

Au collège d'Autun, où il séjourne du 1er janvier au 12 mai 1779; au collège de Brienne, où il demeure de mai 1779 au 14 octobre 1784; à l'École militaire de Paris, où il passe une année, du 22 octobre 1784 au 30 octobre 1785, nulle femme. En admettant, comme le dit Mme d'Abrantès, que, contrairement aux règlements très stricts de l'École militaire, Bonaparte, sous prétexte d'une entorse, ait passé huit jours dans l'appartement de M. Permon, au n° 5 de la place Conti, il venait d'avoir seize ans.

Une aventure antérieure à celle du 22 novembre 1787 ne pourrait donc se placer qu'entre sa sortie de l'École militaire et son retour à Paris; mais, si Bonaparte est parti pour Valence le 30 octobre 1785, il est parti de Valence, en semestre, pour la Corse, le 16 septembre 1786, après un séjour de moins d'une année; il n'est revenu de Corse que le 12 septembre 1787, et c'est alors qu'il a fait son voyage à Paris.

Ce n'est pas en Corse qu'il s'est émancipé. Ce n'a pas été davantage à Valence, durant les dix mois qu'il y a passés en ce premier séjour. Il s'y est montré très timide, un peu mélancolique, fort occupé de lectures et d'écritures, désireux de se faire bien venir pourtant, de se faire agréer par la société. Par Mgr de Tardivon, abbé de Saint-Ruff, auquel il a été recommandé par les Marbeuf, et qui, général de sa congrégation, crossé et mitré, donne le ton à Valence, il a été introduit dans les meilleures maisons de la ville, chez Mme Grégoire du Colombier, chez Mme Lauberie de Saint-Germain et chez Mme de Laurencin.

Ce sont des dames qui, les deux dernières surtout, ont le meilleur ton de la province et qui, appartenant à la petite noblesse ou à la bourgeoisie vivant noblement, ont des préjugés sur les mœurs des officiers qu'elles admettent à fréquenter chez elles et ne laisseraient point leurs filles en intimité avec des jeunes gens dont la conduite serait suspecte.

Avec Caroline du Colombier, à laquelle sa mère laisse plus de liberté, Bonaparte a peut-être quelque vague idée de mariage, quoiqu'il ait dix-sept ans à peine et qu'elle soit bien plus âgée. Mais s'il eut du goût pour elle, si elle en montra pour lui, la cour qu'il lui fit fut de tous points chaste et réservée, un peu enfantine, tout à la Rousseau, — le Rousseau de Mlle Galley. Lorsqu'il cueillait des cerises avec Mlle du Colombier, Bonaparte ne pensait-il pas aussi : « Que mes lèvres ne sont-elles des cerises ! Comme je les lui jetterais ainsi de bon cœur ! » Elle ne tarda pas à épouser M. Garempel de Bressieux, ancien officier, qui l'emmena habiter un château près de Lyon. Près de vingt ans après, à la fin de l'an XII, Napoléon, qui n'avait point revu sa cueilleuse de cerises, reçut au camp de Boulogne une lettre où elle lui recommandait son frère. Il répondit courrier par courrier et, avec l'assurance qu'il saisirait la première occasion d'être utile à M. du Colombier, il disait à Mme *Caroline* de Bressieux : « Le souvenir de madame votre mère et le vôtre m'ont toujours intéressé. Je vois par votre lettre que vous demeurez près de Lyon ; j'ai donc des reproches à vous faire de ne pas y être venue pendant que j'y étais, car j'aurai toujours un grand plaisir à vous voir. »

L'avis ne fut point perdu, et lorsque l'Empereur, allant au sacre de Milan, passa à Lyon le 22 germinal an XIII (12 avril 1805), elle fut des premières à se présenter : elle était bien changée, bien vieillie, plus du tout jolie, la Caroline d'antan. N'importe, tout ce qu'elle demanda, elle l'obtint : des radiations sur la liste des émigrés, une place pour son mari, une lieutenance pour son frère. En janvier 1806, pour le nouvel an, elle se rappelle au souvenir de l'Empereur, lui demandant des nouvelles de sa santé. Napoléon répond lui-même presque aussitôt. En 1808, il la nomme Dame pour accompagner Madame Mère, charge M. de Bressieux de présider le collège électoral de l'Isère, le fait, en 1810, baron de l'Empire.

Telle est la mémoire reconnaissante qu'il a gardée à ceux qui ont été bons à ses jeunes années, qu'il n'en est point dont il n'ait fait la fortune, comme il n'en est aucun qu'il ne se soit plu à mentionner pendant sa captivité. Les femmes reçoivent une part plus grande encore, s'il se peut, de cette gratitude, et, même lorsqu'il aurait quelque motif de leur tenir rancune, il suffit qu'elles aient montré à son égard quelque douceur pour qu'il oublie tout le reste. Ainsi, Mlle de Lauberie de Saint-Germain, qu'il a pu rêver d'épouser, lui a préféré son cousin, M. Bachasson de Montalivet, comme elle de Valence, et lui aussi en rapports avec Bonaparte; Napoléon n'en garde aucun déplaisir : on sait la fortune qu'il fait à M. de Montalivet, successivement préfet de la Manche et de Seine-et-Oise, directeur général des ponts et chaussées, ministre de l'Intérieur, comte de l'Empire avec 80 000 francs de dotation. Pour Mme de Montalivet, dont, a-t-il dit lui-même, « il avait jadis aimé les vertus et admiré la beauté », il la nomma, en 1806, Dame du Palais de l'Impératrice. Mais elle lui posa ses conditions : « Votre Majesté, lui dit-elle, connaît mes convictions sur la mission de la femme en ce monde. La faveur enviée par tous qu'Elle a la bonté de me destiner deviendrait un malheur pour moi si je devais renoncer à soigner mon mari quand il a la goutte, et à nourrir mes enfants quand la Providence m'en accorde. » L'Empereur avait d'abord froncé le sourcil, mais bientôt, s'inclinant d'un air gracieux : « Ah! vous me faites des conditions, madame Montalivet, je n'y suis pas accoutumé. N'importe, je m'y soumets. Soyez donc Dame du Palais. Tout sera arrangé pour que vous restiez épouse et mère comme vous l'entendez. » Mme de Montalivet ne fit pour ainsi dire jamais aucun service, mais cela n'empêchait point Napoléon d'avoir pour elle de particulières attentions. Il aimait cette famille : « Elle est d'une rigoureuse probité, disait-il, et composée d'individus d'affection ; je crois beaucoup à leur attachement. »

Voilà les souvenirs que Napoléon a emportés de Valence et qui tenaient à son cœur. Ils sont de ceux que ces jeunes filles pouvaient être fières d'avoir laissés. Nulle autre fréquentation qu'on connaisse ; nulle rencontre qu'il ait inscrite en ses notes secrètes, où il apparaît tel qu'un Hippolyte, bien autrement amoureux de la gloire que des femmes. Témoin cette phrase qu'il écrit alors : « *Si j'avais à comparer les siècles de Sparte et de Rome avec nos temps modernes, je dirais : Ici régna l'amour et ici l'amour de la Patrie. Par les effets opposés que produisent ces passions, on sera autorisé sans doute à les croire incompatibles. Ce qu'il y a de sûr au moins c'est qu'un peuple livré à la galanterie a même perdu le degré d'énergie nécessaire pour concevoir qu'un patriote puisse exister. C'est le point où nous sommes parvenus aujourd'hui.* » Presque avec certitude on peut conclure que cette fille du Palais-Royal est la première qu'il ait connue. L'aventure, pour vulgaire qu'elle est, n'en est pas moins révélatrice de son caractère. Il y a là sa mysogynie, son esprit critique, ses brusques affirmations, cette méthode d'interrogation à laquelle il ne renoncera jamais, sa mémoire aussi, car de cette fille il a reproduit d'une façon frappante les phrases, les mots, jusqu'aux exclamations, ces *Dame!* qui sentent leur terroir breton.

La revit-il jamais, c'est douteux. Dans ses papiers on trouve bien, de ce séjour à Paris, une dissertation adressée à une demoiselle sur le patriotisme, mais en vérité ce n'est point là pâture habituelle pour les coureuses des Galeries.

Après ce séjour à Paris, d'octobre à décembre 1787, voici de nouveau Bonaparte reparti pour la Corse, où il arrive le 1er janvier 1788. Il y passe un semestre et rejoint son régiment à Auxonne le 1er juin. Là, nul amour dont il y ait trace. Par contre, à Seurre, où il est envoyé en détachement au commencement de 1789, on lui attribue des relations avec une dame L...z, née N...s, femme du receveur du grenier à sel; avec une fermière, Mme G...t, chez laquelle il allait boire du laitage, et enfin avec « la demoiselle de la maison où il logeait ». C'est beaucoup pour un laps de vingt-cinq jours, pendant lequel ses cahiers témoignent d'un travail acharné. Néanmoins, lorsque, quatorze années plus tard, le 16 germinal an XIII (6 avril 1805), Napoléon passa à Seurre, allant à Milan, on affirme que M. de Thiard, alors son chambellan, lui présenta *la demoiselle* et qu'il lui accorda une bourse dans une école du gouvernement pour son fils *d'une douzaine d'années*. L'âge qu'on donne à cet enfant exclut l'idée que Napoléon pût penser qu'il en était le père. Si l'Empereur avait eu le moindre doute à ce sujet, il eût donné mieux et sans qu'on lui demandât rien.

En Corse, où il est toute l'année 1790, à Auxonne,

puis à Valence, et de nouveau en Corse, à Paris, au milieu de 1792, rien ; rien encore pendant la première campagne dans le Midi contre les fédéralistes, rien à Toulon.

Il faut délibérément sauter quatre années. Le lieutenant est devenu général de brigade : Bonaparte commande l'artillerie de l'armée d'Italie. Près de cette armée, la Convention a envoyé en mission le citoyen Louis Turreau, dit Turreau de Lignières, un de ses membres influents, lequel, accompagné de la jeune femme qu'il vient d'épouser, la fille d'un chirurgien de Versailles, arrive à Cairo en Piémont, où se trouve Bonaparte, tout à fait à la fin de l'an II, vraisemblablement la 5ᵉ sans-culottide, le 21 septembre 1794. Bonaparte plaît fort au représentant, plaît davantage à la femme. Ce n'est point une liaison, car Mᵐᵉ Turreau est des plus volages, mais c'est plus qu'une passade, et le souvenir que gardent des talents du jeune officier la femme et le mari est tel, que, au 13 Vendémiaire, lorsque la Convention est en péril, c'est Turreau, au moins autant que Barras, qui propose de confier à Bonaparte le commandement des troupes et qui se fait son garant, en même temps que les députés corses.

Bonaparte se souvient du service. Général en chef de l'armée d'Italie, il emmène Turreau, non réélu, comme garde-magasin. Mais Turreau se fait encore suivre de sa femme, laquelle, à défaut de généraux, prend ce qu'elle trouve. De là de continuelles scènes, et Turreau, prétend-on, en meurt de chagrin. La femme retourne à Versailles, où, sous l'Empire, elle vivait fort misérablement, ayant tenté toutes les voies pour se faire recommander et n'ayant trouvé nul protecteur. A une chasse, Napoléon vint à prononcer son nom devant Berthier, qui la connaissait d'enfance, étant de Versailles comme elle, qui l'avait éconduite jusque-là, et qui, dès lors, s'empressa de l'introduire. « L'Empereur fit pour elle tout ce qu'elle demanda. Il réalisa tous ses rêves et même au delà. »

Ainsi, les amours de jeunesse de Napoléon se réduisent à des flirts sans conséquence ou à de banales aventures[1]. Sauf Mme Turreau, qui se jette à sa tête et peut sembler une bonne fortune, les autres femmes ne pensent guère à ce petit officier tout maigre, tout pâle, mal vêtu et qui n'a nul soin de son ajustement. Lui-même n'y songe point, tout occupé qu'il est de s'avancer. A sa chasteté une autre et bonne raison, il est pauvre, et c'est pourquoi, comme font les pauvres, pour avoir une femme à lui, il aspire à se marier.

1. Il est impossible d'accorder la moindre créance au Roman contenu dans la Brochure intitulée : *Quarante Lettres inédites de Napoléon* recueillies par L*** F***. Paris, 1825, 8°.

II

PROJETS DE MARIAGE

A Marseille, Bonaparte s'est pris, chez sa belle-sœur M⁽ᵐᵉ⁾ Joseph, à jouer « à la petite femme » avec sa sœur, une jolie jeune fille de seize ans, Désirée-Eugénie Clary. La petite a pris le jeu au sérieux; bien vite, ses enfances ont disparu, et ç'a été un amour en coup de foudre qui s'est déclaré. « Oh! mon ami, écrit-elle à Napoléon, prends soin de tes jours pour conserver ceux de ton Eugénie, qui ne saurait vivre sans toi. Tiens-moi aussi bien le serment que tu m'as fait, comme je tiendrai celui que je t'ai fait. »

Ces lettres vraiment tendres et d'une tendresse non apprise, ces lettres d'Eugénie — car, à la mode du temps, la jeune fille qu'on nommait Désirée dans sa famille avait voulu comme se rebaptiser pour son amant, porter pour lui seul un nom qui n'eût point été prononcé par d'autres lèvres, — on les a retrouvées en brouillons, soixante-cinq ans plus tard, dans les papiers de celle qui les avait écrites et conservées comme des reliques. Elles sont bien de cette époque, où dans un besoin de vivre et d'aimer, après ces jours où la mort était l'unique spectacle et l'unique pensée, tout ce qui était femme se jetait à l'amour comme à une religion — la seule en effet qui subsistât sur les ruines de la société civilisée.

La connaissance datait de janvier et février 1795. L'engagement, s'il en fut pris un formel, eut lieu le 21 avril, jour où Bonaparte passa à Marseille, se rendant à Paris. Joseph et sa femme, Julie Clary, y prêtèrent les mains : ils avaient formé de leur côté le projet de cette union, et, dans la famille Clary, il n'y avait nulle opposition à redouter. Le père, auquel on a prêté cette parole « qu'il avait déjà assez d'un Bonaparte dans sa famille », était mort le 20 janvier 1794 (1er pluviôse an II). Désirée, qui n'avait point alors treize ou quatorze ans comme elle l'a dit, écrit et fait imprimer officiellement plus tard, mais seize à dix-sept ans, étant née le 9 novembre 1777, ne dépendait donc que de sa mère et de son frère; on peut même penser que, avec la tête qu'elle avait, elle ne dépendait que d'elle-même.

L'âge qu'elle avait ne pouvait donner lieu à objection : il était rare alors qu'une jeune fille se mariât plus tard qu'à dix-huit ans, et le rapporteur du premier Code civil venait de faire fixer à treize ans l'âge légal du mariage pour la femme. Quant à la fortune, si Julie s'était contentée de l'aîné, qui n'avait nulle position, Désirée pouvait bien prendre le cadet, qui du moins était général de brigade.

Bonaparte, arrivé à Paris en mai, y est en pleine disgrâce, fort désargenté, et se raccroche uniquement à ce mariage. S'il le manque, il ne lui reste qu'à aller prendre du service en Turquie, à se mettre comme d'autres aux spéculations sur les biens nationaux. Même, lorsque, par degrés, sa situation s'améliore un peu, qu'il est employé par le Comité de Salut public aux plans de campagne, il sent combien cette place, qu'un hasard lui a procurée, est précaire et instable. Désirée peut seule l'en tirer, et il pousse son frère pour obtenir une réponse. A chaque lettre qu'il écrit à Joseph, ce sont des souvenirs pour elle. Elle, de son côté, est aussi en correspondance avec lui, elle lui demande son portrait : il le fait faire, le lui envoie. Est-elle avec sa sœur et son beau-frère à Gênes et ne donne-t-elle plus de ses nouvelles? « Il faut, écrit-il, pour arriver à Gênes qu'on passe le fleuve Léthé. » Elle est *la silencieuse*, à laquelle il reproche sans cesse de ne point écrire. Brusquement, il veut une réponse définitive : il faut que Joseph parle au frère d'Eugénie. « Fais-moi parvenir le résultat, et tout est dit. »

Le lendemain, sans attendre que sa lettre ait pu

parvenir à Joseph : « Il faut, dit-il, que l'affaire finisse ou se rompe. J'attends la réponse avec impatience. » Puis un mois se passe, et, sauf des mots de souvenir, plus rien. C'est que, entre lui et cette enfant de quatorze ans, la petite fille de Marseille, point jolie peut-être, mais charmante avec ses sourcils charbonnés, ses yeux doux, son nez qui se relève, sa bouche aux coins montants, son air très chaste, réservé et pourtant très tendre, Paris, ce grand Paris inconnu où Bonaparte vient d'aborder avec ses bottes éculées, son uniforme râpé et sa suite de deux aides de camp faméliques, a interposé ses femmes, les êtres faits d'élégance, de grâce et de supercherie, les êtres dont le fard avive les yeux d'un éclat magique, dont les toilettes dessinent les formes pleines en soulignant tout ce qui est à désirer, en dissimulant, en agrémentant plutôt tout ce qui serait à cacher; les êtres de gaîté et de plaisir, que la vie mondaine a affinés et qui, comme des fruits mûris en serre, arrivés à leur maturité pleine et opulente, parés à souhait par le marchand, semblent, avec leur coloris faux, leur duvet suspect et que nul soleil n'a effleuré, bien autrement appétissants que les fruits premiers, un peu verts, des jeunes sauvageons, où le soleil a mis sa flamme, la bise ses gerçures, et qui, francs et quelque peu âpres, laissent à la bouche la sensation fraîche et puissante des prémices sylvaines.

« Ici seulement, écrit Bonaparte, de tous les lieux de la terre, les femmes méritent de tenir le gouvernail... Une femme a besoin de six mois de Paris pour connaître ce qui lui est dû et quel est son empire. » Et quelques jours plus tard : « Les femmes, qui sont ici les plus belles du monde, deviennent la grande affaire. »

Certes elles sont les plus belles du monde — et bien plus belles ! — les femmes de trente à trente-cinq ans, de quarante ans même, expertes en l'art de se faire aimer bien plus qu'en l'art d'aimer, et, n'ayant que sa main à offrir, il l'offre à Mme de Permon, il l'offre, dit-on, à Mme de la Bouchardie plus tard Mme de Lesparda, en attendant que Vendémiaire survienne et qu'il se fasse prendre au mot par Mme de Beauharnais.

Le silence alors pour Désirée, un plein et absolu silence, et d'elle une plainte s'élève, si douce, si tendre, qu'elle sonne aux oreilles comme une harpe qu'on brise : « Vous m'avez rendue malheureuse pour toute ma vie, et j'ai encore la faiblesse de vous tout pardonner. Vous êtes donc marié! Il n'est plus permis à la pauvre Eugénie de vous aimer, de penser à vous... A présent, la seule consolation qui me reste est de vous savoir persuadé de ma constance, après quoi je ne désire que la mort.

« La vie est un supplice affreux pour moi depuis que je ne puis plus vous la consacrer... Vous marié! Je ne puis m'accoutumer à cette idée, elle me tue,

2

je n'y puis survivre. Je vous ferai voir que je suis plus fidèle à mes engagements, et, malgré que vous ayez rompu les liens qui nous unissaient, jamais je ne m'engagerai avec un autre, jamais je ne me marierai... Je vous souhaite toutes sortes de bonheurs et de prospérités dans votre mariage ; je désire que la femme que vous avez choisie vous rende aussi heureux que je me l'étais proposé et que vous méritez ; mais, au milieu de votre bonheur, n'oubliez pas Eugénie et plaignez son sort. »

Ce fut pour Bonaparte, qui n'était point capable d'oublier, comme un remords, le souvenir de cet amour qu'il avait inspiré plus sans doute qu'il ne l'avait ressenti, où d'un enfantillage il s'était insensiblement laissé conduire à un projet d'ambition, et où enfin, sans y penser, il avait brisé ce cœur de jeune fille. Il semble que toute sa vie il ait pensé à racheter, à se faire pardonner cet abandon. Dès 1797, à Milan, il songe à bien marier Désirée, qui, à ce moment (novembre), est à Rome avec sa sœur et son beau-frère, Joseph, ambassadeur près de Pie VI. Il donne une lettre très chaude de recommandation au général Duphot, « un très brave homme, un officier distingué. Une alliance avec lui serait avantageuse. » Duphot arrive, ne déplaît pas, les accordailles vont être conclues ; mais voici la terrible scène du 28 décembre, et la robe de Désirée est couverte du sang de son fiancé.

Enfin, après plusieurs mariages refusés, pendant que Bonaparte est en Égypte, Désirée consent à épouser le général Bernadotte, un beau parti sans doute, mais le plus insupportable des Jacobins pionnants et maîtres d'école, un Béarnais qui n'a du Gascon ni la vive allure ni l'aimable repartie, mais dont la finesse calculatrice cache toujours un double jeu, qui tient Mme de Staël pour la première entre les femmes parce qu'elle en est la plus pédante, et occupe sa lune de miel à faire des dictées à sa jeune femme. Du Caire, où il apprend ce mariage qui n'est point pour lui plaire — car Bernadotte a été et est pour lui un ennemi — Bonaparte souhaite bonheur à Désirée : « Elle le mérite. »

Quand il revient d'Égypte, une des premières faveurs qu'on lui demande, c'est Désirée qui la sollicite. Elle désire qu'il serve de parrain au fils qu'elle vient de mettre au monde. Un fils! ce fils qui manquera à ses destinées, qui déjà y manque tellement, Désirée, comme par une vengeance contre celle qu'elle appelle *la Vieille*, contre Joséphine qu'elle hait, s'en pare devant lui, et lui, faisant contre fortune bon jeu, accepte le parrainage et, tout hanté qu'il est par les chants ossianesques, donne à l'enfant le prénom d'Oscar. Peu de chose cela. Mais il fera mieux.

« Si Bernadotte a été maréchal de France, prince de Pontecorvo et roi, c'est son mariage qui en est la cause, a dit Napoléon... Ses écarts pendant l'Empire lui ont toujours été pardonnés à cause de ce mariage. »

Et que d'écarts! Dès les premiers jours, le 18 Brumaire, Bernadotte prononce son opposition. Il n'en est pas moins appelé le lendemain à siéger au Conseil d'État, puis nommé général en chef de l'armée de l'Ouest. Là, non seulement il fait de l'opposition, mais ouvertement il conspire contre le Premier Consul, il prétend soulever son armée. — On sait à présent les détails. — Quelle punition? Aucune. Bonaparte seulement, pour l'éloigner, veut l'envoyer ministre plénipotentiaire aux États-Unis. Bernadotte ne refuse pas de partir, mais joue une comédie qui réussit au mieux et s'arrange pour que les frégates qui lui sont destinées ne soient jamais prêtes.

L'an d'après, c'est l'affaire de Moreau, et, si Bernadotte échappe encore, c'est que Bonaparte le veut bien, c'est qu'il pense toujours à Eugénie, qu'il a charge d'elle. Bonaparte fait mieux. Il a racheté à Moreau tous ses biens, sa terre de Grosbois, son hôtel de la rue d'Anjou. Cet hôtel, qu'il a payé 400 000 francs, il le donne à Bernadotte.

Vient l'Empire: pour Eugénie, il fait Bernadotte maréchal d'Empire grand-aigle et chef de la huitième cohorte de la Légion d'honneur, président du collège électoral de Vaucluse, chevalier de l'Aigle noir; pour elle, il lui donne un revenu de 300 000 francs et 200 000 francs d'argent comptant, et la principauté souveraine de Pontecorvo; pour elle, il pardonne après Auërstadt, il pardonne après Wagram, il pardonne après Walcheren; il pardonne après deux fautes militaires, qui sans doute n'étaient point que des fautes, après une conspiration flagrante où Bernadotte, Fouché, Talleyrand mettent en jeu, avec les royalistes, les mêmes ressorts auxquels on devra en 1814 le retour de Louis le Désiré.

Et à travers lui, pour elle, des attentions, des amabilités qui surprendraient si, toujours, cette pensée de se faire pardonner n'était en son esprit. Quand Bernadotte est blessé au combat de Spanden, et que, deux jours après, Napoléon lui écrit, c'est pour lui dire « qu'il voit avec plaisir que madame Bernadotte se trouve en cette circonstance auprès de lui »; c'est pour ajouter : « Dites, je vous prie, mille choses aimables à madame la maréchale, et faites-lui un petit reproche. Elle aurait bien pu m'écrire un mot pour me donner des nouvelles de ce qui se passe à Paris, mais je me réserve de m'en expliquer avec elle la première fois que je la verrai. »

Point d'attention qu'il n'ait : c'est à elle que, après Erfurth, il réserve une des trois magnifiques pelisses que l'empereur de Russie vient de lui offrir. A toute occasion, bien qu'elle ne paraisse guère à la Cour, car elle déteste Joséphine et les Beauharnais, et ne s'en cache pas, c'est de sa part des présents précieux : vases de Sèvres ou tapisseries des Gobelins. N'est-ce pas à elle enfin qu'il pense lorsque — après Walcheren! — il songe à envoyer Bernadotte à Rome comme gouverneur général — par suite grand dignitaire de l'Empire — pour tenir au Quirinal la cour de l'Empereur, avec une liste civile de trois millions, l'égalant ainsi à Borghèse, qui est à Turin, à Élisa, qui est à Florence, presque à Eugène qui est à Milan?

Quand Bernadotte, au refus d'Eugène, qui ne veut pas apostasier, est, grâce à la neutralité, au moins bienveillante, de Napoléon, élu prince héréditaire de Suède, si, à ce moment, la politique de l'Empereur paraît à quelques-uns obscure et voilée, c'est qu'ils ne savent pas tenir compte de son cœur : « Il est séduit par la gloire de voir une femme, à laquelle il s'intéresse, reine et son filleul prince royal. » On le voit régler minutieusement les détails de la présentation de Désirée lorsqu'elle prend congé comme princesse de Suède, et, faveur sans précédent, l'inviter le dimanche au dîner de famille; on le voit gratifier Bernadotte d'un million sur la caisse de service, lui racheter les dotations dont lui-même l'a comblé, négocier avec lui la reprise de Pontecorvo, donner un titre et une dotation au frère de Bernadotte.

Certes, il a le droit d'écrire à Eugénie : « Vous devez être persuadée depuis longtemps de l'intérêt que je porte à votre famille. »

Quatre mois plus tard, Bernadotte s'est mis d'accord avec la Russie contre Napoléon; moins d'un an après, tout indique entre la France et la Suède la rupture prochaine. Désirée, qui n'a consenti qu'à grand'peine à un court voyage à Stockholm, car, disait-elle, « je pensais que la Suède c'était, comme Pontecorvo, un endroit dont nous allions prendre le titre », Désirée se hâte de revenir à son hôtel de la rue d'Anjou.

Alors, avec d'infinies précautions, Napoléon écrit à son ministre des Relations extérieures de faire toucher légèrement au ministre de Suède qu'il voit avec peine que la Princesse Royale vienne en France sans en avoir obtenu la permission; que c'est hors d'usage, et qu'il regrette qu'elle quitte son mari dans des circonstances aussi importantes. Désirée n'en a cure, elle ne s'en installe pas moins. En novembre, quand la guerre va éclater, l'Empereur écrit de nouveau; il envoie Cambacérès chez la reine d'Espagne (Julie Clary) dire qu'il désire que la Princesse quitte Paris et retourne en Suède, qu'il n'est pas convenable qu'elle se trouve ici en ce moment.

Point d'affaires, Désirée reste. Elle continue à commander des robes chez Leroy, à recevoir ses amis, à tenir son salon. Elle va aux eaux avec sa sœur, revient à Auteuil, rentre à Paris comme si rien ne se passait. Elle trouve même fort extraordinaire que les Français qu'elle reçoit se permettent de blâmer le ci-devant maréchal d'Empire devenu généralissime des armées combinées du nord de l'Allemagne. Il est vrai que, si l'on en croit des gens bien informés, en même temps qu'elle fait passer à Bernadotte les suprêmes adjurations de Napoléon, elle sert plusieurs fois d'intermédiaire entre son mari, Fouché et Talleyrand.

S'il était démontré que Désirée a profité de la faiblesse que lui marquait l'Empereur pour être consciemment le lien d'une intrigue entre conspirateurs qui se connaissaient de vieille date, que devrait-on penser d'elle? Mieux vaut croire qu'elle ne resta à Paris que par passion pour Paris, afin de ne point quitter sa sœur, ses nièces, son monde, ses habitudes.

Elle y était en 1814 et eut part, comme d'autres, aux visites d'Alexandre de Russie; elle y était en 1815, pendant les Cent-Jours, et, le 17 juin, la veille de Waterloo, elle commandait, chez Leroy, une amazone de nankin et un peignoir en percale garni de valenciennes.

A présent, c'était Eugénie qui avait oublié...[1]

---

[1]. Une communication de M. Félix Vérany, l'auteur de l'intéressante brochure : *La Famille Clary et Oscar II*, Marseille, 1893, in-12, m'a permis de rectifier la date de naissance de Désirée et m'a fourni quelques indications précieuses.

III

JOSÉPHINE DE BEAUHARNAIS

Vers la fin de vendémiaire an IV (octobre 1795), le hasard d'une sollicitation met en présence la vicomtesse de Beauharnais et le général Bonaparte. Celui-ci vient brusquement de sortir de l'ombre : son nom, inconnu hier, ce nom que sait à peine Barras, qui l'écrit *Buona-Parte*, le canon qui a écrasé les sections rebelles à la Convention l'a jeté en volée à toute la France.

Général en second de l'armée de l'intérieur, bientôt général en chef, il ordonne le désarmement des Parisiens : un jeune garçon se présente au quartier général pour obtenir de conserver l'épée de son père. Bonaparte voit l'enfant, s'intéresse à lui, lui accorde sa demande. Visite de remerciement de la mère, une dame, une grande dame, une ci-devant vicomtesse, la veuve d'un président de la Constituante, d'un homme de cour, d'un général en chef de l'armée du Rhin : c'est beaucoup tout cela pour Bonaparte : le titre, la qualité, l'éducation, le ton aisé et noble dont elle rend grâce; pour la première fois, le provincial de vingt-six ans qui arrive des armées révolutionnaires, à qui nulle femme vraiment femme n'a fait attention, se trouve en présence d'un de ces êtres désirables, élégants et rares qu'il n'a entrevus que de très loin et du parterre : il s'y trouve en la posture qui convient à son orgueil, celle de la protection, et ce rôle où il s'essaie pour la première fois lui plaît à miracle.

Elle, qui est aux expédients, voit tout de suite à qui elle a affaire. Créole de la Martinique, mariée à seize ans au vicomte de Beauharnais, par les soins d'une tante experte qui vit ouvertement avec le marquis de Beauharnais, père du vicomte, Joséphine Tascher de La Pagerie a eu, depuis sa venue à Paris, en 1779, une existence tourmentée; son mari l'a trompée, abandonnée, s'est séparé d'elle quoiqu'elle n'eût aucun tort : nulle distraction de monde, car, vivant chez sa tante, dont la position était équivoque, elle n'avait nul accès à la Cour, où elle n'avait pas été présentée, ni dans la société. A la séparation d'avec son mari, elle gagna plus de liberté — et l'on dit qu'elle en usa. Alors, un voyage, un long séjour à la Martinique; puis la Révolution survenant, réconciliation avec le vicomte, devenu député aux États-Généraux, président de la Constituante, général en chef de l'armée du Rhin, et, alors, un trait de temps où elle est heureuse et tient salon, le seul temps de sa vie où elle ait encore vu du monde qui soit *du monde*. Puis la Terreur : Beauharnais emprisonné, guillotiné. Elle, en prison aussi, n'échappant que par miracle.

Quand, après le 9 Thermidor, elle sort de la prison des Carmes, qu'elle se trouve, à trente ans passés, avec deux enfants, ruinée à n'avoir pas un sou, que fait-elle? Aidée des quelques relations de femmes qu'elle a nouées, surtout en prison, car d'autres elle n'en a guère, elle se lance dans le monde. De l'argent qu'elle reçoit des Iles, des emprunts qu'elle fait à droite et à gauche, des dettes qu'elle contracte un peu partout, lui permettent de prendre une sorte de train. Elle quitte son appartement de la rue de l'Université, loue à Louise-Julie Carreau, femme Talma, moyennant 4000 livres par an en numéraire ou 10000 livres en assignats, un petit hôtel rue Chantereine, n° 6, et s'y installe le 10 vendémiaire an III (octobre 1794).

Mais quoi! un an a passé, les dettes s'accumulent, rien ne vient. Sans doute, avec son admirable insouciance de créole, elle ne sait pas ou ne veut pas compter, elle espère on ne sait quel miracle qui la tirera d'affaire : un miracle pareil à celui qu'a rencontré sa tante, la Renaudin, sous les traits du marquis de Beauharnais. Tout en courant par les endroits où l'on s'amuse, en se montrant dans ce qui est le monde d'alors — ce monde de jardins de plaisir où pour vingt sols on est de bonne compagnie — elle attrape des connaissances, qui lui font restituer quelques morceaux de terre qui appartenaient à son mari, mais elle les mange à mesure. Elle ne possède rien, ni capital, ni revenu fixe : car, à son mariage, elle a eu de ses parents une dot nominale de cent mille francs dont on devrait lui payer les intérêts à cinq du cent : mais son père est mort, sa mère est fort pauvre et d'ailleurs les Iles sont bloquées par les Anglais. Elle a encore reçu de sa tante, Mme Renaudin, la nue propriété d'immeubles, mais depuis ces immeubles ont été vendus, et de créances, mais elles ont péri. D'ailleurs, on ne vit point de nues propriétés. Mme Renaudin l'aide bien un peu ; il y a les emprunts, il y a des banquiers complaisants qui acceptent des traites sur la Martinique, qui lui conseillent même d'aller à Hambourg où elle recevra plus facilement des remises. Mais le crédit s'épuise et l'âge grandit. Quelle carte lui reste-t-il à jouer ?

A ce moment, pour rendre la visite qu'il a reçue de *la vicomtesse de Beauharnais*, le général Bonaparte sonne à la porte cochère de l'hôtel de la rue Chantereine. Il ne sait point, lui, que l'hôtel appartient à la citoyenne Talma, laquelle, au temps où elle était la demoiselle Julie, l'eut d'un entreteneur généreux pour ses bénéfices d'impure. Il ne voit point que, avec ses douze cents mètres de terrain (601 toises) l'hôtel, en ce quartier perdu, tout à l'extrémité de Paris, à deux pas de cette rue Saint-Lazare que des jardins bordent encore presque en toute son étendue, vaut à peine cinquante mille francs, le prix qu'il a été payé en 1781, le prix qu'il sera payé en 1796.

La porte ouverte par le concierge, car il y a un concierge, le général suit une sorte de long couloir : d'un côté, dans un pavillon, il voit l'écurie avec deux chevaux sous poil noir qui prennent sept ans, et une vache rouge. De l'autre côté, la remise, où il n'y a qu'une méchante voiture, est close.

Le couloir s'élargit en jardin. Voici, au centre, le pavillon d'habitation; un rez-de-chaussée de quatre fenêtres à grande hauteur, surmonté d'un attique bas. (La cuisine est en sous-sol.) Bonaparte gravit un perron de quatre marches que cernent en façon de terrasse des balustres très simples et pénètre dans une antichambre sommairement meublée d'une fontaine en cuivre rouge, d'un bas d'armoire en chêne et d'une armoire en bois de sapin.

L'*officieux*, Gonthier, l'introduit dans un petit salon, une salle à manger, où, près de la table ronde en acajou, il peut s'asseoir sur une des quatre chaises couvertes en crin noir, à moins qu'il ne préfère regarder aux murs quelques estampes encadrées de bois noir et doré. Cela est peu luxueux; mais, çà et là, des tables et des servantes en bois d'acajou ou en bois jaune de la Guadeloupe, avec des dessus de marbre et des garnitures de cuivre doré, marquent une ancienne élégance, et, dans les deux grandes armoires vitrées prises dans le mur, une fontaine à thé, des vases, toute une série d'accessoires de table en plaqué anglais jouent l'argenterie. D'argenterie au sens du mot, il n'y a dans la maison que quatorze cuillers et quinze fourchettes à bouche, une cuiller à soupe, six cuillers à ragoût, onze petites cuillers à café.

Mais il ne le sait point.

Joséphine, toute pomponnée par sa camériste, la citoyenne Louise Compoint, sort de l'appartement, s'empresse à cette salle à manger pour faire accueil à ce visiteur qu'amène la fortune. Elle ne peut guère le recevoir ailleurs; car le rez-de-chaussée ne comprend, en dehors de cette salle à manger, qu'un petit salon en forme de demi-rotonde, dont elle a fait un cabinet de toilette, et sa chambre à coucher. Cette chambre est gentille, mais bien simple, avec son meuble de nankin bleu orné de crêtes jaunes et rouges, la couchette à deux dossiers tout unie, de jolis meubles d'acajou et de bois jaune de la Guadeloupe et, pour tout objet d'art, près d'une harpe de Renaud, un petit buste de Socrate en marbre blanc. Quant au cabinet de toilette, sauf le forte-piano de Bernard, on n'y trouve que des miroirs: miroir sur une grande table de toilette, miroir sur une commode d'acajou, sur une table de nuit, et, sur la cheminée, un trumeau de deux petites glaces.

Quoi! c'est là le mobilier de cette élégante? Sans, plus. Et elle mange dans des assiettes en terre, sauf les grands jours, pour lesquels elle a une douzaine d'assiettes en porcelaine blanche et bleue; le linge de table se compose de huit nappes, dont quatre à œil de perdrix, toutes si élimées que, à l'inventaire, tout le linge, serviettes et nappes, est prisé quatre livres. Mais Bonaparte ne le sait pas; il ne sait pas que cette femme élégante et rare qu'il a devant lui, dont la grâce infinie lui trouble la tête, dont la toilette recherchée donne une fête à ses yeux, ne possède en sa garde-robe que quatre douzaines de chemises en partie usées, deux douzaines de mouchoirs, six jupons, six camisoles de nuit, six paires de poches de bazin, dix-huit fichus de linon, douze paires de bas de soie de diverses couleurs. Par contre, elle a, pour les dessus, six châles de mousseline, deux robes de petit taffetas de couleur brune et violette, trois robes de mousseline brodée en couleur, trois robes de mousseline unie, deux robes d'organdi, trois robes de canadéri, une robe de taffetas d'été, trois de toile de Jouy, une de linon brodé en blanc. Ces dessous si vraiment pauvres et ces dessus relativement nombreux, quoique les étoffes en soient toutes légères et de vil prix, c'est Joséphine toute vive : elle a seize robes et six jupons.

Mais qu'importe! Bonaparte ne voit que la robe, ou plutôt, il ne voit que la femme : des cheveux châtains d'une jolie qualité, peu fournis à la vérité, —

mais on est alors aux perruques blondes neigées d'un œil de poudre; — une peau assez brune, déjà éraillée sur la figure, mais que lisse, que blanchit, que rosit le fard; des dents déjà mauvaises, mais qu'on ne voit jamais, la bouche toute mignonne étant toujours fondue en un sourire léger, très doux, qui s'accorde avec la douceur infinie des yeux aux longues paupières, aux très longs cils, avec l'expression tendre des traits, avec un son de voix si touchant que, pour l'entendre, plus tard, dans les corridors, les domestiques s'arrêtaient. Et avec cela, un petit nez fringant, léger, mobile, aux narines perpétuellement battantes, un nez un peu relevé du bout, engageant et fripon, qui provoque le désir.

La tête pourtant n'est pas à citer près de ce corps si libre et si long, que la graisse n'a point touché, qui s'achève en des pieds étroits, mignons et cambrés, des pieds gras et fondants qui appellent le baiser. Aux souliers qui les ont habillés, on les devine ces pieds, on les voit, on les tient... Au corps, nulle entrave, nul corset, pas même une brassière pour soutenir la gorge, d'ailleurs bas placée et plate. Mais l'allure générale emporte tout. Cette femme met à vivre une grâce qui n'est qu'à elle : « Elle a de la grâce même en se couchant. » Et cette grâce résulte de la proportion si juste des membres souples à la taille dégagée, qu'on oublie que la stature est médiocre, tant les mouvements sont aisés et élégants. Une science longuement apprise de ce corps, une coquetterie qui a affiné tous les gestes, qui ne perd nul avantage et, constamment en défense, ne laisse rien au hasard, cette indéfinissable nonchalance qui fait des femmes créoles les femmes par essence, cette sensualité qui, comme un parfum léger ensemble et capiteux, flotte autour de ces abandons lassés des formes souples et faciles, n'est-ce pas pour affoler tous les hommes, et celui-ci pour commencer, plus neuf et moins expérimenté que quiconque. Et par cela même *la femme* le séduit dès la première approche, en même temps que *la dame* l'éblouit et qu'elle lui impose par un air de dignité, comme il dit : « ce maintien calme et noble de l'ancienne société française ».

Elle le sent bien qu'il est pris, qu'il lui appartient, et quand il revient le lendemain, le surlendemain, puis tous les jours, quand il voit autour de Mme de Beauharnais des hommes qui ont été de l'ancienne cour, qui sont des grands seigneurs par rapport à lui, « petit noble » (le mot est de lui), un Ségur, un Montesquiou, un Caulaincourt, qui la traitent en amie, en égale, un peu en camarade, il ne sent point la nuance, il ne saisit point que ces hommes, qui, toujours pour lui, garderont leur prestige, viennent là en garçons, n'amènent point leurs femmes. Sortant des milieux tout jacobins où il a vécu, qui en Vaucluse, à Toulon, à Nice, à Paris, ont fait son avancement, il éprouve une satisfaction infinie à se trouver en telle compagnie. Toutes les apparences, et rien ici n'est qu'apparence, le luxe de la dame comme sa noblesse, sa société et la place qu'elle tient dans le monde, il les accepte pour des réalités et les voit ainsi, les sens aidant.

Quinze jours après la première visite, c'est une liaison : en écrivant, il semble qu'on n'en soit encore qu'à l'amitié, mais, dans la confusion de ces temps, a dit un témoin, les nuances, les transitions n'étaient guère observées. Tout allait vite.

« Ils s'aimèrent passionnément. » Lui, c'est tout simple. Elle, pourquoi ne pas penser qu'alors elle est sincère? C'est du fruit neuf, ce Bonaparte, un sauvage à apprivoiser, le lion du jour à promener à sa chaîne. Pour la femme déjà mûre qu'elle est, ce tempérament qui s'éveille, cette ardeur de passion, ces baisers *comme sous l'Équateur* jetés sur toute sa chair, cette furie d'un désir continuel, n'est-ce pas l'hommage qui peut le mieux la toucher, lui prouver le mieux qu'elle est belle encore et qu'elle plaira toujours? Mais bon comme amant, car qu'en fera-t-elle comme mari? Or, voici qu'il offre sa main, qu'il supplie qu'on l'accepte. Après tout, qu'a-t-elle à y perdre? Elle est aux abois, et c'est un coup de cartes qu'elle risque. Il est jeune, il est ambitieux, il est général en chef de l'armée de l'intérieur; on se souvient, au Directoire, qu'il a fourni les plans de la dernière campagne d'Italie, et Carnot va lui faire donner le commandement en chef pour la campagne prochaine. C'est peut-être le salut. Aussi bien, à quoi s'engagera-t-elle? Un mariage? Mais le divorce en est le remède tout trouvé, car il n'est point question de prêtre ou de cérémonie religieuse. Qu'est-ce alors? Un contrat qui durera le temps qu'il plaira aux parties de l'observer, mais qui n'aura de valeur ni pour la conscience de la femme, ni pour son ancien monde, en admettant que ce monde s'occupe d'elle, qui rapportera gros si l'on joue bien, car ce jeune homme peut monter haut, qui rapportera toujours une pension s'il est tué.

Néanmoins, elle a des précautions à prendre : d'abord, son âge à dissimuler, car elle ne veut, ni à ce garçon de vingt-six ans, ni à personne, avouer qu'elle a passé trente-deux ans. Alors Calmelet, son homme de confiance, subrogé-tuteur de ses enfants, se transporte, assisté d'un nommé Lesourd, chez un notaire: « Ils certifient connaître parfaitement Marie-Josèphe Tascher, veuve du citoyen Beauharnais, savoir qu'elle est native de l'île Martinique, dans les îles du Vent, et que, dans ce moment, il lui est impossible de se procurer l'acte qui prouve sa naissance, attendu l'occupation actuelle de l'île par les Anglais. » C'est tout; nulle autre déclaration, nulle date. Armée de cette pièce notariée, Joséphine pourra déclarer à l'officier de l'état civil qu'elle est née le 23 juin 1767, tandis qu'elle est née le 23 juin 1763. On n'y regardera point de plus près.

Pour sa fortune, elle prétend de même en laisser l'illusion. Ici, c'est plus difficile, pourrait-on croire;

mais Bonaparte accepte tout ce qu'elle fait; et, alors, à huis clos, en présence seulement de Lemarrois, aide de camp du général, est rédigé le plus étrange contrat de mariage que notaire ait jamais reçu : nulle communauté de biens, sous quelque forme et en quelque manière que ce soit; séparation de biens absolue; toute autorisation donnée par avance à la future épouse par le futur époux; tutelle des enfants du premier lit maintenue exclusivement à la mère; douaire de quinze cents livres de rentes à son profit si elle devient veuve, et, en ce cas, reprise par elle de tout ce qu'elle justifiera lui appartenir.

D'apports, aucun : tout ce que la future épouse possède appartient à la communauté qui a existé entre elle et feu M. de Beauharnais. Il n'en a pas été fait inventaire, et ce ne sera qu'après l'inventaire qu'elle décidera si elle accepte ou renonce. Inventaire fait deux ans plus tard, elle renonce, mais ces deux ans-là ont rapporté mieux. A avouer le néant de sa fortune, Bonaparte met moins de façons : « De sa part, le futur époux déclare ne posséder aucuns immeubles, ni aucuns biens meubles mobiliers autres que sa garde-robe et ses équipages de guerre, le tout évalué par lui à..... et en a assigné la valeur nominale. » C'est bien, comme l'avait dit le notaire a Mme de Beauharnais, la Cape et l'Épée. Mais le général trouve la déclaration oiseuse, et, sur le contrat, il fait purement et simplement rayer le paragraphe.

Le contrat est du 18 ventôse an IV (8 mars 1796). Le lendemain, c'est le mariage devant l'officier de l'état civil, qui, complaisamment, donne au marié vingt-huit ans au lieu de vingt-six et à la mariée vingt-neuf ans au lieu de trente-deux. Ce maire avait la manie d'égaliser. Barras, Lemarrois, qui n'est pas majeur, Tallien et Calmelet, l'inévitable Calmelet, sont témoins. Nulle mention de consentement des parents des deux époux : on ne les a point consultés.

Deux jours après, le général Bonaparte est seul en route pour l'armée d'Italie. Mme Bonaparte reste rue Chantereine. Heureusement, on avait pris des avances sur la lune de miel.

IV

LA CITOYENNE BONAPARTE

De Paris à Nice, onze couchées, et de chacune, presque de chaque maison de poste où il attend les relais, une lettre vole vers la rue Chantereine, à l'adresse de la citoyenne Bonaparte, chez la citoyenne Beauharnais. Dans ces lettres, rien que de la passion : nulle ambition n'y apparaît, tant celui qui les écrit se tient assuré de sa fortune. Nul doute de lui-même, nulle incertitude sur l'avenir : une confiance si pleine qu'il n'a même pas besoin de l'exprimer. Nulle spéculation sur le futur, nul indice de ses projets, nulle inquiétude sur les moyens : on dirait un de ces princes d'il y a deux siècles partant en poste pour commander une victoire. Rien qu'Elle et Lui, rien que de l'amour.

A Nice, dès l'arrivée, en même temps qu'il jette aux bandes dont il doit faire une armée, des mots brefs où tiennent tous leurs rêves et tous leurs appétits; en même temps qu'il range à l'obéissance, d'un seul froncement de sourcils, ces généraux d'émeute qui voudraient faire marcher « le petit b..... » (c'est le mot d'Augereau à Masséna); en même temps qu'il multiplie les ordres pour organiser, pour équiper, pour nourrir ces soldats délabrés qu'il va, pour leur début, mener à l'assaut des Alpes, lettre sur lettre à Joséphine : « Si je suis prêt à maudire la vie, je mets la main sur mon cœur, ton portrait y bat; je le regarde, et l'amour est pour moi le bonheur absolu et tout est riant hors le temps que je me vois absent de mon amie. » Ce portrait dont la glace brisée le plongera dans un tel désespoir parce qu'il verra là un présage de mort, il ne le quitte point, il ne s'en sépare point, il le montre à tous. Il y fait sa prière de chaque soir.

C'est l'adoration d'un fidèle, l'exaltation d'un croyant. Le sauraient-ils, les soldats n'en riraient point : ils sont de son âge, ils sont de sa race; une vision surnaturelle emplit leur tête comme la sienne. Il est le général qu'il faut à cette armée étrange. En haut, lui, avec ses vingt-six ans, sa face immobile, très mince, très pâle, sous les cheveux longs que grisonne un nuage de poudre, avec ses yeux profonds dont l'éclair perce les êtres au profond d'eux, subjugue et « fait peur ». Plus bas, les aventuriers, celui-ci, Augereau, déserteur de toutes les armées d'Europe, un soudard tutoyeur, aux allures de spadassin; celui-là, Masséna, contrebandier matois, pirate à l'occasion, aussi affolé par la femme, quelle qu'elle soit, que par l'argent, d'où qu'il vienne.

Ils voudraient bien le jeter bas, ce petit *ci-devant* qu'on leur impose pour chef. Mais il les fixe dans les yeux, et devant le dompteur, les fauves, en grognant, s'aplatissent. Les soldats et les officiers (en masse, car il en est en particulier qui sont des brigands tels que ce Landrieux) n'ont pas besoin d'être domptés : dès la première phrase ils sont conquis. Ils arrivent la plupart de cette armée des Pyrénées-Orientales où ils ont fait leur apprentissage d'abnégation, et portent chacun en leur âme un peu de l'âme de La Tour d'Auvergne. Ils ne pensent qu'à la gloire et à la patrie. On verra, dans cette guerre, des officiers refuser l'avancement comme une insulte, des caporaux rétablir les combats, des soldats s'improviser généraux et deviner la stratégie. Un électrique courant de génie circule dans les rangs, un pareil dédain de la mort, une même gaîté en face d'elle, un stoïcisme joyeux et, pour l'amour, en tous ces jeunes cœurs, une égale exaltation. Par cela aussi, lui, Bonaparte est digne de les commander. Vaincre, conquérir, c'est le moyen de la revoir plus tôt, de l'avoir à lui, près de lui, constamment avec lui.

Pour elle, en quinze jours de ce mois d'avril 1796, six victoires, vingt et un drapeaux pris, le Piémont contraint à capituler. « Grâces vous en soient rendues, soldats ! » Oui, grâces leur en soient rendues, car Joséphine va venir. Junot, que le général envoie à Paris porter des trophées, va la ramener. — Il lui faut sa femme : « Vite ! je te préviens, si tu tardes, tu me trouveras malade. Les fatigues et ton absence, c'est trop à la fois. » Ce n'est point là un mensonge pour l'attirer : une fièvre continuelle le brûle, une toux persistante l'épuise ; cette gale rentrée de Toulon portée sur l'estomac le rend étique, et puis une seule, une unique pensée : « Tu vas revenir, n'est-ce pas ? tu vas être ici à côté de moi, sur mon cœur, dans mes bras ! Prends des ailes ! viens, viens ! »

Point d'autre femme pour lui que cette femme : à Cairo, on lui amène la maîtresse d'un officier piémontais : elle est toute jeune, belle à miracle. En la voyant, son œil s'allume, mais c'est un éclair : il retient près de lui ses officiers, il accueille la captive avec une dignité calme, il la fait conduire aux avant-postes, rendre à son amant.

De la politique, peut-être, cela ; mais, à Milan, quand la Grassini s'offre toute à lui ; que, désespérée, elle jette pour l'attendrir des accents si touchants et si lyriques qu'elle convertit à la musique l'armée entière, il paie la chanteuse et il repousse l'amante. Une seule femme est pour lui toute la femme, et la volupté qu'il attend d'elle est toute la volupté.

Que fait-elle donc qu'elle ne vient pas ? C'est que, en vérité, courir les champs avec ces soldats, cela n'a rien qui la séduise. Comme il vaut bien mieux jouir à Paris du mal qu'ils se donnent, et comme c'est bon d'être enfin parvenue — et par un coup de cartes — à être comptée parmi les élégantes suprêmes, les reines du Paris nouveau! A présent Bonaparte lui a envoyé ses procurations, et d'ailleurs qui refuserait crédit à la femme du général en chef de l'armée d'Italie? Elle est de toutes les fêtes, de toutes les parties, de toutes les réceptions au Luxembourg, qui retrouve avec Barras ses élégances princières, où, près de Mme Tallien, la maîtresse du lieu, on lui prépare la meilleure place.

Elle est au premier rang lorsque Junot vient présenter au Directoire les vingt et un drapeaux, et elle sort au bras de Junot, prenant sa bonne part du triomphe. Et puis, les premières représentations, et, quand elle entre dans sa loge, le parterre debout, et déjà l'acclamation d'un peuple; et puis les fêtes officielles, la fête de la Reconnaissance et des Victoires qui semble lui être dédiée; et puis Paris surtout, ou plutôt uniquement Paris, Paris qui l'a prise au point qu'elle ne saurait vivre hors de Paris et que, désormais, à travers tout, pendant les dix-huit années qui lui restent à vivre, elle portera cette unique préoccupation : ne pas quitter Paris.

Lui, qui attend, qui espère, qui enrage, lui que torturent la jalousie, l'inquiétude, le désir, écrit lettre sur lettre, expédie courrier sur courrier. Que fait-elle? que pense-t-elle? C'est donc qu'elle a pris un nouvel amant, « de dix-neuf ans » sans doute? « S'il était vrai... crains le poignard d'Othello... », et elle, souriant, avec son petit zézaiement créole : « Il est drôle, Bonaparte! »

Il faut bien pourtant inventer un prétexte : Joseph Bonaparte est à Paris pour presser le départ; Junot, quelque plaisir qu'il éprouve à se faire voir en hussard, va rejoindre l'armée. Après Chérasco, ç'a été Lodi et à présent l'armée est à Milan. C'est un palais, non plus un bivouac qui l'attend. Qu'inventer? Une maladie, cela est vieux, mais une maladie qu'occasionne un commencement de grossesse, cela est excellent. Et dès qu'il a cette nouvelle, Bonaparte s'affole. « J'ai tant de torts envers toi, écrit-il, que je ne sais comment les expier. Je t'accuse de rester à Paris, et tu y étais malade! Pardonne-moi, ma bonne amie; l'amour que tu m'as inspiré m'a ôté la raison : je ne la retrouverai jamais. L'on ne guérit pas de ce mal-là. Mes pressentiments sont si funestes que je me bornerais à te voir, à te presser sur mon cœur et mourir ensemble... Un enfant adorable comme sa maman va voir le jour dans tes bras. Infortuné, je me contenterais d'une journée! »

Et le même soir, à Joseph : « Mon ami, je suis au désespoir. Ma femme, tout ce que j'aime dans le monde, est malade. Ma tête n'y est plus. Des pressentiments affreux agitent ma pensée. Je te conjure de me dire ce qui en est, comment elle se porte. Si, dès notre enfance, nous fûmes unis par le sang et la plus tendre amitié, je t'en prie, prodigue-lui tes soins, fais pour elle ce que je serais glorieux de faire moi-même. Tu n'auras pas mon cœur, mais toi seul peux me remplacer. Tu es le seul homme sur la terre pour qui j'aie eu une vraie et constante amitié. Après elle, après ma Joséphine, tu es le seul qui m'inspire quelque intérêt. Rassure-moi. Parle-moi vrai. Tu connais mon cœur. Tu sais comme il est ardent. Tu sais que je n'ai jamais aimé, que Joséphine est la première femme que j'adore. Sa maladie me met au désespoir. Tout le monde m'abandonne, personne ne m'écrit. Je suis seul, livré à mes craintes, à mes malheurs. Toi non plus, tu ne m'écris pas. Si elle se porte bien, qu'elle puisse faire le voyage, je désire avec ardeur qu'elle vienne. J'ai besoin de la voir, de la presser contre mon cœur. Je l'aime à la fureur et je ne puis plus rester loin d'elle. Si elle ne m'aimait plus, je n'aurais plus rien à faire sur la terre. Oh! mon bon ami, je me recommande à toi. Fais en sorte que mon courrier ne reste pas six heures à Paris et qu'il revienne me rendre la vie!... »

Il n'y peut tenir; il menace, si sa femme n'arrive point, de donner sa démission, de tout abandonner, de revenir lui-même. Joséphine comprend que c'est fini des prétextes, que celui de la grossesse, le meilleur, celui qui touche au vif Bonaparte, s'est évanoui, — si même il a jamais eu un semblant d'apparence; que celui de la maladie ne peut prendre Joseph pour dupe, puisqu'elle a continué ses sorties, qu'elle ne s'est privée d'aucune fête et qu'elle en a fort bien supporté les plaisirs.

Il faut donc partir, et, désespérée, toute fondue en larmes, poussant des gémissements, après un souper d'adieu au Luxembourg, elle monte en voiture avec son chien Fortuné, Joseph, Junot, le citoyen Hippolyte Charles, adjoint à l'adjudant général Leclerc, et la citoyenne Louise Compoint. Celle-ci, l'*officieuse*, mange à la même table que sa maîtresse, est en tout vêtue comme elle. Sa chambre, rue Chantereine, n'est en rien celle d'une domestique, et, avec ses rideaux et ses portières de siamoise, avec les flambeaux d'albâtre montés en cuivre doré, les amours et les jardinières de biscuit de Sèvres, avec la belle commode à la régence qui a les mains, les entrées et les sabots de cuivre et le dessus de marbre rance, elle est plus élégante que la chambre de madame. Ce qu'est Louise Compoint pour Joséphine? sans doute uniquement une confidente qu'elle ménage et à qui, malgré la brouille survenue, elle paiera pension jusqu'en 1805. Dans le voyage, qui est long, et qu'on semble prolonger à dessein, Junot prend ses mesures avec Mlle Louise, et Joséphine, bien que, à en juger par la suite, elle ne trouve pas M. Charles indifférent, enrage, dit-on, de se voir enlever ou préférer sa favorite.

Partie tout à la fin de juin (messidor, IV), le 8 juillet (20 messidor), la voiturée n'est pas encore à Milan, mais elle y touche, et Bonaparte, obligé d'aller faire face à l'armée de Wurmser, supplie

Joséphine de le joindre à Vérone : « J'ai besoin de toi, lui dit-il, car je vais être bien malade. » Elle l'attend pourtant à Milan, où il accourt : deux jours d'effusion, d'amour, de caresses passionnées. Puis, tout de suite, c'est la grande crise de Castiglione. Jamais situation plus grave, jamais périls plus extrêmes. Il ne s'agit même pas de savoir si on évitera la défaite, mais si l'on échappera à la destruction. Et au milieu des ordres qu'il lance pour assembler ses divisions, des combinaisons qu'il invente pour atténuer le désastre, dans cet instant où il joue ses destinées, où sa fortune paraît hésiter, où lui-même, pour la première fois, semble douter de lui-même, chaque jour, une lettre une longue lettre d'amour : « Ah! je t'en prie, laisse-moi voir quelques-uns de tes défauts; sois moins belle, moins gracieuse, moins tendre, moins bonne surtout; surtout ne sois jamais jalouse; ne pleure jamais : tes larmes m'ôtent la raison, brûlent mon sang... Viens me rejoindre, et, au moins, qu'avant de mourir nous puissions nous dire : Nous fûmes tant de jours heureux! »

Et le lendemain, et le surlendemain, et tous les jours qu'il est éloignée d'elle, cette même folie de passion, des baisers pleuvant sur tous les replis de ce corps qu'il divinise!... Pour qu'elle vienne le retrouver, fût-ce une nuit, fût-ce une heure, il demande, il supplie, il ordonne. Elle, un peu plus soumise, car, ici, devant cette Italie conquise, devant cette armée fanatisée, elle sent confusément qu'il est de la race des Chefs et qu'au moins on doit *paraître* obéir, elle fait effort pour l'aller chercher, et c'est alors, pour elle, une course étrange au milieu des soldats, une course de fuyarde et de triomphatrice, où tantôt elle est accueillie en souveraine par les magistrats de l'Italie nouvelle, tantôt elle essuie le feu des batteries autrichiennes, une course dans des voitures qui versent, parmi des armées victorieuses ou débandées, et l'amour au bruit des tambours qui battent la charge, dans le pétillement des fusillades, à la lueur des villes bombardées.....

Est-elle avec Bonaparte? « il est toute la journée en adoration devant elle comme devant une divinité »; s'éloigne-t-elle? courrier sur courrier. De chacun de ces villages ignorés dont il va faire les noms immortels, des lettres, où il mêle à des déclarations de tendresse, de confiance, de reconnaissance même, des imprécations jalouses, des caresses délirantes. Vers elle, la maîtresse âgée, mondaine et experte, c'est le cri de ces sens affamés, tout jeunes et tout neufs, de l'homme de vingt-six ans qui, jusque-là, a vécu chaste; c'est la plainte ininterrompue d'un désir qu'exaspèrent la maladie, la fièvre, l'effort continu du cerveau en travail.

Malgré lui, l'expression de ce désir, il l'emprunte à ses souvenirs de la *Nouvelle Héloïse*, fouettant encore de la littérature de Rousseau l'emportement de sa phrase : non qu'il ne soit pas sincère et que l'amour soit chez lui prétexte à faire du style, mais il aime de cette façon, il a subi cette formule et il ne saurait — il ne saura jamais — parler d'amour dans une langue différente. En ce temps-là, il est un fils de Jean-Jacques, et, quoi qu'il en ait eu, il est demeuré de sa race, et comme tous ceux *qui ont cueilli la pervenche*, pour sa vie son cœur en est resté parfumé.

Joséphine, la pervenche, ce n'est pas son affaire. Elle n'est ni de cette génération, ni de ces pays, ni de cette éducation, ni de cette naïveté. Cette perpétuelle exaltation la fatigue et l'ennuie. Certes, c'est gentil d'être aimée ainsi; cela a semblé intéressant et neuf, mais cela lasse, et la maladresse d'un désir qui a ces brutalités et cette inexpérience n'est point pour réveiller des sens vieillis. Sans doute, il y a des revenants bons, présents des villes et présents des princes, offrandes des généraux, pots-de-vin des fournisseurs; mais, quoiqu'elle dépense infiniment d'argent, elle n'est point femme d'argent. Aussi prodigue qu'imprévoyante, toujours tentable et toujours tentée, elle reçoit par obligeance et elle donne par caprice. Elle n'a pas trop l'idée qu'elle fait mal, car elle obéit à son instinct, mais elle s'arrange tout de même pour que Bonaparte n'en sache rien. Elle lui connaît des scrupules qu'elle trouve étranges, étant donnés le milieu dans lequel elle a vécu et la société qu'elle a fréquentée; mais il faut bien l'accepter tel qu'il est. Dès les premiers jours, à propos d'une boîte de médailles que Joséphine a reçue, il a parlé sévèrement, et il a fallu rendre les médailles. Désormais, il ne saura rien, et, s'il soupçonne, d'adroits mensonges, pour qui Joséphine s'est assuré des complices, couvriront les colliers de perles, les parures de diamants, les tableaux de prix et les antiques inestimables.

Il est bien d'autres choses que Bonaparte ignore. A peine sait-il que M. Charles existe, ce M. Charles, l'adjoint de Leclerc, qui est venu de Paris avec Joséphine. M. Charles est resté à Milan, où il promène par les rues un coquet uniforme de chasseur à cheval, et chaque fois que le général s'absente du palais Serbelloni M. Charles y rentre. Joséphine dit bien que M. Charles n'est là que pour l'amuser, la distraire, la faire rire, que c'est tout platonique de sa part : et M. Charles, c'est un petit jeune homme, tout en chair, très râblé, d'une assurance imperturbable, d'un corps extrêmement alerte, vif et adroit, ne parlant qu'en calembours, excellant dans tous les tours de force et d'adresse, les mystifications et les charges, *un drôle de corps*, comme on dit. Il est le lien entre Joséphine, qui a toujours besoin d'argent, et les fournisseurs qui s'imaginent avoir besoin de Joséphine. Il est prodigue comme un traitant, mais gaîment, à la bonne franquette, en hussard qui ferait des affaires. Quel contraste, et comme, pour Joséphine, l'antithèse semble préparée à dessein ! Mais voici que Bonaparte a des soupçons sur

M. Charles comme il en a eu sur Murat. M. Charles, dit-on, est arrêté; mais n'est-ce pas pour ses rapports avec les fournisseurs? En tout cas, il quitte l'armée, il retourne à Paris, où Joséphine le fait associer à la Compagnie Bodin, lui procure une grande fortune dans les vivres.

M. Charles était une distraction à souhait : c'était quelqu'un du Paris qu'aimait Joséphine, le Paris cabotin, amuseur et bruyant, le Paris noceur. Il lui fallait un M. Charles pour soutenir l'incurable ennui qu'elle éprouvait : « Je m'ennuie beaucoup », écrit-elle à sa tante. Oui, tout l'ennuie, et l'amour éperdu de son jeune mari, et Milan, et Gênes, où le Sénat la reçoit en reine, et Florence, où le Grand-Duc l'accueille en cousine, et Montebello, où elle tient sa cour, et Passeriano, et Venise, tout l'ennuie, hormis Paris. Et pourtant, voici que Bonaparte part pour Paris, et elle ne l'accompagne pas. A elle, il a pris fantaisie d'aller à Rome, — du moins l'a-t-elle dit, — et elle ne rentre que huit jours après son mari rue Chantereine — rue de la Victoire — dans cet hôtel où elle vient, par correspondance, de jeter 120 000 francs de mobilier et de décoration, cet hôtel de 52 400 francs, que Bonaparte achètera seulement dans quatre mois, le 31 mars 1798.

Ainsi, pour un caprice, pour ses aises, elle a fait bon marché de ce voyage d'apothéose à travers la Suisse et l'Italie, de ce retour dans la patrie au bras de l'homme dont le nom emplit Paris et dont elle porte le nom... Un mois après que Bonaparte a quitté Milan, elle n'est pas encore revenue : elle n'arrive que tout à la fin de décembre[1].

Bien que, alors, chez Napoléon, l'amour ne soit plus en cette furie de passion des premiers jours, sa femme est encore la seule femme qu'il aime. Il en fait profession publique : « J'aime ma femme », dit-il à Mme de Staël. Il ne quitte point sa femme et il ne lui déplaît point qu'on répète qu'il est extrêmement jaloux. Pourtant elle n'est plus jolie. « Elle a près de quarante ans et les paraît bien. » Qu'importe ! Pour Bonaparte elle ne vieillira point, et, la folie passée, il lui reste de son premier amour un si chaud et si reconnaissant souvenir que, à travers toute sa

---

[1]. Un chroniqueur que je ne cite que parce qu'en telle matière, il faut autant que possible tout voir, affirme que dans la matinée où Bonaparte reçut le serment des officiers de la Garde civique, il avait dans sa chambre une actrice qui avait été déjà la maîtresse d'un général piémontais, et que le général en chef de l'armée française aurait fait venir pour se distraire. Bonaparte serait sorti à pied, le serment reçu, et se serait rendu chez le bijoutier Manini, passage des Figini, où il aurait acheté des bijoux pour femmes d'une valeur de 128 livres. D'autre part on raconte que, avant la prise de Milan, il aurait eu la marquise de Bianchi, dame d'une très grande beauté, qui était venue réclamer vingt-cinq chevaux appartenant à son mari, et qu'on lui avait enlevés dans le Parmesan ; puis serait venue une cantatrice nommée Ricardi, à laquelle il aurait envoyé par Duroc une voiture avec un attelage de six chevaux ; après, une danseuse de dix-sept ans, mademoiselle Thérèse Campini ; puis la fille d'un pelletier du Midi, ayant épousé un certain Caula, patriote piémontais. Cela ferait cinq, bien comptées. Il n'est pas une de ces aventures qui semble authentique, pas ne qui psychologiquement soit naturelle et vraie.

vie, quoi que Joséphine lui fasse et quoi qu'il advienne, elle demeurera toujours l'adorée, la femme qui exercera sur ses sens et sur son cœur le seul immuable pouvoir.

V

MADAME FOURÈS

A Toulon, le 29 floréal an VI, du pont de l'*Océan*, le vaisseau sur lequel il a embarqué sa fortune, Bonaparte regarde, si longtemps qu'il peut l'apercevoir, le mouchoir qu'agite Joséphine. Il aime encore cette femme, non plus avec l'ardeur de tempérament des premiers jours, mais avec la reconnaissance de ses sens satisfaits et de son cœur dorloté. Il l'aime comme l'incarnation de la grâce et de l'élégance, comme l'être féminin par essence, le premier qui se soit offert à lui, le premier qu'il ait pleinement possédé.

Avec elle il est convenu que, dès qu'il aura conquis cette Égypte — et il ne doute point de la conquête — elle viendra le rejoindre, qu'il lui enverra une frégate; qu'en attendant elle ira prendre les eaux. Mais, si Joséphine a été sincère en promettant, bientôt l'idée de partir, d'aller si loin, à travers

tant d'inconnu, la trouble et l'effraie. A Paris, elle
est ressaisie par les habitudes anciennes, les sociétés,
le monde, surtout ses liaisons de Milan. De son
côté, Bonaparte est mis en éveil par des indiscrétions.

Dès la traversée de Toulon à Malte et à Alexandrie
il s'inquiète. Les vieux soupçons lui reviennent à
la pensée. Il veut savoir, il interroge, on lui répond.
A des reprises diverses, prenant à part ceux qu'il
juge le plus ses amis, qui peuvent le moins lui refuser des vérités, il s'obstine à tout connaître de ce
qu'on a dit d'elle en Italie.

Ce qui s'est passé avant qu'il n'épousât Joséphine
ne le regarde point, ne le touche point. Quand, de
Milan, le 23 prairial an IV, il lui écrit : « Tout me
plaisait, jusqu'au souvenir de tes erreurs et de la
scène affligeante qui précéda de quinze jours notre
mariage », il donne la clef de son propre caractère,
de sa façon de comprendre l'amour. Le droit qu'il a
sur le cœur, sur l'esprit, sur les sens de cette femme,
ne date que du jour où elle s'est librement obligée
par un serment, où elle a accepté son amour, où elle
a semblé le partager; mais, de ce jour, elle lui appartient, et si elle le trompe, c'est fini d'elle.

Dès que les yeux de Bonaparte sont dessillés, dès
que l'illusion dans laquelle il a vécu s'est dissipée,
l'idée du divorce se fait jour dans son esprit : il tient
rompu le lien qui l'attache à sa femme. S'il eût conservé son ignorance, sans doute il lui serait resté fi-

dèle en Égypte comme il l'avait été en Italie, mais désormais à quoi bon se contraindre? à quoi bon, dans l'ennui profond abattu sur l'armée d'Égypte, négliger des distractions qui, quelques mois auparavant, eussent apparu à sa conscience comme des trahisons envers une maîtresse fidèle, qui maintenant ne sont plus à ses yeux que les naturelles faiblesses d'un homme de vingt-neuf ans?

Il a la fantaisie de goûter aux femmes d'Asie, comme avaient fait quantité d'officiers : on lui en amène une demi-douzaine, mais leur tournure et leur obésité le dégoûtent. Il n'y touche point et les renvoie tout de suite. Nul dès ce temps plus susceptible de dégoût, plus sensible aux odeurs, ayant les nerfs plus impressionnables et plus effarouchés.

Il rencontra mieux au *Tivoli égyptien*. C'était un jardin sur le modèle du *Tivoli* de Paris, qu'avait entrepris de monter un émigré, ancien garde du corps, ancien condisciple de Bonaparte à Brienne, qui avait obtenu de suivre l'armée. Comme à Paris, il y avait un cercle, toute espèce de jeux, de chevaux de bois, d'escarpolettes et de balançoires, puis des jongleurs, des psylles, des almées, et l'on prenait des glaces en écoutant la musique militaire. C'eût été charmant avec le personnel féminin des jardins d'amour de Paris, mais, de femmes d'Europe peu ou point, et c'est pourquoi l'armée s'ennuyait et pourquoi tant d'officiers, en désespoir de cause, épousaient authentiquement des Égyptiennes.

Les seules Européennes qu'on vît et qui fréquentassent au *Tivoli* étaient arrivées avec l'armée. Or, avant le départ, les ordres les plus sévères avaient été donnés pour que toutes les femmes d'officiers restassent aux dépôts des demi-brigades; celles-là seules donc étaient parvenues jusqu'au Caire qui, par un subterfuge, sous des habits d'homme, avaient enfreint la consigne, échappé aux rondes, et fait la traversée en quelque cale de navire.

C'étaient des audacieuses, des guerrières, habituées aux aventures et prêtes, comme la femme du général Verdier, à tirer des coups de fusil. Entre elles, la plus jolie, une petite femme à cheveux blonds, à peau éclatante, à dents merveilleuses, très agréable en tout temps, ici adorée.

Elle se nommait Marguerite-Pauline Bellisle : apprentie chez une modiste à Carcassonne, elle s'était fait épouser par le neveu de sa patronne, un joli lieutenant du 22ᵉ chasseurs à cheval qui s'appelait Fourès. En pleine lune de miel, ordre d'embarquer pour l'Égypte : la mariée s'était costumée en chasseur à cheval et faufilée sur le même bateau que son mari. Au Caire, elle avait repris ses habits féminins, « frayait peu avec les autres officiers, et l'union de ce couple était citée comme un modèle édifiant ». A la fête donnée le 20 frimaire an VII (1ᵉʳ décembre) sur l'Esbekieh, où, après la revue générale des troupes, Conté lança une montgolfière qui, pensait-on, devait prodigieusement surprendre les gens du Caire et ne leur fit même point tourner la tête, les deux tout jeunes aides de camp du général en chef, Merlin et Eugène de Beauharnais, se montrent Mᵐᵉ Fourès : ils l'admirent avec une telle véhémence que Bonaparte à son tour regarde et s'informe.

Le soir même, il la retrouve au *Tivoli égyptien*, lui adresse des œillades, s'approche, lui fait des compliments, s'arrête longuement près d'elle. Puis, des officieux comme il s'en trouve s'entremettent.

Calcul ou vertu, la petite ne se rend pas tout de suite. Il faut des protestations, des déclarations, des lettres, de riches cadeaux. Enfin on s'arrange. Le 17 décembre, Fourès reçoit l'ordre de s'embarquer — tout seul cette fois — sur le chebec le *Chasseur*, capitaine Laurens, avec mission d'atteindre la côte d'Italie et de porter des dépêches au Directoire : à Paris il doit voir Lucien et Joseph Bonaparte et revenir promptement à Damiette. Il revint plus vite qu'on ne pensait.

Dès le jour du départ de Fourès, Bonaparte a invité la petite femme à dîner avec plusieurs autres dames françaises. Il l'a à côté de lui et lui fait fort galamment les honneurs. Mais tout d'un coup, simulant une maladresse, il renverse une carafe d'eau glacée et l'entraîne dans son appartement sous prétexte de réparer le désordre de sa toilette. « Les apparences étaient à peu près conservées », dit-on. — A peu près, en effet. Seulement l'absence du général et de Mme Fourès se prolongea trop longtemps pour que les convives, demeurés à table, pussent conserver des doutes sur la réalité de l'accident.

Le doute fut moins permis encore lorsqu'on vit meubler en hâte une maison voisine du palais d'Elfi-Bey, habitation du général; Mme Fourès y était à peine installée que survint Fourès.

Le *Chasseur*, ayant mis à la voile le 28 décembre, avait, dès le lendemain, été pris par le vaisseau anglais le *Lion*, et les Anglais, fort au courant de ce qui se passait à l'armée française, avaient eu la malice de renvoyer Fourès sur parole de ne point servir contre eux pendant la durée de la guerre.

Fourès, que Marmont avait vainement tenté de retenir à Alexandrie, arriva furieux au Caire et fit expier assez rudement à son épouse les libertés qu'elle avait prises. « Pour se soustraire à ses emportements », Mme Fourès demanda le divorce, qui fut prononcé en présence d'un commissaire des guerres de l'armée. Au retour de l'expédition de Syrie, le mari fut de nouveau autorisé à repasser en France et un ordre pressant de faciliter son voyage fut adressé au commissaire de la marine.

Après son divorce, Mme Fourès, qui avait repris son nom de Bellisle, mais qui dans l'armée, comme jadis à Carcassonne, n'était connue que sous le joli nom de *Bellilote*, s'afficha en favorite. Richement parée, vivant avec un luxe extrême, recevant à sa table les généraux, faisant les honneurs du palais aux quelques Françaises de l'armée, on la voyait aux promenades, tantôt roulant en calèche avec Bonaparte, l'aide de camp de service trottant à la portière — Eugène de Beauharnais comme les autres, — tantôt caracolant en habit de général, tricorne en tête, sur un cheval arabe dressé pour elle. « Voilà notre générale », disaient les soldats. Les beaux parleurs l'appelaient la *Clioupâtre*.

Au cou, elle portait pendu à une longue chaîne le portrait miniaturé de son amant. C'était une liaison publique, et qui, d'ailleurs, n'étonnait point. En tout état-major des armées de la République on eût trouvé, dès 92, des jeunes femmes en habits masculins faisant parfois le service d'aide de camp, comme les demoiselles de Fernig, plus souvent faisant un autre service : comme Illyrine de Morency, Ida Saint-Elme, tant d'autres.

Un costume d'homme était de rigueur alors en toute garde-robe de femme vivant librement, et l'habitude qu'avaient les généraux d'emmener à la guerre leur maîtresse ou même leur femme était si bien enracinée que, pendant les campagnes d'Espagne jusqu'à la fin de l'Empire, nul pour ainsi dire n'y manqua. Exemple : Masséna en 1810-1811. Eugène pourtant se fâcha un peu des promenades, mais il n'en resta pas moins comme aide de camp près de son beau-père et fut seulement dispensé des cavalcades.

Bonaparte était à ce point amoureux de Bellilote

qu'il ne lui avait point caché l'intention de répudier Joséphine et qu'il lui avait parlé de l'épouser, elle, l'apprentie modiste de Carcassonne, au cas où elle lui donnerait un enfant. Mais quoi! « la petite sotte n'en sait pas avoir », disait-il avec humeur. Et à qui rapportait le propos elle ripostait : « Ma foi! ce n'est pas de ma faute! »

Pendant l'expédition de Syrie, elle resta au Caire, et Bonaparte lui écrivait les lettres les plus tendres. Au retour, après Aboukir, quand le général monta à bord de la *Muiron* pour revenir en France, il donna l'ordre que la ci-devant Mme Fourès le rejoignît le plus tôt possible et par le premier navire qui serait armé.

Kléber ne l'entendit point ainsi. Successeur de Bonaparte dans le commandement de l'armée, il tenait sans doute la possession de Bellilote comme une des prérogatives du général en chef, et il mit obstacle sur obstacle au départ. Enfin, grâce à Desgenettes, Mme Fourès obtint de s'embarquer avec Junot et quelques savants de l'expédition — Rigel, Lallemand et Corancez fils — sur un bateau neutre : l'*America*. Mais l'*America* fut pris par les Anglais.

Voilà Bellilote captive, puis relâchée, enfin conduite en France. Elle y arrive alors que tout est terminé, que la réconciliation est accomplie entre Joséphine et Bonaparte, que la journée du 18 Brumaire a fait de son amant le premier magistrat de la République, l'homme qui doit donner à tous l'exemple de la dignité dans la vie et de la rigidité dans les mœurs.

On prétend que, alors, il interdit à Bellilote de venir à Paris : elle ne se fit point faute pourtant de se montrer en compagnie aux Français et dans les autres théâtres. Seulement le Consul refusa de la voir.

Par contre, de l'argent tant qu'elle voulut. En 1811, le 11 mars, il lui faisait don encore de 60 000 francs sur la caisse des théâtres. Il avait acheté pour elle un château aux environs de Paris, et il l'avait mariée à un ancien émigré, M. Henry de Ranchoup, ci-devant officier d'infanterie.

Le mariage eut lieu en 1800 à Belleville, et le mari, qui était d'une bonne famille d'Auvergne, des environs de Craponne, reçut comme présent de noces le vice-consulat de Santander, d'où il passa, en 1810, au consulat de Gothembourg.

Malgré les fonctions de son nouvel époux, Mme de Ranchoup semble avoir peu quitté Paris. Elle y est en 1811, elle y est encore en 1813. En 1814, on la trouve fort répandue dans les cercles à la mode. Elle fréquente chez la baronne Girard, chez la comtesse de Sucy, chez la baronne Brayer. Elle s'est lancée dans la littérature : elle a publié chez Delaunay un roman en deux volumes, *Lord Wentworth*. Mieux vaut ne parler que du roman qu'elle a vécu.

Elle peint aussi, non sans agrément : on en peut juger par un portrait aimable où elle s'est représentée effeuillant une marguerite ; singulière idée, car, si elle cherche le *passionnément*, elle a rencontré le : *plus du tout*. Elle y est charmante avec sa tête drôle et vivante, — un peu modiste — sous les cheveux courts et frisés à l'enfant ; avec son corps délicat et appétissant, ses bras d'une vraie beauté, cet ensemble aimable, frais, gentil, qui rachète par l'éclat et la grâce ce qui manque en distinction.

Vers 1816, Mme de Ranchoup, séparée définitivement de son mari, vend son mobilier, qui est d'importance, et part pour le Brésil en compagnie d'un sieur Jean-Auguste Bellard, ancien officier de la Garde. Le bruit court à Paris que, avec sa fortune réalisée, elle se propose de nouer des relations avec Sainte-Hélène et de faire évader Napoléon. Elle n'y pense guère, ayant pris l'Empereur en horreur et affectant les opinions les plus purement blanches. Lorsque, en ses mémoires, Mme d'Abrantès, avec quantité d'éloges, se fait l'écho du racontar, Mme de Ranchoup proteste. Cela la pourrait mettre mal avec la police qui la surveille comme « ancienne amie de Bonaparte », et qui en 1825, lorsqu'elle revient en compagnie de Bellard, la fait filer pas à pas.

Au fait, elle n'a voulu que se refaire une aisance : elle a emporté une pacotille, qu'elle échange au Brésil contre des bois de palissandre et d'acajou, revient avec ses bois, les vend, achète des meubles qu'elle retourne vendre et fait ainsi la navette jusqu'en 1837, où elle se fixe à Paris. Elle continue à écrire, publie un nouveau roman : *Une châtelaine du XII° siècle*, et, installée dans un appartement modeste de la rue de la Ville-l'Évêque, entourée de singes et d'oiseaux en liberté, elle mène jusqu'à l'âge de quatre-vingt-douze ans — car elle est morte seulement le 18 mars 1869 — une existence que beaucoup envieraient. Elle a gardé son intelligence intacte, elle écrit, elle peint, elle joue de la harpe, elle achète des tableaux, elle entretient ses relations avec les femmes qu'elle a connues jadis, elle forme même de nouvelles amitiés, — avec Mlle Rosa Bonheur entre autres.

Son goût d'art, on le trouvera dans les tableaux assez nombreux qu'elle a légués au musée de Blois (elle était attirée à Blois par une amie la baronne de Wimpffen). Beaucoup de copies, beaucoup de ces tableaux qu'on dit de l'école de Raphaël, du Titien, de Léonard, de Boucher : quelques toiles attribuées à Prud'hon, d'autres à Reynolds, à Terburg, à Jean Meel, à Carlo Maratti, à Jeaurat; deux tableaux modernes, l'un de Rosa Bonheur, l'autre de Compte-Calix; des *Enfants Jésus*, des *Bohémiens*, des *Vénus*, des *Amours*, des *Psychés*, des *Ermites*, des *Leçons de flûte*, rien qui rappelle les temps de l'Égypte, et le palais d'Elfi-Bey, et l'homme qui dans cette vie devrait tenir toute la place. Mme de Ranchoup — la comtesse de Ranchoup, comme elle se faisait appeler — avait, avant sa mort, brûlé toutes les lettres que lui avait écrites le général Bonaparte.

Elle eût voulu, semble-t-il, anéantir jusqu'au souvenir de cet amour qui lui vaut un peu de la curiosité de l'histoire, cet amour très jeune, très sensuel, qui a encore des côtés de naïveté, mais qui, surtout, dénote déjà, chez Bonaparte, ce désir, dès lors impérieux, d'un enfant à lui, un enfant à qui il transmettrait, avec son nom, l'héritage de sa gloire[1].

[1]. Une communication intéressante a été faite à la suite de la publication de ce chapitre dans le *Figaro*, à un journal de la Haute-Loire, par M. Boutin, de Craponne : « Mme de Ranchoup habita Craponne du mois d'août 1812 au mois de mars 1814. La famille de Ranchoup, qui était originaire de Craponne, avait quitté le pays au commencement du xviiie siècle; ses immeubles de Ranchoup et de Polagnat avaient été acquis par les familles de Torillon et de Sasselanges.

« On l'avait oubliée, quand, en juillet 1812, M. Barrès, secrétaire général de la préfecture, le même qui devait mourir vicaire général à Bordeaux, écrivit à M. Charles Gallet, alors notaire à Craponne, pour qu'il fournît un logement à Mme de Ranchoup reléguée par ordre impérial. Quelques jours après, une jeune dame, à la mise tapageuse, arriva en compagnie d'une bonne et disant que, *dame d'honneur* de l'Impératrice, elle était pour raison de santé venue prendre l'air des champs. Elle recevait les journaux, les lisait assise devant la maison Gallet, ou d'autres fois fumait à la croisée de sa chambre, au grand étonnement des dames de Craponne, qu'elle ne se gênait pas d'ailleurs pour accabler de sarcasmes. Elle se promenait souvent dans la seule compagnie d'un chien à poil soyeux, qu'elle aimait beaucoup et qu'elle emmenait à l'église au grand scandale des dévotes. Aux approches de la première invasion elle quitta Craponne. »

Il n'est pas impossible que Mme de Ranchoup ait été priée d'aller faire un tour à Craponne ; je crois bien pourtant qu'elle était à Paris en 1813.

Je renvoie pour une communication plus importante encore, qui m'a été faite à la dernière heure, à la note A en fin du volume.

VI

LE PARDON

Joséphine dînait au Luxembourg, chez Gohier, président du Directoire, lorsque tomba la nouvelle, inattendue surtout pour elle, du débarquement de Bonaparte à Fréjus. En vérité, elle avait comme oublié que Bonaparte existât et semblait ne plus penser qu'il pût revenir, tant elle avait arrangé sa vie à sa guise, et tant elle se conduisait en veuve consolée.

En Égypte, le mari songeait au divorce, mais, en France, la femme rendait la répudiation nécessaire.

Détachée de Barras, qui ne pouvait être un amant, dont l'influence d'ailleurs déclinait et dont les pouvoirs allaient expirer, elle s'était jetée éperdument aux Gohier, mari et femme, dès l'entrée du mari au gouvernement après le coup d'État de Prairial an VII.

Ce bourgeois de Rennes, qui affectait les mœurs

pures et l'intégrité spartiate, c'était le ministre de la Justice de la Terreur, celui qui avait inventé les formules légales dont Fouquier-Tinville requérait l'application. C'était le casuiste de la guillotine. Rien ne donne l'air d'austérité comme la chasse aux expédients juridiques : c'est l'hypocrisie nécessaire pour couvrir la prévarication. Gohier donc passait pour austère. Pour son austérité il était entré au Directoire, et aussi il avait recruté Joséphine, qui lui racontait ses passions; et Gohier, protecteur, lui conseillait de divorcer pour épouser M. Charles. Le divorce est légal et républicain, il permet à une femme qui était la maîtresse d'un homme de devenir sa concubine.

Joséphine hésitait — presque tentée. Mais en attendant, elle avait rompu avec ses beaux-frères, Joseph et Lucien, qui, dans les Conseils, étaient les plus rudes adversaires du parti Gohier. Avec les Bonaparte, tous les amis de Napoléon, ceux qui attendaient, espéraient, escomptaient son retour, qui rêvaient avec lui de refaire une France; avec Gohier, les pires ennemis de Napoléon : Bernadotte, Championnet, Jourdan, Moulin, tous les généraux politiciens. Les Jacobins n'avaient inventé Gohier, républicain vertueux et civil, que pour faire échec au conquérant. Mais, plus Gohier était hostile à Bonaparte, mieux il convenait à Joséphine, et, pour s'assurer la protection et le concours du ménage Gohier, elle avait imaginé de faire épouser à leur fils sa fille Hortense, cette enfant dont elle subordonna sans cesse la vie à ses convenances et à ses intérêts, et qu'elle eût alors sacrifiée sans le moindre remords, ainsi que, du reste, elle la sacrifia plus tard.

L'affaire marchait, et on en était à dîner en famille, lorsque cette nouvelle est jetée sur la nappe : Bonaparte débarqué et en route pour Paris. Quelque diligence qu'aient faite les courriers, il les suit sans doute : ce n'est pas pour s'arrêter aux triomphes des villes qu'il a violé la quarantaine. Délibérer, tenir conseil, Joséphine n'en a pas le temps. D'ailleurs, un seul parti à prendre : payer d'audace. C'est ce qu'elle fait, même avec Gohier, qu'elle prétend, bon gré mal gré, mettre dans son jeu : « Président, lui dit-elle, ne craignez pas que Bonaparte vienne avec des intentions fatales à la liberté ; *mais il faudra nous réunir pour empêcher que des misérables ne s'en emparent!* »

Gohier servira sans doute, mais c'est Bonaparte d'abord qu'il faut. Vite, Joséphine demande des chevaux de poste. Elle prétend courir à la rencontre du revenant, éviter toute explication, tomber dans ses bras, réveiller dans ses sens l'amour éteint, le reprendre en maîtresse, et, dans sa voiture, rentrer à Paris, à son bras rentrer rue Chantereine, et avec lui recevoir les Bonaparte dépités, qui, cette fois encore, n'oseront parler, ou qui, s'ils parlent, trouveront oreille close. Point d'hésitation ni de temporisation comme lorsqu'il s'agissait du départ pour l'Italie, point de Louise Compoint ni de Fortuné, nul bagage, et sa chaise vole sur la route de Bourgogne.

C'est par la route du Bourbonnais qu'arrive Bonaparte, et tandis que, pressant les postillons, Joséphine dévore des yeux l'horizon, y cherchant la voiture qu'elle espère, son mari est déjà rue de la Victoire. Elle revient en hâte, mais il lui a fallu aller jusqu'à Lyon, car les deux routes, qui se séparent à Fontainebleau, ne se rejoignent que là. Trois jours ont passé pendant lesquels Bonaparte, déjà affermi dans ses idées de rupture par les histoires recueillies en Égypte, interroge ses frères, ses sœurs, sa mère. Nul doute désormais sur la conduite de Joséphine à Milan, sur sa vie pire encore durant ces dix-sept derniers mois. Il semble que par ménagement, soit pour elle, soit pour leur frère, les Bonaparte ne disent pas ce qu'ils savent; d'ailleurs, probablement, ils ne savent pas tout; mais ce qu'ils disent suffit. La décision de Napoléon est prise, elle paraît inébranlable, et toute la famille y applaudit.

En vain, des amis, auxquels il raconte ses déboires, lui remontrent que cette acclamation du peuple à son retour l'engage et l'oblige; que la nation, qui espère de lui son salut, n'attend pas de lui un scandale; que relever l'État est son premier devoir et qu'il peut attendre pour renvoyer sa femme; que s'afficher en mari trompé c'est débuter par se donner un ridicule, et que, en France, le ridicule tue. Mais de tout cela Bonaparte n'a souci : « Elle partira, dit-il; que m'importe ce qu'on en dira? On en bavardera un jour ou deux, on n'en parlera plus le troisième. » Nulle considération n'est pour le toucher ou l'amollir. Nul intérêt, si grand qu'on le lui présente, n'est pour prévaloir sur sa juste indignation. Pour éviter toute rencontre où il pourrait se laisser attendrir — car il sait le pouvoir de cette femme sur ses sens, il le craint encore sur son cœur — il fait déposer chez le concierge les effets, les bijoux, tout ce qui est à elle; il donne rendez-vous pour le lendemain matin à ses frères afin de régler les dernières formalités, et, enfermé dans sa chambre, au premier étage, il attend.

Joséphine arrive enfin, affolée. C'est une partie suprême qu'elle va jouer, et la partie est aux trois quarts perdue. En route, pour la première fois peut-être de sa vie, elle a réfléchi, et toute l'horreur de sa position a brusquement apparu devant ses yeux. Si elle ne parvient pas à le voir, à le reconquérir, où ira-t-elle? que deviendra-t-elle? Des passe-temps comme M. Charles, c'est bon un jour, un mois, un an. Mais comment a-t-elle pu être si s. 'te, non que de le prendre, mais que de l'afficher? Cela, et Barras, et d'autres, et la guerre déclarée aux Bonaparte, et les dettes, les dettes surtout!

C'est un tourbillon dans sa tête. Ne sachant point compter, achetant toujours, ne payant jamais, s'imaginant avoir tout soldé lorsqu'elle a donné de misérables acomptes, elle traîne déjà après elle, comme elle traînera pendant tout l'Empire, jusqu'à sa dernière heure, un cortège de créanciers qui lui présentent sans cesse de nouvelles occasions de dépenses, et dont, sans fin, elle grossit les mémoires, sans s'inquiéter un instant des échéances. L'échéance venue, elle pleure, elle sanglote, elle perd l'esprit, elle invente les combinaisons les plus étranges, elle se donne à Dieu ou au diable, et dès qu'elle a gagné un petit peu de temps, elle s'imagine avoir tout sauvé. Elle en est là à ce moment. A ses fournisseurs seuls, elle doit, a-t-on dit, douze cent mille francs. C'est très vraisemblable : c'est là le chiffre ordinaire de ses banqueroutes. Il y a mieux, qu'on ignore : elle a acheté, dans le canton de Glabbaix, département de la Dyle, pour 1 195 000 francs de biens nationaux, et elle en doit les deux tiers — l'autre tiers devant être fourni par sa tante, Mme Renaudin, devenue Mme de Beauharnais, qui n'a pas le premier sou pour les payer. Elle a acheté, le 2 floréal an VII, du citoyen Lecouteulx, la terre et le domaine de Malmaison, moyennant 225 000 francs de principal, 37 516 francs pour les glaces, meubles meublants, ustensiles et provisions, et 9 144 francs de droits d'enregistrement. Là-dessus, elle a payé les 37 516 francs de mobilier avec

« le prix des diamants et des bijoux lui appartenant ». Mais le reste est exigible, et qui paiera?

Sans doute, elle peut dire que le général, qui a visité Malmaison avant son départ pour l'Égypte, a offert 250 000 francs de la propriété et que c'est à peu près le prix pour lequel elle s'est engagée. Mais, après avoir vu Malmaison, Bonaparte a vu Ris, il s'est vivement attaché à l'idée d'acheter ce château, puis il s'est rabattu sur une terre en Bourgogne. D'ailleurs, il ne lui a laissé à elle aucun pouvoir pour traiter en son nom. C'est à son frère Joseph qu'il a confié son argent; c'est par Joseph qu'il a fait payer à Joséphine sa pension annuelle de 40 000 francs; c'est à Joseph, seul, qu'il a communiqué ses projets; car, de lettres de lui à sa femme de ces temps d'Égypte, pas une. Si Joseph a lâché 15 000 francs pour un acompte aux Lecoulteux, la quittance, en date du 17 messidor an VII, est au nom du général, et Joséphine doit les 15 000 francs, puisqu'elle a voulu être mariée sous le régime de la séparation de biens.

Rien ne lui appartient, pas même l'hôtel de la rue de la Victoire : il a été acheté et payé par Bonaparte. Il lui reste son écrin, cet écrin formé en Italie, qu'elle se plaît à montrer et qui, dit une femme, est digne déjà de figurer dans les contes des *Mille et une Nuits;* il lui reste encore des tableaux, des statues et des antiquités, le butin de guerre de sa campagne. Mais qu'est cela près de ce qu'elle doit payer? Qu'est-ce, près de ce qui lui échappe?

Ainsi, la voilà sur le pavé, et elle n'est plus à l'âge où l'on rencontre des fortunes. Les années ont marqué sur la peau flétrie par le fard. La taille est restée gracieuse et souple, mais le visage se gâte. Créole, mariée à seize ans, nubile à douze (Tercier dit lui avoir fait la cour vers 1776 ou 1778), elle est bien plus vieille qu'une femme du même âge en nos climats, elle est presque vieille femme à trente-sept ans. Donc, si elle échoue, nul remède; et, envisageant alors, et d'un coup, tout l'abîme, elle se cramponne à cet espoir suprême que Napoléon la verra et qu'il se laissera attendrir.

Elle a pénétré dans l'hôtel, mais il lui faut forcer maintenant la chambre de Bonaparte. Devant la porte, elle a frappé vainement, elle s'agenouille, et l'on entend la plainte de ses sanglots. Il n'ouvre pas. Des heures durant, une journée entière, la scène se prolonge. Il ne répond pas. Enfin, Joséphine, épuisée, va s'abandonner, redescendre, partir; mais sa femme de chambre, Agathe Rible, la ramène devant cette porte close, court chercher les enfants, Eugène, Hortense, et, avec leur mère, agenouillés, ils supplient à leur tour. La porte s'ouvre et, sans un mot, les yeux baignés de larmes, la face convulsée par ce long et terrible combat qu'il vient de livrer à son cœur, Bonaparte apparaît, tendant les bras.

C'est le pardon, non pas un pardon regretté qui plus tard reviendra sur le passé et s'en fera des armes, mais le pardon généreux et entier, l'oubli complet des fautes commises — l'abolition. Bonaparte a cette faculté surprenante de pouvoir ne pas se souvenir et, la confiance rendue, de tenir pour non avenus les fautes ou les crimes qu'il lui a plu de ne point punir, de les supprimer de son imperturbable mémoire. Non seulement il pardonne à la femme, mais, vertu plus rare, il dédaigne les complices qu'elle s'est donnés. « Jamais il ne priva aucun de la vie ni de la liberté. » Il ne fit rien pour empêcher leur fortune, et, pourtant, lorsqu'il rencontrait certain d'entre eux, il devenait subitement très pâle.

Ce n'est point la faute de ces hommes, il le reconnaît : c'est sa faute à lui. Il a mal gardé sa femme. Dans le harem, un homme a pu s'introduire. Il a *dû* être pressant : c'est la nécessité de son sexe; la femme a *dû* succomber : c'est la fatalité de sa nature. Si cette femme n'est plus aimée, il faut la renvoyer, la répudier; si elle l'est encore, il n'y a qu'à lui pardonner et à la reprendre. Pour des reproches, à quoi bon? Devant le fait accompli, Bonaparte est désarmé : il l'accepte et s'y soumet. Il prend les choses au point où elles se trouvent et les êtres dans l'état où ils sont, sans exiger des femmes une virginité ou même une pudicité qu'elles n'ont plus. Cela est moins français peut-être en sa nature qu'oriental, mais c'est ainsi. Seulement, désormais, il prendra ses précautions, et, sachant — ou plutôt croyant savoir — à quoi s'en tenir sur la morale et la vertu des femmes, il érigera comme règle fondamentale que jamais aucun homme, sous quelque prétexte que ce soit, ne doit rester seul avec sa femme; que sa femme doit être gardée, surveillée le jour comme la nuit; que c'est là la condition absolue de sa sécurité maritale : et s'il n'applique point strictement cette règle à Joséphine, dont il ne compte plus guère avoir d'enfants, on verra comme il y tiendra avec sa seconde femme.

Joséphine triomphe, elle triomphe des Bonaparte, qui, après avoir déploré son mariage, en ont souhaité, préparé, presque achevé la rupture. Elle amène Napoléon à en triompher avec elle, car, le lendemain de cette grande scène et de cette réconciliation, lorsque Lucien, le plus ardent des avocats du divorce, est, à la première heure, mandé par son frère, c'est dans la chambre à coucher de Joséphine qu'il est reçu, et Napoléon est encore au lit.

A quoi bon parler des dettes et comment imaginer qu'ayant pardonné ce qu'il a pardonné, Bonaparte s'arrête à de l'argent? Il paie, le 21 brumaire, les 1 195 000 francs de biens nationaux dans le département de la Dyle, qui, plus tard, serviront à la dot de Marie-Adélaïde, dite Adèle, fille naturelle de feu M. de Beauharnais, lorsque Joséphine la mariera, le 8 frimaire an XIII, à François-Michel-Augustin Lecomte, capitaine d'infanterie, nommé, à cette occasion, receveur particulier à Sarlat. Il paie le principal de la Malmaison, 225 000 francs, une bagatelle; il paie les 1 200 000 francs de dettes aux fournisseurs, mais il a soin de s'enquérir et de faire régler les factures, si bien que, en déduisant les objets non fournis et en rabattant les prix surfaits, il s'en tire avec moitié : 600 000 francs tout juste.

En vérité, c'est là de quoi faire réfléchir Joséphine, si elle en est capable : un mari qui paie ainsi plus de deux millions de dettes, c'est un entreteneur comme on n'en trouve guère et qui mérite qu'on lui fasse quelques sacrifices. Joséphine les fera, et sa conduite *apparente* jusqu'au divorce ne laissera point de prise à ses adversaires. Elle a trop peur de perdre *sa position*, comme elle dit.

Quant aux Gohier, elle leur a prouvé sa reconnaissance. Le 17 brumaire au soir, elle les a invités à déjeuner pour le 18 au matin, et, Gohier n'étant point venu, elle a pressé Mme Gohier de faire accepter à son mari une place éminente dans le nouveau gouvernement. Gohier, toujours austère, refuse avec indignation; mais, après deux ans de bouderie, quand il revient à solliciter le Premier Consul, c'est Joséphine qui obtient pour lui le commissariat général d'Amsterdam, où il se trouva si fort à son goût qu'il y passa dix années et qu'il y eût passé sa vie entière si, en 1810, le poste n'avait été supprimé. Alors il refusa, dit-on, d'aller à New-York, mais il accepta une bonne retraite, qui lui fut payée durant la Restauration tout entière. Il n'en fut pas moins un républicain vertueux et qui se fit enterrer civilement.

VII

LA GRASSINI

Bonaparte a pu pardonner; il peut se contraindre à l'oubli, mais il ne peut, en l'an VIII, se retrouver tel qu'à ses premières rencontres avec Joséphine, au temps où son inexpérience amoureuse et mondaine, ses sens nouvellement éveillés, son tempérament débutant s'enivraient de la possession d'une femme et d'une dame. Avec Mme Fourès, il a savouré cette fleur de jeunesse, cette fraîcheur sans prix des dix-huit ans, et la comparaison s'impose à son souvenir. Il a pris agrément au changement et n'a plus ni l'intention ni même le pouvoir de demeurer un mari fidèle.

Ce qu'il souhaiterait que Joséphine fût désormais pour lui, ce serait moins une maîtresse qu'une amie, moins une épouse qu'une confidente : une femme de bon conseil, à laquelle, en des soirs d'expansion, il dirait quelqu'une des pensées qui l'agitent et dont il prendrait les avis sur une société qu'il n'a pas eu le temps de connaître ; une délicate et tendre garde-malade qui, s'il était arrêté par quelque indisposition, lui apporterait la douceur de soins presque maternels, l'écouterait, le plaindrait, le dorloterait, sur les genoux de laquelle il poserait sa tête endolorie pour qu'elle la caressât avec des mains légères et fluides, comme s'il était redevenu un tout petit enfant.

Et, à des nuits, elle serait encore l'épouse et même la maîtresse — car elle reste, elle restera toujours pour lui la plus désirable — mais une maîtresse avec laquelle il n'aurait point à se gêner ni à se contraindre ; qui, sans ennui apparent, accepterait ses mélancolies ou subirait ses jeux ; qui, sans fatigue visible, serait toujours prête aux voyages, aux expéditions, aux perpétuels changements de place ; qui l'attendrait toujours et ne le ferait jamais attendre ; qui, sans partager sa fièvre d'activité, s'associerait sans rechigner à tout ce qu'il lui plairait d'entreprendre, monterait dans la voiture qu'il mènerait à quatre, jouerait aux barres, suivrait ses chasses, l'accompagnerait au théâtre, toujours un sourire aux lèvres, toujours une douceur dans la voix.

A Joséphine, enfin, il réserve, dans ses desseins politiques, un rôle à part. Cette France qu'il prétend reconstituer manque, suivant lui, de deux de ses éléments primordiaux : la Noblesse et le Clergé. Il se charge de rallier celui-ci et il compte sur sa femme pour attirer celle-là. Sans se rendre compte de la hiérarchie mystérieuse à laquelle était soumise l'ancienne société française, des nuances insensibles qui en distinguaient les diverses coteries et des abîmes infranchissables qui les séparaient, il envisage cette société en bloc : Joséphine, croit-il, en a été, elle pourra la lui ramener; elle sera, près des émigrés, près des gens de cour ou de noblesse, près de tous ceux qui ont été du monde, l'intermédiaire naturelle et désignée : elle dispensera les bienfaits, elle répandra les faveurs, elle réparera les injustices, elle attirera peu à peu du camp ennemi tous ces déserteurs que lui, Bonaparte, veut voir rentrer dans la patrie; elle servira, plus tard, de lien entre ce qui reste de l'ancien régime et ce qui s'est élevé du nouveau.

Certes, le rôle est beau et bien tracé : pour le jouer, Joséphine a l'aisance, la politesse, l'élégance qu'il faut; elle possède, à un degré suprême, l'àpropos des mots aimables et bien choisis, la générosité, la grâce en offrant des présents, le tact des accueils presque respectueux, une souplesse qui lui permet d'aborder tous les milieux et d'y être en chacun à son aise; il lui manque, à la vérité, les relations que Bonaparte lui suppose : celles qu'elle a formées depuis la Révolution ne peuvent servir et seraient pour nuire au nouveau gouvernement si, dès le premier jour, le Consul n'avait signifié la rupture.

Au début, donc, elle se trouve fort isolée; mais à

proportion que Bonaparte s'élève, les obstacles s'aplanissent, les nuances se fondent, les ambitions s'éveillent. En émigration comme à Paris, chacun s'ingénie à chercher quel contact fortuit il a pu avoir avec ces Beauharnais ou ces Tascher; on s'enquiert des alliances lointaines, des parentés vagues et jusque-là désavouées; on a recours à des subalternes, à d'anciens serviteurs, et bientôt un courant s'établit portant tout l'ancien monde quémandeur et besogneux, soit vers le salon jaune des Tuileries, soit vers le salon de stuc de Malmaison.

Ce courant, qu'on n'aille pas croire qu'il est dû à Joséphine, qu'il se prononce parce qu'elle naquit Tascher et fut Beauharnais : il n'existe que parce que Bonaparte a entraîné Joséphine dans sa fortune. On vient à elle parce qu'elle est Mme Bonaparte et qu'elle approche du maître : on viendrait de même à elle quels que fussent son nom, son origine et son passé, uniquement parce qu'elle est le satellite de la planète dont on attend toute lumière. Pourtant, sincèrement peut-être, Joséphine s'attribue une bonne part de ce mouvement; elle fait croire à Bonaparte qu'elle lui rend en cela d'inappréciables services, et, ce qui est plus étrange, elle parvient à l'en convaincre. Il croit bien, lui, qu'il a conquis les prêtres, il peut bien croire que sa femme lui conquiert les nobles.

Quelle femme ne se fût contentée d'être ainsi montée à un tel degré d'honneurs? quelle ne se serait trouvée satisfaite de missions à la fois si diverses et si grandes? Le Consul n'avait-il pas le droit de penser que, désormais, Joséphine, gardant quelque mémoire de ses infidélités pardonnées et quelque reconnaissance du pardon, prenant, avec les années, la notion de la distance qui sépare leurs âges, compatissant à des faiblesses qu'elle-même a éprouvées, laisserait passer des fantaisies qui ne pourraient nuire ni à sa situation ni à l'affection que lui témoignait son mari, et qui, par la crainte que Bonaparte éprouvait du scandale, par la connaissance de ce qu'il se devait à lui-même, demeuraient toujours extrêmement secrètes?

Mais Joséphine ne l'entendait point ainsi; ce n'était point qu'elle se fût reprise de passion physique pour son mari ou que l'admiration et la reconnaissance eussent provoqué en elle un amour moral si tendre et si entier qu'il versât dans l'extrême jalousie : elle ne pensait qu'à elle-même, *à sa position ;* elle se disait que si Bonaparte se détachait physiquement d'elle, il finirait par divorcer : aussi vivait-elle dans les terreurs, dans une perpétuelle appréhension, l'épiant et le faisant épier, payant des surveillants, s'abaissant à des espionnages, l'ennuyant de scènes, de larmes, de crises nerveuses, prenant pour confident quiconque l'approchait et, à défaut de réalités, imaginant des rêves infâmes qu'elle donnait pour des faits avérés, qu'elle déclarait avoir vus, dont, au besoin, elle attestait par serment la réalité.

Ce n'était pourtant pas bien grave les premières galanteries du Consul. A Milan, le lendemain ou le surlendemain de son entrée triomphale, le 14 ou le 15 prairial, un concert est improvisé où on lui fait entendre les deux artistes les plus renommés d'Italie : Marchesi et la Grassini. Celle-ci a vingt-sept ans (elle est née à Varèse en 1773); elle n'est déjà plus, au physique, ce qu'elle était deux années auparavant, quand, enthousiaste de Bonaparte, elle essayait vainement, en ce même Milan, d'attirer ses regards et de le prendre à Joséphine.

Le corps est déjà un peu gras et lourd; la tête, forte, aux traits accentués, aux sourcils charbonnés, aux épais cheveux noirs, s'est encore épaissie. Il reste de la beauté, à coup sûr, mais de celle qui court les rues en Italie : des yeux de feu, une peau bistrée, l'apparence d'un tempérament d'amoureuse qui, paraît-il, est pour tromper les gens. Elle a eu quantité d'amants — point par intérêt, car elle n'est nullement vénale, mais par suite de méprises où, eux comme elle, étaient de bonne foi. Il n'en est point qu'elle n'ait proclamé « un ange » le jour qu'elle l'a pris, mais ses lunes de miel n'ont jamais passé le premier quartier.

Si déjà la beauté de la Grassini est en décadence, rien n'égale la pureté et l'expression de son chant, et son talent est en son plein. Elle n'est pas grande musicienne et a peu raisonné les principes de son art, mais elle est l'art même. Sa voix de contralto, la plus touchante qu'on puisse entendre, égale et pure dans toute son étendue, est à soi seule une harmonie.

En l'écoutant, on n'entend pas une cantatrice, mais une muse. Nulle ne phrase comme elle, nulle n'interprète comme elle l'opéra *sérieux* (car pour l'opéra bouffon, elle y est mauvaise), nulle n'a l'ampleur tragique qu'elle déploie et ne fait passer dans une salle de théâtre un tel frisson. Or, dès ce moment, et comme il le fut toute sa vie, Bonaparte est infiniment sensible à la musique, surtout à la musique vocale. C'est, de tous les arts, le seul où il porte un goût particulier et personnel. Les autres, il les a protégés par politique, par la passion du grandiose et la pensée de l'immortalité; mais la musique, il en jouit réellement et pleinement, il l'aime pour elle-même et pour les sensations qu'elle lui procure. Elle calme ses nerfs, elle berce ses rêveries, elle charme sa mélancolie, elle échauffe son cœur.

Peu importe qu'il chante faux, qu'il retienne mal les airs et qu'il ne connaisse point ses notes. Il s'émeut à la musique au point de n'être plus maître de soi, au point de donner son ordre de la Couronne de Fer au sopraniste Crescentini; c'est pourtant la mieux sentir que les gens qui croient savoir la déchiffrer.

Dans la Grassini, c'est bien moins la femme qui le séduit que la cantatrice. Elle, toute prête, attendait depuis deux ans : on peut juger si la résistance fut longue. Le lendemain du concert, elle déjeuna dans la chambre du Consul, avec Berthier en tiers, et, à ce déjeuner matinal, il fut convenu qu'elle précéderait Bonaparte à Paris et qu'on lui trouverait un engagement au Théâtre de la République et des Arts.

L'épisode, quelque peu arrangé, figura même dans le 4ᵉ Bulletin de l'armée d'Italie, afin sans doute que Joséphine ne prît point trop d'ombrage de cette arrivée. « Le général en chef (Berthier) et le Premier Consul, y était-il dit, ont assisté à un concert qui, quoique improvisé, a été fort agréable. Le chant italien a un charme toujours nouveau. La célèbre Billington, *la Grassini* et Marchesi sont *attendus* à Milan. *On assure qu'ils vont partir pour Paris pour y donner des concerts.* »

La malice est un peu grosse; mais comme, en ce bulletin, qui de fait ne s'adresse qu'à Joséphine, Bonaparte prend des précautions pour cacher son infidélité! comme il dissimule les dates, comme il masque, avec le nom de la Billington, le seul nom qui lui importe!

En ces jours, à Milan, qui précèdent et qui suivent Marengo, toutes les heures libres qu'il peut se donner, il les passe à écouter la Grassini.

Cette voix miraculeuse l'obsède; il la tient pour un des plus étonnants trophées de sa campagne; il veut que ce soit elle qui célèbre son triomphe et chante sa victoire. Pour la fête du 14 Juillet, la fête

de la Concorde, il veut que la Grassini soit rendue à
Paris, qu'elle y chante avec le ténor Bianchi un duo
en italien, un morceau que le ministre de l'Intérieur
reçoit l'ordre de faire composer sans retard « sur la
délivrance de la Cisalpine et la gloire de nos armes,
— un beau morceau en italien, insiste le Consul, avec
une bonne musique ».

Vingt-trois jours après, dans l'église des Invalides, le Temple de Mars, « décoré avec une grande
décence et beaucoup de pompe », la France officielle
est assemblée solennellement, et, quand le Premier
Consul a pris place sur l'estrade, la Grassini entonne
son duo avec Bianchi, — ses duos plutôt, car il y a
deux chants en italien exécutés à la file : « Qui pouvait, dit le *Moniteur*, mieux célébrer *Maringo* que
ceux dont cet événement assure le repos et le bonheur? »

C'était bien un peu audacieux à Bonaparte de faire
ainsi chanter sa maîtresse en cette fête officielle, et
si on eût soupçonné la liaison, on n'eût point manqué de clabauder. Mais il semble que, à ce moment au moins, nul n'en avait le secret, pas même
Joséphine, qui s'en était tenue au Bulletin. D'ailleurs, le caprice, le caprice physique au moins, ne
devait pas être de longue durée. Avant de quitter
Milan, la Grassini, enivrée d'un succès vainement
espéré jadis, s'était imaginé qu'elle allait jouer un
grand rôle non seulement au théâtre, mais dans la
politique. Elle s'était cru un crédit illimité, et,

comme elle était par nature obligeante et bonne fille, elle était partie surchargée des placets et des pétitions de ses compatriotes.

Or Bonaparte n'était point homme à admettre qu'on lui répondît affaires lorsqu'il lui plaisait de parler amour. De plus, il exigeait que la Grassini ne se montrât nulle part, qu'elle vécût comme recluse dans une petite maison de la rue Chantereine. Cela n'était nullement l'affaire de la dame, qui avait rêvé une tout autre existence et un affichage à l'italienne qui eût mis en vedette son nom, sa personne et son talent. Comme la fidélité n'était pas son fort et qu'elle s'ennuyait à périr, qu'elle n'avait même point de scène où chanter, car son terrible jargon lui fermait l'Opéra, et il n'y avait point à Paris, en l'an IX, de troupe italienne d'opéra seria, elle se donna pour amant Rode, le violoniste. Bonaparte le sut, rompit sans doute, mais, quelque peur que Rode eût prise de sa bonne fortune, ni lui ni la Grassini n'en pâtirent. Par deux fois même, le Consul leur accorda la salle du Théâtre de la République pour des concerts (le 17 mars et le 10 octobre 1801). Le second fut particulièrement brillant : la recette s'éleva à 13 868 fr. 75, et le compte rendu de Suard, dans le *Moniteur*, atteignit des hauteurs vraiment lyriques.

Puis, Giuseppina Grassini reprit sa vie aventureuse d'étoile, allant et venant de Berlin à Londres, à Milan, à Gênes, à la Haye, adulée et fêtée partout, avec des engagements de 3000 livres sterling pour cinq mois. Pourtant, lorsqu'elle traversait Paris, elle venait frapper à la porte de l'appartement secret des Tuileries, et cette porte s'ouvrait pour elle. Cela était sans nulle conséquence, mais Joséphine n'en perdait pas moins l'esprit. « *J'ai appris*, écrit-elle à une de ses confidentes, *que depuis dix jours la Grassini était à Paris. Il paraît que c'est elle qui cause toute la peine que j'éprouve. Je vous assure, ma petite, que si j'avais le plus petit tort je vous le dirais avec franchise. Vous feriez bien d'envoyer Julie* (c'est la femme de chambre) *pour savoir s'il entre quelqu'un. Tâchez aussi de savoir où cette femme demeure.* »

En vérité, n'est-ce point là toute la nature de Joséphine? Que lui importe la Grassini? Ne sait-elle point qu'il ne peut y avoir de liaison sérieuse entre elle et Bonaparte, que c'est là simplement un de ces revenez-y où le souvenir a bien plus de part que le désir? Non, il faut qu'elle sache, il faut qu'elle espionne, il faut qu'elle amasse des armes, et ces plaintes, ces lamentations contre son mari adressées à une femme que le Consul n'aime point et qu'il a presque mise hors des Tuileries, n'est-ce pas toute son âme?

Pourtant, il semble bien qu'elle est calmée en 1807 quand, la Musique de la Chambre commençant à s'organiser, Napoléon rappelle la Grassini à Paris. Il offre à la chanteuse — c'est bien uniquement à la chanteuse et non à la femme — 36000 francs de traitement fixe, 15000 francs de gratification annuelle, sans compter les gratifications accidentelles, et 15 000 francs de pension à sa retraite. Elle aura de plus la salle de l'Opéra ou la salle des Italiens pour y donner, une fois chaque hiver, un concert à son bénéfice, et elle utilisera à son gré ses congés, emportant par les villes son titre sonore de première cantatrice de S. M. l'Empereur et Roi.

Il est vrai que ce titre n'est point pour la défendre des bandits qui courent les routes, et, le 19 octobre 1807, près de Rouvrai, sur les confins de l'Yonne et de la Côte-d'Or, sa chaise de poste n'en est pas moins attaquée par quatre déserteurs d'un régiment suisse. La pauvre est violentée, dévalisée et maltraitée; mais deux jours après, justice est faite des agresseurs, et l'Empereur admet dans la Légion d'honneur le sieur Durandeau, commandant de la garde nationale de Viteaux, qui a tué de sa main deux des bandits et a arrêté un troisième.

On prétend que la Grassini en telle occurrence supplia les brigands qui lui avaient pris le portrait entouré de brillants de Bonaparte de garder les diamants et de lui rendre l'image de son « cher gouvernement ». N'était-ce pas elle qui, disait-on, dans un salon où l'on s'indignait de la Couronne de Fer donnée à Crescentini, s'était écriée : « Eh bien! mais vous oubliez sa *blessoure!* » Elle avait de l'esprit, de l'esprit d'artiste, comme a dit un homme du monde qui l'a connue, de cette blague agrémentée de l'accent italien qui allait aux mots crus et bravait ce que Boileau appelle l'honnêteté. Il suffit de cela.

De 1807 à 1814, les choses vont ainsi. La Grassini reçoit de l'Empereur seul soixante-dix mille francs par an, plus ce qu'elle reçoit du public. Celui-ci avec les années est moins enthousiaste : on le voit bien aux Italiens, en novembre 1813, quand, à grand fracas, on donne les *Horaces et les Curiaces* de Cimarosa. Mais, au Théâtre de la Cour, c'est toujours le même succès, quoique la cantatrice approche des quarante ans; ce sont les mêmes empressements de l'Empereur et les mêmes générosités. Elle ne s'en crut point obligée à de la gratitude, et, l'Empire tombé, soit besoin d'argent, car elle avait le vice d'être joueuse, soit passion de s'attacher aux hommes célèbres et de se les attacher, elle chanta, et fit pis que chanter, pour le duc de Wellington.

C'était comme une folie chez celui-ci de manger les restes de Napoléon. Il voulut pour son portrait avoir David, qui lui riposta qu'il ne peignait que l'histoire. Il eut au moins pour chanteuse et pour maîtresse la Grassini avec ses quarante-deux ans. Mais les cigales sont-elles tenues d'avoir du cœur?

VIII

LES ACTRICES

La Grassini était une passante, et, quelque jalousie que Joséphine ait conçue contre elle, son inquiétude a été courte. Mais il vint à l'appartement secret des Tuileries d'autres femmes de théâtre dont les visites, plus fréquentes, pouvaient prendre un air d'habitude. A coup sûr, nul souci à en avoir : c'étaient demoiselles de médiocre vertu, auxquelles Bonaparte ne pouvait s'attacher, et à qui simplement il demandait d'être belles et complaisantes durant le temps très court qu'il leur consacrait; mais il suffisait qu'elles vinssent pour que Joséphine, toujours le doigt sur les serrures, s'alarmât à perdre l'esprit et parcourût les corridors et les escaliers, bougie en main, persécutée de l'idée de les surprendre, de jouer quelque scène à effet et de mettre pleinement Bonaparte dans son tort.

Sans Joséphine, on ignorerait la plupart de ces

anecdotes : c'est elle qui les découvre, qui les conte, qui les rabâche, au besoin qui les invente, car nulle n'est menteuse comme elle. Pourtant, quelle que soit leur banalité, ces romans d'un quart d'heure, Napoléon les a vécus, et c'est assez pour qu'il faille les feuilleter, car on y rencontre certaines notions de son caractère qu'on chercherait vainement ailleurs.

En dehors de la Grassini, peut-être de Mme Branchu, si laide que la lui attribuer semblerait une plaisanterie si le dilettante en lui n'avait pu être un instant emporté par la puissance et la tendresse expressive de la tragédienne lyrique qui a le plus manifestement incarné Didon, Alceste et la Vestale, hormis ces deux, point de cantatrice.

Nulle danseuse, et c'est le temps pourtant où les danseuses sont le plus à la mode; où Clotide, entretenue à cent mille francs *par mois* par le prince Pignatelli, voit l'amiral Mazaredo lui offrir quatre cent mille francs de surenchère annuelle; où Bigottini, prenant de toutes mains et se faisant scrupule de négliger les maternités fructueuses, accumule les millions pour ses descendants, dont elle fera ainsi des partis tout à fait souhaitables,

Nulle comédienne non plus, ni Mlle Mars, qui, à la vérité, n'est guère jolie à ses débuts, et dont on dit : « C'est un pruneau sans chair »; ni Mlle Devienne, la soubrette incomparable, dont la figure pétille de l'esprit qu'elle a, et qui, pourtant, reste court quand au passage, à la chasse, l'Empereur lui adresse un mot aimable; ni Mlle Mézeray, qui, il faut le dire, est fort occupée avec Lucien Bonaparte; ni Mlle Gros, qui fait le bonheur de Joseph.

Peut-être, en 1808, Mme Leverd, quand, après une seule représentation à Saint-Cloud, elle est, par ordre, reçue sociétaire. Ce n'a pas été, certes, M. Rémusat, surintendant des spectacles, qui a aidé à son admission, lui qui, malgré les volontés, les ordres, les décrets même de l'Empereur, s'acharna plus tard à la persécuter: qui donc, alors? Au reste, elle était vraiment charmante, d'une grâce, d'une coquetterie, d'un éclat qui la faisaient à point désirable. Peu de talent encore, mais qu'importait?

Si Napoléon en eut la fantaisie — et ce n'est point certain — elle fut unique. Par nature, par tempérament et par choix, ce n'est qu'aux tragédiennes qu'il s'adresse.

C'est alors le beau temps de la tragédie au Théâtre-Français, le temps où, devant un parterre de lettrés qui ne laisse passer nulle offense à ses dieux, devant un parterre de soldats, dont l'âme est de pair avec tous les sentiments généreux et superbes, une troupe, merveilleusement choisie et dressée, maintient, vivante et forte, la tradition d'une littérature épique. A ces artistes, que Bonaparte protège hautement, il ne ménage point les critiques et il n'épargne point l'argent. Il tient ce qu'ils sont chargés de dire comme un enseignement que la nation doit recevoir, qui importe bien moins à son éducation littéraire qu'à sa formation morale. « Il faudrait, disait-il à Gœthe, que la tragédie fût l'école des rois et des peuples : c'est le point le plus élevé auquel un poète puisse atteindre. » Et, un soir, à son coucher : « La tragédie échauffe l'âme, élève le cœur, peut et doit créer des héros ». Ce fut là qu'il ajouta : « Si Corneille vivait, je le ferais prince. »

Il n'aime point le drame, « qui n'est point un genre tranché »; il prise peu la comédie, qui lui paraît factieuse avec Molière et Beaumarchais, rebutante avec Le Sage, pitoyable d'invraisemblance avec Fabre d'Eglantine; il ne comprend rien aux farces, et son esprit n'est point susceptible de s'en distraire.

Tout ce qui est pointes, jeux de mots, calembours, les traits qui ne jaillissent point du sujet même, qui ne sont point, comme il dit, « l'esprit de la chose », mais simplement de l'esprit, les vers aimables, les couplets bien tournés, ces chocs de mots qui arrivent presque à se faire passer pour des pensées, tout cela lui échappe. Il le méprise, le dédaigne et surtout l'ignore. La tragédie, au contraire, lui apparaît grave, noble et forte. Nulle vulgarité en elle, Il y écoute parler ses égaux : les rois, les héros et les dieux. Il s'y écoute parler lui-même, car c'est ainsi, et en cette langue, qu'il devra s'exprimer devant la postérité, quand le recul des temps permettra que l'on mette sa vie sur la scène.

Avec cette passion de tragédie, dès qu'il s'émancipe, c'est tout naturellement aux interprètes de la tragédie qu'il s'adresse. Les minois futés des soubrettes, les charmes apprêtés des grandes coquettes, les fausses naïvetés des ingénues, il rencontre tout cela à sa Cour, et toutes les figurantes de sa comédie mondaine s'empresseraient à un signe de sa main : mais Phèdre, Andromaque, Iphigénie, Hermione, ce ne sont plus des filles, ce sont des êtres surnaturels et presque divins que l'histoire et la poésie ont parés de tous leurs trésors. Son imagination, à son tour, s'empare d'elles, et, en voyant sur la scène les actrices qui les représentent, ce ne sont point ces actrices qu'il désire, mais les héroïnes elles-mêmes. Les faisant appeler, il ne déroge point, et la satisfaction d'une fantaisie purement sensuelle se voile ainsi à ses propres yeux d'une ombre de poésie.

Sans doute, ensuite, il se retrouve un homme, et, pressé par le travail, n'ayant à donner à la bagatelle que le moins de temps possible, peu familier avec les phrases courtoises et ne dissimulant pas assez le mépris qu'il éprouve pour celles qui, sur le message d'un valet, viennent ainsi s'offrir, il a des brutalités de mots et des façons de faire qui chez un autre seraient du cynisme. De fait nul n'est moins cynique que lui. « En tout ce qui touchait à la volupté, dit un de ses serviteurs intimes, il donnait une couleur et des noms poétisés. » Même ces brutalités de langue ne sont chez lui qu'une façon de dissimuler cette nuance d'embarras qu'il éprouve toujours vis-à-vis d'une femme, quelle que soit la femme. Il fait le fanfaron et se pare du vice qu'il n'a pas. Ainsi, à Sainte-Hélène, en conversation, voudra-t-il paraître plus familier avec les sensations qu'avec les sentiments, alors que, en réalité, nul n'est peut-être aussi sentimental que lui.

Toutefois, ici ce n'est point le cas. Le désir sans doute a été provoqué chez lui non par la sensualité physique, mais par une sensualité de l'esprit, par l'imagination surexcitée ; mais lorsque la femme est à sa portée, parfois sa fantaisie est passée, plus souvent sa pensée est absorbée par les affaires : il travaille, et tout ce qui le distrait de son travail lui est une fatigue et un ennui. On gratte à la porte pour le prévenir : « Qu'elle attende ! » On gratte de nouveau : « Qu'elle se déshabille ! » On gratte encore : « Qu'elle s'en aille ! » Et il reprend son labeur.

Ainsi en fut-il, assure-t-on, pour Mlle Duchesnois, mais elle était habituée à ces aventures. Sait-on comment elle était entrée aux Français? Vers les commencements du Consulat, un jeune élégant, qui venait de faire un héritage, emmène ses amis fêter sa nouvelle fortune dans une maison de campagne aux environs de Saint-Denis. On déjeune, puis on essaie de chasser ; bientôt l'on s'ennuie. « On envoie chercher alors dans une maison connue de la Chaussée d'Antin de ces personnes complaisantes et toujours disposées à faire un bon repas. Chacun choisit sa chacune. » Une fille reste sans partenaire, tous disant : « Elle est trop laide! » Elle a pourtant de très beaux yeux, une taille faite à ravir, un grand air de bonté, et dans la physionomie une sorte de tristesse des dédains subis qui la rend intéressante. On joue aux barres dans le parc. Elle court comme une biche, et, sous ses légers vêtements, ses mouvements sont souples et gracieux. Sa voix est musicale et tendre, son esprit semble plus cultivé et plus intellectuel que celui de ses compagnes. Un des jeunes gens qui sont là se prend de pitié, cause avec elle, la recueille, parle d'elle à Legouvé, qui a la curiosité de la voir, lui fait lire des vers et s'étonne à son tour.

Legouvé lui donne des avis, la produit chez Mme de Montesson, où elle rencontre le général Valence, lui assure la protection de Mme Bonaparte et obtient qu'elle débute. Elle joue Phèdre pour la première fois le 16 thermidor an X. C'est un ou deux ans plus tard que se place son aventure aux Tuileries. Mais il est, chez la femme, des souvenirs que rien n'abolit, et, des temps où elle était servante, des temps où elle était fille-à-parties, Mlle Duchesnois avait gardé une sorte de mélancolie craintive, l'appréhension de ces syllabes si souvent entendues : « Elle est trop laide! »

Renvoyée aussi Thérèse Bourgoin ; mais celle qui signait *Iphigénie en Tauride* cet insolent billet :

« Ni vu ni connu », en réponse à une maréchale duchesse d'Empire réclamant un perroquet envolé, n'avait point pour les dédains la résignation de Mlle Duchesnois. L'offense à sa vanité se doublait d'un préjudice matériel : la perte d'un amant fort riche et auquel elle tenait infiniment, Son Excellence Monseigneur le ministre de l'Intérieur. C'était Chaptal. Après son second début fort tiraillé, il l'avait, d'autorité, fait engager aux Français; pour consacrer cette faveur, il avait écrit à Mlle Dumesnil, laquelle, sur sa demande, avait donné quelques conseils à la débutante, une lettre officielle et publique où, en lui annonçant une gratification du ministère, il la remerciait « de profiter du repos de sa retraite pour former une élève digne d'elle et de l'art dramatique ». Il s'affichait avec Mlle Bourgoin, mettait les journaux à ses ordres, et se donnait en spectacle à Paris.

C'est vrai que, avec sa tête ronde, son air ingénu, son sourire malin, ses beaux yeux clairs et qu'on eût dit chastes, son verbe haut, ses plaisanteries épicées, celle qu'on appelait « la déesse de la joie et des plaisirs » était bien la maîtresse désirable pour un homme de cinquante ans; mais Chaptal n'aurait eu qu'à garder les apparences, à ne point compromettre son caractère et à ne point s'aveugler au point de tenir Mlle Bourgoin pour une vertu. Napoléon eut la malice de le désabuser. Un soir qu'il avait donné rendez-vous au ministre pour travailler, il fit venir Mlle Bourgoin, dont, en pré sence de Chaptal, on annonça l'arrivée. Napoléon ordonna qu'elle attendît, puis, dit-on, la renvoya. Mais Chaptal, dès que Mlle Bourgoin avait été annoncée, avait rassemblé ses papiers et était parti. Le soir même, il envoyait sa démission de ministre.

De la part de la demoiselle, ce fut dès lors guerre ouverte. A Pétersbourg, où elle va après la paix de Tilsitt, elle régale ses adorateurs de toutes les épigrammes qui courent Paris et qui visent l'Empereur.

A Erfurth, revanche de celui-ci, qui régale à son tour Alexandre d'épigrammes sur Mlle Bourgoin, le met en garde contre les faciles indiscrétions de la demoiselle, ce qui n'est pas sans nuire à sa carrière d'amoureuse. La Restauration arrivée, elle affiche un royalisme d'autant plus fougueux que, présentée au Roi par le duc de Berry, elle a des milliers de bonnes raisons pour tenir aux Bourbons. Elle ne manqua point de se parer de leurs couleurs durant les Cent-Jours, mais on la laissa faire, et, au retour de Gand, le duc de Berry, en ne la reprenant point, se chargea de rabattre son enthousiasme.

Avec Duchesnois et Bourgoin, peu de chose ou rien; mais il n'en va pas de même avec George, et celle-ci n'est pas renvoyée.

Sans doute, la première fois qu'elle vient, il la cingle de cette phrase : « Tu as gardé tes bas, tu as de vilains pieds » ; c'est que, devant cet admirable bétail humain, dont il détaille la perfection, le défaut lui est si vivement apparu que la remarque est échappée.

Nul plus que lui n'est sensible à la joliesse des pieds et des mains. « C'étaient les premiers objets qu'il fixait chez une femme, et, lorsque les uns et les autres étaient mal, il disait : « *Elle a les abatis canailles.* » Chez George, si belle, si superbement belle à dix-sept ans, la tête, les épaules, les bras, le corps, tout était à peindre, hormis les extrémités, les pieds surtout, ces pieds que, à Amiens, deux ans auparavant, elle avachissait en des savates lorsqu'elle balayait, au matin, devant la maison de son père, chef d'orchestre et directeur du théâtre.

Napoléon venait de s'installer à Saint-Cloud lorsque, en nivôse an XI, il se fit, pour la première fois, amener Mlle George, qu'il reçut dans un petit appartement donnant sur l'Orangerie. Comme, cette année-là, il prolongea fort tard son séjour dans sa nouvelle résidence et qu'il y passa presque l'hiver, il la demanda assez fréquemment. Outre qu'il était grand admirateur de sa beauté, il s'amusait du tour vif et prompt de son esprit. Elle lui contait la chronique des coulisses et les gestes de ce foyer des Français, où l'on apprenait alors quantité de belles histoires. A Paris, il continua, la vit dans l'appartement entresolé, mais jamais il n'alla chez elle ; jamais, par suite, il n'eut à se rencontrer avec Coster de Saint-Victor ou d'autres amants. Cela dura deux ans en tout, au témoignage de

George, qui prétend que tout ce temps elle resta fidèle : on ne le lui demandait pas.

Joséphine avait su assez vite cette fantaisie de son mari. Elle en avait pris une singulière inquiétude et en faisait des scènes de désespoir. « Elle se trouble plus qu'il ne faut, disait Bonaparte. Elle a toujours peur que je ne devienne sérieusement amoureux. Elle ne sait donc pas que l'amour n'est pas fait pour moi ? Qu'est-ce que l'amour ? Une passion qui laisse tout l'univers d'un côté pour ne voir, ne mettre de l'autre que l'objet aimé. Assurément, je ne suis pas de nature à me livrer à une telle exclusion. Que lui importent donc des distractions dans lesquelles mes affections n'entrent pour rien ? »

Il était impossible de mieux raisonner, mais ce n'était pas de raison que se piquait Joséphine. Pourtant, elle eût dû reconnaître que jamais secret ne fut plus discrètement gardé.

Point de scandale, nul affichage, nulle faveur à George comme actrice : lorsqu'elle manque son service, elle est fort rudement menacée de prison par le préfet du Palais et se le tient pour dit. Si elle vient jouer à la Cour, elle reçoit la même gratification que ses camarades, rien de plus, et lorsque, prétend-on, elle s'émancipe à demander son portrait à Bonaparte, celui-ci lui tend un double napoléon : « Le voilà, on dit qu'il me ressemble. »

De l'argent, il en donne à coup sûr. Cette mention : « Remis à S. M. l'Empereur », se trouve souvent répétée dans les registres de la petite Cassette, en face de sommes variant de 10 à 20 000 francs ; mais rien ne permet de désigner les destinataires. Une seule fois, le 16 août 1807, le nom de George apparaît pour un don de 10 000 francs. Mais, alors, elle avait cessé, depuis près de trois années, ses visites intermittentes aux Tuileries, et nul doute que ce présent ne soit un souvenir à l'occasion de la Saint-Napoléon.

D'ailleurs, moins d'un an plus tard, le 11 mai 1808, George quitta subrepticement Paris en compagnie de Duport, le danseur de l'Opéra, qui, par crainte d'être arrêté aux barrières, s'était déguisé en femme. Au mépris de son engagement avec le Théâtre-Français, au mépris surtout de ses créanciers, elle se sauve pour rejoindre en Russie un amant qui, dit-on, lui a promis de l'épouser : c'est Benckendorff, le frère de la comtesse de Liéven, qui, venu à Paris à la suite de l'ambassadeur Tolstoï, vient d'être rappelé et entend faire aux Pétersbourgeois, et surtout à l'empereur Alexandre, les honneurs de sa maîtresse.

Il y là toute une intrigue ayant pour objet d'enlever le Tsar à Mme Narishkine par une liaison avec l'actrice, liaison fugitive, d'où on le ramènera sans peine à l'Impératrice régnante. George, qui assurément ne soupçonne rien de ces beaux projets, qui, en ses lettres à sa mère, s'étend sur les charmes de son « bon Benckendorff », qui signe alors (août 1808) *George Benckendorff*, est présentée à l'empereur Alexandre qui lui envoie une très belle plaque de diamants pour sa ceinture, et la fait appeler à Peterhoff, mais ne l'y redemande pas. Pour le grand-duc, qui, à la représentation de *Phèdre*, disait : « Votre mademoiselle George, dans son genre, ne vaut pas mon cheval de parade dans le sien », il s'est mis à venir la voir tous les jours, « et l'aime *comme une sœur* ». C'est elle qui le dit.

Il ne s'en tint pas là, et la Cour et la ville furent aussi favorisées ; mais ce n'était ni ce qu'on avait cherché en l'attirant en Russie, ni ce que Napoléon avait permis qu'on cherchât lorsqu'on lui avait révélé le complot. Pourtant, quand, après 1812, George eut la pensée de revenir en France et qu'elle accourut rejoindre à Dresde les chefs d'emploi de la Comédie, qu'on y avait appelés pendant l'armistice, Napoléon non seulement la fit réintégrer comme sociétaire, mais ordonna qu'on lui comptât, comme services, ses six années d'absence. Ses camarades ne le lui pardonnèrent jamais.

Aux Cent-Jours, elle fit dire à l'Empereur qu'elle avait à lui remettre des papiers qui compromettaient essentiellement le duc d'Otrante. Napoléon envoya chez elle un serviteur affidé, et, au retour : « Elle ne t'a pas dit, demanda-t-il, qu'elle était mal dans ses affaires ? — Non, Sire, elle ne m'a parlé que de son désir de remettre elle-même ces papiers à Votre Majesté. — Je sais ce que c'est, reprit l'Empereur, Caulaincourt m'en a parlé : il m'a dit aussi qu'elle était gênée. Tu lui donneras 20 000 francs de ma cassette. »

Au moins celle-ci fut reconnaissante : nul doute que les sentiments qu'elle accusait franchement n'aient été pour tout dans les luttes qu'elle eut à soutenir contre les gentilshommes de la Chambre et les gentilshommes du parterre, et qui se terminèrent par son exclusion brutale du Théâtre-Français. Même, en ses derniers jours, très vieille, n'ayant plus rien ni dans la tête ni dans la tournure de la triomphatrice d'antan, lorsqu'elle parlait de Napoléon, c'était avec un tremblement dans la voix, une émotion qu'elle ne jouait pas et qui, aux jeunes gens qui l'écoutaient — des vieillards presque, à présent, — se communiquait si profonde qu'elle est demeurée inoubliable. Mais ce n'était point l'amant qu'elle évoquait, c'était l'Empereur. Et cette fille, non point par pudeur de vieille femme — car elle parlait volontiers d'autres amants qu'elle avait eus — mais par une sorte de crainte respectueuse, semblait ne plus se rappeler qu'il l'eût trouvée belle et qu'il le lui eût dit, ne voyant plus l'homme qu'il avait été pour elle, mais voyant l'homme qu'il avait été pour la France, pareille à ces nymphes qui, honorées un instant des caresses d'un dieu, n'avaient point vu son visage, éblouies qu'elles étaient par la lumière aveuglante de leur gloire.

IX

LES LECTRICES

Il n y a point que des tragédiennes qui gravissent l'escalier obscur, et qui, sous la conduite de Constant et de Roustam, par le corridor noir éclairé nuit et jour par des quinquets, pénètrent dans l'appartement entresolé qu'occupait jadis Bourrienne et qui, par un escalier dérobé, communique avec l'appartement officiel. Chaque matin, dans le cabinet secret, Mme Bernard, la fleuriste brevetée, apporte un bouquet. Il y a pour ce un abonnement : 600 francs l'an. Mais ces fleurs, tous les jours renouvelées, se fanent moins vite que le sentiment qu'inspirent les visiteuses.

Si nombreuses sont-elles, à mesure que Bonaparte grandit en puissance, les solliciteuses, les ambitieuses, les intrigantes, qu'on ne saurait faire le compte de toutes. L'homme arrivé au faîte du pouvoir ne les verra-t-il pas toujours s'empresser vers lui, ces amoureuses intéressées qui n'attendent qu'un signe pour se livrer, et qui, se plaçant sans cesse sur sa route et sous ses yeux, mendient son regard et sollicitent un profitable déshonneur?

Napoléon, on ne saurait trop le répéter, a trente et un ans en 1800, quarante et un ans en 1810. Il est, de 1800 à 1810, dans l'entière et pleine vigueur de sa santé et de son tempérament. Il ne recherche point les occasions, mais il ne les fuit pas. D'ordinaire — car, sans parler de Joséphine, deux femmes au moins lui inspirèrent une passion qui le sortit entièrement de son caractère — d'ordinaire, donc, il pense médiocrement aux femmes. Aucune n'est pour le troubler dans son travail, le distraire de ses pensées, le retarder dans ses projets ou pour modifier ses plans de vie. Mais ce qu'il trouve à sa portée, il le prend tout naturellement.

C'est là comme l'*en-cas* de nourriture qu'on lui prépare pour la nuit. Il ne ferait point sans doute un pas pour l'obtenir, mais nul préliminaire, nul embarras, nul dérangement, et, tout de suite après, il se met au bain ou vient se rasseoir à sa table de travail. Est-ce là de l'immoralité? Quel homme, à sa place, n'en eût fait autant? quel souverain n'a fait pis? Ce qui importe, ce n'est pas que quelques femmes voilées se rendent mystérieusement, la nuit, dans un appartement secret, c'est qu'une femme — épouse ou maîtresse — ne s'habitue point dans le cabinet de travail et dans le salon des ministres.

Sinon, les meilleurs maris font les pires souverains.

S'il ne s'agissait de Napoléon, si certaines de ces passades n'avaient été contées avec des détails inventés à plaisir, si quelques-unes des favorisées ne s'étaient faites auteurs pour battre monnaie avec leurs souvenirs ou pour se prêter un rôle qu'elles n'ont jamais joué et donner le change sur celui qui leur a été distribué à une représentation extraordinaire, il n'y aurait peut-être pas lieu de s'arrêter; mais les dépits ont été trop bruyants, les calomnies ont été trop perfides, pour qu'il ne convienne point, ici comme ailleurs, de chercher la vérité. L'une de ces femmes, la plus connue sans doute comme écrivain, la plus comblée de faveurs par le Consul et l'Empereur, échappe encore *cette fois*, parce que les présomptions, si puissantes qu'elles soient, ne peuvent tenir lieu de preuves matérielles; mais l'étude de caractères analogues au sien suffira sans doute pour la ranger à la place qu'elle doit occuper.

Une autre, bien moins célèbre, mais qui, pourtant, jusqu'à ces derniers temps, avait le plus servi les pamphlétaires, est une certaine Mme de Vaudey, qui, à la proclamation de l'Empire, fut nommée dame du Palais sur la recommandation très vive de M. Lecouteulx de Canteleu.

D'ailleurs bien née, car elle était fille d'un homme de guerre remarquable, de ce Michaud d'Arçon qui inventa les batteries insubmersibles du siège de Gibraltar, fournit les plans de la campagne de Hollande en 1793, prit Bréda sans coup férir et fut un des premiers sénateurs du Consulat; bien alliée, car son mari, M. de Barberot de Vellexon, seigneur de Vaudey, capitaine dans Royal-Bourgogne, sortait d'une famille ancienne, originaire d'Alsace et fixée à Gray depuis le xv° siècle; de plus, fort belle personne, pétillante d'esprit, très intrigante, chantant à merveille et écrivant mieux encore. Elle fut nommée dame du Palais en juillet 1804, dans cette première promotion dont profita, avec ses compagnes, l'ancienne dame de compagnie, Mme Rémusat, et, comme l'Impératrice partait pour les eaux d'Aix-la-Chapelle, elle l'y accompagna.

Lorsque Napoléon, au commencement de septembre, rejoignit Joséphine à Aix pour le voyage triomphal sur le Rhin, Mme de Vaudey fut de toutes les fêtes et s'employa à distraire le maître. Au retour, elle se crut en mesure de braver l'Impératrice, dont la jalousie s'était éveillée, de s'endetter comme Joséphine elle-même et de monter sa maison sur un pied de favorite. Dans le joli petit château de la Tuilerie, près d'Auteuil, qu'habitèrent plus tard Mlle Rachel et M. Thiers, où est aujourd'hui le couvent de l'Assomption, elle réunissait quantité de gens, donnait des fêtes et menait un train de princesse.

Une première fois, après une audience qui s'était prolongée, elle remit un état de ses dettes qui furent payées; une seconde fois, même succès; mais à la troisième demande d'audience, Napoléon refusa tout net. « Je n'aurais, dit-il à Duroc, ni assez d'argent ni assez de bonhomie pour acheter si cher ce qu'on trouve à si grand marché; remerciez Mme de Vaudey de ses bontés pour moi, et ne me parlez plus d'elle. »

Là-dessus, lettre pathétique de la dame, qui déclare qu'elle va s'empoisonner si ses dettes — dettes d'honneur! — ne sont pas payées dans les vingt-quatre heures. L'aide de camp de service court à Auteuil et la trouve disposée à tout autre chose qu'au suicide. On lui fit aussitôt demander sa démission de dame du Palais, et c'est pourquoi son nom ne figure sur aucun des almanachs impériaux.

Ce fut cette même femme qui, devenue un peu folle, alla plus tard trouver M. de Polignac pour lui proposer de tuer Napoléon; c'est elle qui, tombée à la dernière misère, presque aveugle et paralysée d'un bras, colportait certains *Souvenirs du Directoire et de l'Empire* qui lui servaient de prétexte pour mendier; c'est elle, enfin, qui fournit au libraire Ladvocat ces parties de *Mémoires d'une dame du Palais* qui servirent à grossir les livraisons des *Mémoires de Constant*. Au moins, celle-ci était-elle une détraquée et une indigente. D'autres n'ont point eu les mêmes excuses.

C'était Joséphine qui, sur les instances de Lecouteulx, avait introduit à la cour Mme de Vaudey. Elle eut, du même ordre ou d'un ordre inférieur, quanlité de protégées qu'accréditaient de moindres patronages et qui semblent n'avoir d'autre raison d'être à la Cour que leur facilité à se prêter aux fantaisies de Napoléon.

Mais, de la part de Joséphine, il n'y a nullement dessein prémédité, et c'est entièrement méconnaître son caractère qu'imaginer qu'elle se résignât à fournir ainsi des distractions à son mari : elle avait, dans sa nature de créole, un singulier besoin de s'entourer de complaisantes qui ne fussent ni tout à fait du monde ni tout à fait de la domesticité, qui lui plussent par leur jolie figure, l'amusassent par leurs reparties, la distrayassent par leurs talents, peuplassent enfin gentiment ce palais « triste comme la grandeur » dont elle ne sortait jamais. Elle les prenait sans grande information, attendrie à des malheurs qu'on lui contait, séduite par la sveltesse d'une tournure, le chiffonné d'un minois ou l'inattendu d'une réponse. Ces jeunes personnes, dont quelques-unes avaient couru des aventures, et qui, toutes, aspiraient à des conquêtes, fort pauvres, élevées à n'avoir guère de scrupules, tombaient avec leurs petites robes minables au milieu de cette Cour, la plus élégante qui fut jamais. Inoccupées tout le jour, elles n'avaient, dans l'oisiveté de l'appartement intérieur, qu'à se laisser courtiser par ces brillants officiers dont elles pouvaient bien espérer faire des maris, — tant d'autres, qui ne valaient pas mieux qu'elles, avaient épousé des généraux, à présent maréchaux d'Empire! Sans cesse elles voyaient entrer et sortir familièrement celui dont découlaient toutes les grâces et qui, d'un signe, élevait et renversait les fortunes. Elles se plaçaient sur son passage, ambitionnant ce signe, prêtes à tout risquer pour l'obtenir — quelques-unes ne risquaient pas grand'chose — et, comme elles étaient accortes, se présentaient à souhait et s'empressaient pour plaire, comme les subalternes, toujours à l'affût, guettaient en valets si l'Empereur remarquerait l'une d'elles, les arrangements n'étaient point longs à prendre, et les choses suivaient naturellement leur cours, sans qu'il y eût d'un côté le moindre effort de séduction et de l'autre le moindre amour. Si bien cachée que fût l'intrigue, Joséphine finissait par s'en apercevoir. Alors, scène de jalousie, renvoi de la jeune personne, laquelle, ayant reçu d'ordinaire une bonne dot, concluait, avec quelque seigneur de peu de scrupule, un excellent mariage et faisait souche ensuite de gens d'importance.

Ainsi en fut-il pour Félicité Longroy, fille d'un huissier du Cabinet, que Joséphine avait appelée aux fonctions de dame d'annonce. Comme telle, elle se tenait dans un salon qui précédait les petits appartements et n'avait d'autre mission que d'ouvrir les battants de portes devant l'Empereur et devant l'Impératrice. Elle touchait pour ce faire 3 600 francs par an, et, en 1806, Joséphine lui accorda un supplément de 600 francs. Mais Félicité Longroy ne compte pas, c'est presque une servante.

M¹¹ᵉ Lacoste est d'un niveau un peu plus relevé. C'est une jolie blonde, un peu maigre, mais d'une taille charmante, d'une figure spirituelle et distinguée. Elle est orpheline, sans nulle fortune, a été élevée par une tante que l'on dit intrigante et qui s'ingénie, en effet, pour la faire présenter à Joséphine. Celle ci s'attendrit et la recueille en lui donnant le titre vague de lectrice. Cette lectrice ne fut point fatiguée par ses lectures, car presque aussitôt qu'elle eut été nommée, la Cour partit pour Milan, où devait avoir lieu le couronnement. M¹¹ᵉ Lacoste suivit la Cour, sans en être, n'ayant point, comme lectrice, d'accès dans le salon de service, ne pouvant se mêler pourtant aux femmes de chambre près de qui on la logeait, isolée et perdue dans ce monde nouveau. A Stupinitz, l'Empereur la regarda; il la remarqua à Milan. Le traité n'exigea pas grande négociation; mais Joséphine s'aperçut qu'il était conclu. De là, terrible scène : la lectrice dut partir, et l'on fit venir de Paris sa tante pour l'y ramener. Mais, avant, l'Empereur exigea qu'elle parût une fois au cercle de l'Impératrice : scandale nouveau, car une lectrice n'était point pour sortir de l'appartement intérieur. Joséphine, pourtant, se résigna. A son retour à Paris, Napoléon s'occupa de faire marier M¹¹ᵉ Lacoste. Elle épousa un riche financier, fit une fort honnête mère et ne reparut jamais aux Tuileries.

Dans ce même voyage d'Italie, à Gênes, au milieu des fêtes célébrant la réunion à la France de la République Ligurienne, on plaça sur le chemin de l'Empereur une dame Gazzani ou Gazzana (la désinence est fréquemment intervertie), née Bertani, fille, les uns disent d'une chanteuse, les autres d'une danseuse du Grand-Théâtre.

On l'avait d'abord fait venir à Milan, pour complimenter Joséphine, en compagnie fort mêlée, où, à côté de fort grandes dames, des Negrone, des Brignole, des Doria, des Remedi, se trouvait cette Bianchina La Flèche destinée à un brillant avenir en Westphalie.

Carlotta Gazzani était grande, un peu trop maigre peut-être, quoiqu'elle eût infiniment d'élégance dans la tournure; des extrémités médiocres, aussi ses mains étaient-elle toujours gantées; mais le visage parfait, le type même de la beauté italienne : des lignes d'une pureté absolue, des yeux noirs très grands et très brillants, un accord complet de tous les traits que relevait un petit rire de côté montrant des dents éclatantes. Chacune des femmes qui l'ont vue s'accorde à la louer; preuve irrécusable qu'elle était très belle sans doute, mais qu'elle manquait de la qualité suprême que les femmes envient aux autres femmes. Ce fut le premier chambellan, M. Rémusat, qui se chargea de produire Mme Gazzani. « Il persuada à l'Empereur de la placer auprès de l'Impératrice en qualité de lectrice. » C'est Mme Rémusat qui le confesse : on voit que Talleyrand n'était point seul à avoir toujours, comme disait Napoléon, des maîtresses plein ses poches.

Mme Gazzani, qu'on appelle alors Gazzani Brentano, et qui, beaucoup plus tard, prend, on ne sait comment, le titre de baronne de Brentano, est donc lectrice, en remplacement de Mlle Lacoste, aux appointements de 500 francs par mois.

De 1805 à 1807, rien ne la met en vue : l'Empereur est sans cesse en route : c'est Austerlitz, puis toute la campagne de Prusse et de Pologne. Au retour, à Paris d'abord, puis à Fontainebleau, elle se met en ligne. Ce n'était pas avec 6000 francs par an qu'elle pouvait suffire à sa dépense, avancer son mari et mettre sa fille en position de faire, par la suite, un grand mariage. Elle vit l'occasion et la saisit. On la logea de façon qu'elle pût, à toute heure, se rendre aux ordres de l'Empereur, et dès que l'Empereur la fit appeler, elle s'empressa ; d'ailleurs, elle ne chercha pas à se poser en favorite et accepta modestement son rôle d'*en-cas*. L'Impératrice, dont la jalousie s'était d'abord éveillée, se rassura vite lorsqu'elle eut, par Napoléon lui-même, la confidence entière de ce qui s'était passé.

Aussi bien, Mme Gazzani gardait l'attitude la plus respectueuse et la plus soumise, se tenait à sa place et n'élevait aucune prétention. Elle eut pourtant l'entrée aux cercles et dans le salon de service; mais, cette faveur accordée, Napoléon ne lui témoigna, en public, aucun égard particulier, laissant les dames du palais la traiter à leur guise, faire le vide autour d'elle et déserter les coins où elle s'asseyait.

Cela dura peu : par la suite, plusieurs, et non des moins hautaines, s'adoucirent au point d'admettre Mᵐᵉ Gazzani dans leur bande. Elle avait obtenu quelque chose de plus solide que les honneurs de Cour : la recette générale d'Évreux pour son mari. Après le divorce, elle fut l'y retrouver, et, étant tout à portée de Navarre, où résidait Joséphine, entra dans la grande intimité de la maison. Elle y était retenue par sa liaison avec un écuyer de l'Impératrice, M. de Pourtalès, lequel subvint largement à ses dépenses jusqu'au jour où il épousa Mˡˡᵉ de Castellane. Depuis Fontainebleau, l'Empereur ne l'avait revue que par hasard : il ne l'avait jamais aimée, et il ne semble point qu'il ait pris occasion de parler d'elle.

Mᵐᵉ Gazzani s'en consola. Sa fille, Charlotte-Joséphine-Eugénie-Claire, qualifiée baronne de Brentano, épousa M. Alfred Mosselman, dont elle eut elle-même une fille mariée à M. Eugène Le Hon[1].

---

1. Je n'ai pu retrouver la famille de ces Gazzani, mais ils ont de bien belles armes : sur un *ex libris* de M. Alfred Mosselman, je vois deux écus libres et non accolés : l'un, celui du mari, sommé d'une couronne comtale, est déjà fort beau par ses écartelures

Par contre, il a souvent été parlé d'une certaine M⁽ˡˡᵉ⁾ Guillebeau, qui, fille, dit-on, d'un banquier qui avait fait de mauvaises affaires, fut, en 1808, appelée à doubler, comme lectrice, M⁽ᵐᵉ⁾ Gazzani. M⁽ᵐᵉ⁾ Guillebeau, la mère, Irlandaise de naissance, avait trois filles dont deux, déjà grandes personnes, dansaient dans les salons en jouant du tambour de basque et en prenant des attitudes. L'aînée s'introduisit chez la princesse Élisa, qui lui fit faire un bon mariage, et la cadette, qui, affirme-t-on, n'avait été cruelle ni pour Murat ni pour Junot, sut se faire prendre en gré par la reine Hortense, qui s'enticha de sa jolie figure et des agréments de sa danse.

A un bal masqué que donnait Caroline à l'Élysée, Hortense, qui devait mener un quadrille de vestales, imagina de costumer M⁽ˡˡᵉ⁾ Guillebeau en Folie et de la mettre, tambour de basque en main, en tête de son *entrée*. Dès qu'elle aperçut cette Folie, Caroline, qui avait double raison d'être jalouse, se précipita : il y eut une scène fort vive entre les deux belles-sœurs, et, finalement, la Folie fut mise à la porte.

(l'une est d'azur aux fleurs de lys sans nombre); mais l'écu de la femme est encore plus imposant : sous une couronne ducale, elle écartèle : au un d'or, à l'aigle d'Empire, de sable diadémée d'or; aux deux, fascé de gueule et d'argent de huit pièces; au trois, de gueule à la bisse de sable couronnée d'or; au quatre, de sable au lion d'or debout, armé et couronné du même; sur le tout, un écu sommé d'une couronne souveraine : d'azur à un tonneau ou une sorte de mesure à liquide qui paraît de sable.

Pour lui donner revanche et se la donner à elle-même — car cela fit un épisode de la lutte constamment ouverte entre Bonaparte et Beauharnais, — Hortense inventa de présenter Mlle Guillebeau à sa mère, qui, pour faire pièce à Caroline, se l'attacha comme lectrice. C'était fort peu de temps avant le voyage de Bayonne.

A Marrac, lorsqu'on y fut installé, Mlle Guillebeau, à laquelle l'étiquette fermait dans la journée la porte du salon, et qui n'était introduite que quelquefois, dans la soirée, pour faire de la musique, passait tout son temps dans ce qu'on appelait sa chambre, un galetas en vérité, car ce château de Marrac était tout petit et nullement bâti pour loger une cour.

Comme elle était coquette, s'ennuyait ferme et aspirait à faire fortune, elle se trouva fort heureuse quand un domestique — le mameluck tout uniment — vint la prévenir de la visite de l'Empereur. Les choses allaient merveilleusement à son gré, lorsque Lavallette, qui, en sa qualité de directeur général des postes, surveillait les correspondances des personnes attachées à la maison, envoya à Napoléon une lettre adressée à la demoiselle par sa mère. « On l'y stylait, on lui traçait le rôle qu'elle devait jouer, on lui recommandait de l'adresse, et on insistait surtout pour qu'elle ne manquât point de se ménager à propos et à tout prix des traces vivantes qui pussent prolonger sa faveur ou lui réserver de grands rapports d'intérêt. » La saleté de cette intrigue, derrière laquelle Napoléon a dit plus tard avoir trouvé le prince de Bénévent, dégoûta tellement l'Empereur que, sur-le-champ, la jeune personne fut priée de monter dans une chaise de poste et, accompagnée seulement d'un valet, fut renvoyée à Paris. Ce fut alors que M. de Broglie la vit repasser aux Ormes, où il se trouvait chez son beau-père, M. d'Argenson.

A Paris, Mme Guillebeau épousa un M. Sourdeau, lequel, par la grâce de l'Empereur, fut préposé à une recette, mais il en dissipa les fonds, et la Restauration vint fort à propos pour le tirer de ce vilain pas. Mme Sourdeau, en effet, sut se ménager une entrée près du duc de Berry, « qui la trouva charmante et avec les plus beaux yeux du monde », et fit, en récompense, nommer le mari consul de France à Tanger.

Comme on voit, dans la vie de Napoléon, ces passades ne comptent point; elles tracent à peine sur ses sens, pas du tout sur son cœur. Elles ne donnent nulle vue sur le côté affectif de sa nature; elles renseignent seulement sur sa haine de l'intrigue, sur sa générosité, sur certaines de ses habitudes de vie. On trouverait encore d'autres aventures de même espèce, dont l'histoire ne présenterait guère plus d'intérêt, des aventures de garnison que, comme empereur, il paie deux cents napoléons, quand un capitaine de son armée les paierait vingt francs. Il en rencontre — ou plutôt on en rencontre pour lui — à Berlin, à Madrid, à Vienne. Il n'est pas fait d'une autre chair que ses maréchaux et que ses soldats : il est homme. Mais en lui les sens ne sont point si impérieux qu'il leur doive céder toujours.

A Vienne, il remarque une jeune fille qui, de son côté, s'est monté la tête pour lui. Par son ordre, on suit cette jeune fille; on lui fait la proposition, qu'elle accepte, de venir un soir à Schœnbrunn. Elle arrive, elle est introduite. Comme elle ne parle qu'italien ou allemand, la conversation s'engage en italien, et, aux premiers mots, Napoléon découvre que cette jeune fille appartient à des parents respectables, qu'elle n'a nullement conscience de ce qu'on attend d'elle, et que, si elle éprouve pour lui une admiration passionnée, son ingénuité est entière. Il ordonne qu'on la reconduise immédiatement, il prend soin de son établissement, et lui donne une dot de 20 000 florins, faisant, au cours du 1er septembre 1809, 17 367 francs.

Cet acte est loin d'être unique dans la vie de Napoléon : trois fois au moins il se répète, et, la dernière fois, c'est à Sainte-Hélène!

X

LE SACRE DE JOSÉPHINE

Joséphine, dans cette vie qu'elle mène de perpétuelle inquiétude, de continuelle agitation en un très petit espace, dans cette vie inoccupée, haletante, qu'elle emploie à espionner le maître, à surveiller les allants et les venants, à interroger les valets et les dames de compagnie, dans cette vie qu'elle distrait et amuse seulement par les cinq toilettes de la journée, par des visites de femmes, par l'achat à tout marchand qui se présente des futilités qu'il apporte, dans cette vie toute semblable par les occupations, les passions, les façons de juger et de se conduire, à celle d'une sultane vieillie en l'oisiveté du harem, ne se serait sentie assurée de l'avenir, établie définitivement en sa place, abritée contre tout accident fâcheux, que par un seul fait : la venue d'un enfant.

Dès la première campagne d'Italie, elle avait,

avec Bonaparte, joué de la grossesse ; mais c'était là un simple prétexte pour ne pas le rejoindre. Voyant comme il avait mordu à l'hameçon, elle, sans se rendre encore un compte exact de la situation, avait conservé pourtant, en son cerveau inattentif de femme frivole, l'impression vague que l'instinct de la paternité était en lui, et elle en avait tiré, pour satisfaire ses fantaisies de voyages et de séparations, des facilités qu'elle n'eût point trouvées autrement : ainsi, au départ de Bonaparte pour l'Égypte, son voyage à Plombières. Mais à mesure que s'élevait la fortune du Consul, elle comprenait que pour elle la maternité ne devait plus être un prétexte, mais qu'elle était un but. Le trône dont il montait progressivement chacune des marches n'allait point sans une hérédité assurée. Bonaparte, restant consul et le chef d'une République démocratique, Bonaparte ramenant les Bourbons et se contentant d'une grande place viagère dans la monarchie restaurée, pouvait se passer d'un fils ; mais les splendeurs aléatoires d'un rôle à la Monk n'étaient point pour le tenter, et le désintéressement d'une vie à la Washington n'était pas pour le satisfaire : une force extérieure, invisible, un de ces courants populaires que rien ne brise, une de ces grandes marées de l'opinion que chasse aux terres un vent du large, aplanissait devant lui les obstacles et le poussait du consulat de l'an VIII, tout républicain encore, au consulat de l'an X, déjà autocratique, séparé seulement de la monarchie par un nom et surtout par cette insoluble question de l'hérédité.

Autour de cette hérédité qui tenait à elle, Joséphine voyait s'agiter toutes les ambitions des uns, toutes les préoccupations des autres : c'étaient les frères de Bonaparte, aspirant déjà les uns et les autres à la succession; c'étaient ses sœurs, se demandant si leurs maris à elles ne pourraient pas aussi avoir leurs prétentions; c'étaient les généraux, les sénateurs, quiconque avait grandi dans la Révolution; c'était la nation même, cherchant, après tant de bouleversements, une stabilité qui lui apparût plus que viagère, qui pour un laps de temps très long, presque indéfini, lui promît la sécurité qu'elle désirait.

Si la monarchie se refaisait, qui appeler à l'hérédité? Les frères du Consul? Mais à quel titre? L'hérédité monarchique, en sa forme chrétienne, qui n'est que dérivée de la forme hébraïque, suppose nécessairement une institution divine. Mais cette institution s'applique exclusivement au chef de la dynastie et à ses descendants à quelque degré qu'ils se trouvent, pourvu qu'ils soient ses agnats, jamais à ses collatéraux. Pour habiliter à la succession les frères de Napoléon, pour leur créer un droit, il faudrait, par une des fictions familières à l'ancien droit, proclamer que feu Charles de Buonaparte a été empereur des Français; mais en vérité qui accepterait cette fiction? Une autre hypothèse : abandonner le droit hébraïque, ce qu'on nomme le droit divin; en revenir au droit romain, à l'adoption : le Consul choisissant pour son successeur, dans sa famille ou hors de sa famille, celui qu'il jugerait le plus digne. Mais quelles compétitions alors! Et puis, la nation comprendrait-elle? surmonterait-elle le préjugé de la prédestination de la race, de la désignation divine d'une lignée? La seule solution, en droit comme en fait, qui fût simple, qui abolît les ambitions des uns et satisfît les instincts des autres, c'était que Napoléon eût des enfants. Or il n'en avait pas. A qui la faute? A lui, ou à Joséphine?

Joséphine sent bien que par là elle est vulnérable : aussi s'ingénie-t-elle. Elle court les stations d'eaux minérales en réputation de rendre les femmes fécondes : Forges, Plombières, Luxeuil; elle se soumet à tous les traitements qu'il plaît à Corvisart de lui indiquer; elle consulte des empiriques; elle visite des charlatans; elle fait des pèlerinages : à Plombières, on la suit au *trou du Capucin*, où Frère Jean, le gardien, lui promet en vain tout ce qu'elle souhaite. Chaque fois qu'elle peut former une illusion ou une espérance, ce sont des joies qu'elle fait partager à Bonaparte, que celui-ci à son tour, tant il est heureux, confie à ses intimes. Puis l'illusion s'évanouit, et alors Napoléon, grincheux, lance des mots pinçants et durs qui attestent son désappointement. Un jour qu'il a décidé une chasse dans le parc de Malmaison, Mme Bonaparte, pleurant, vient à lui : « Pouvez-vous avoir une pareille idée? Toutes nos bêtes sont pleines! » Et lui, à haute voix, riposte : « Allons! il faut y renoncer : tout ici est prolifique, excepté Madame. »

En public, il en jette bien ainsi la faute sur elle; mais dans le secret de sa pensée un doute s'est glissé que Joséphine prend soin d'entretenir et d'accentuer. Ne serait-ce pas sa faute à lui-même? Il se souvient de Mme Fourès d'autres encore. Joséphine, elle, a eu des enfants de son premier mari. Sans cesse elle les montre, elle parle d'eux, elle s'en sert pour témoigner que ce n'est point sa faute à elle. Elle en dit tant qu'elle finit par agacer Mme Bacciochi, qui, de son ton de Saint-Cyr, lui rive cette phrase : « Mais, ma sœur, vous étiez plus jeune qu'à présent! »

Pourtant, elle est parvenue à faire admettre cette opinion par la famille presque entière : Napoléon lui-même ne se défend point trop. Plusieurs fois, il dit à son frère Joseph : « Je n'ai pas d'enfants; vous dites, vous autres, que je ne peux pas en avoir. Joséphine, malgré toute la bonne volonté qui lui est restée, n'en aura plus, je crois, à son âge. Ainsi, après moi le déluge! » Lorsque, à son retour d'Espagne, Lucien vient lui parler de divorce, d'un mariage avec une infante, certes bien des motifs divers engagent le Consul à rejeter la proposition; mais ne doit-on pas penser qu'un des plus forts est d'ordre tout intime : qu'il doute de lui-même? Épouser une Bourbon, c'est un pas décidé vers le trône, et s'il a gardé la conviction qu'il ne saurait avoir une postérité : à quoi bon? L'idée n'en a pas moins été mise en avant, et par Lucien, que déjà Joséphine aime peu, car au retour d'Égypte il prêcha le divorce. Napoléon a beau dire que sa femme « n'a pas plus de fiel qu'un pigeon », cela n'est vrai que lorsque sa position n'est pas en jeu. Désormais, elle est loin de chercher à concilier les deux frères, elle met ses amis en campagne, elle ne se prive point de rapporter les médisances et de faire valoir les vérités, et, la rupture accomplie, elle ne la regrette point : c'est un ennemi de moins.

Si le doute inspiré par elle à Napoléon a servi à écarter en 1801 l'idée du divorce, ce doute, un hasard peut le dissiper, et Joséphine est à la merci de ce hasard. Ce n'est point, à coup sûr, des actrices rencontrées jusqu'ici que le danger peut venir. Au cas où, par improbable, une d'elles serait devenue enceinte, il faudrait à Bonaparte une dose extraordinaire de naïveté pour qu'il s'imaginât être le père d'un enfant qui pourrait être à tout le monde. De même, peu de chose à craindre des femmes de la Cour consulaire qui sont en puissance d'un mari? Ne serait-ce que pour le tromper, elles sont contraintes à un partage qui rendra toujours la paternité discutable, à moins qu'elle ne s'affirme par une ressemblance physique qui jusqu'ici ne s'est point rencontrée. Mais il suffit d'une occasion comme celle qu'a fournie jadis Mme Fourès, d'une circonstance qui apporte à Napoléon la certitude indéniable qu'il peut être père, et alors tout l'échafaudage de cette fortune s'écroule, car Bonaparte se sent maintenant de niveau avec les vieilles dynasties, à plus forte raison avec les familles les plus nobles de l'ancienne France, et il ne manque pas près de lui des gens comme Talleyrand, « le maudit boiteux », tout prêts à le tenter, à murmurer des noms et à s'entremettre.

A défaut d'un enfant qui seul, comme l'a dit Napoléon, « eût fait tenir Joséphine tranquille et eût mis fin à une jalousie qui ne laissait pas de repos à son mari », comment l'attachera-t-elle d'une façon si étroite qu'il ne puisse songer à rompre sa chaîne? Sans doute, associée, depuis l'an XI, à tous les actes officiels de la vie publique, accueillie en souveraine aux portes des villes, tenant son cercle dans la galerie des Tuileries ou de Saint-Cloud, entourée dès lors d'une sorte de Maison, obligée par Bonaparte lui-même de prendre le pas sur toutes les femmes, même sur sa belle-mère et dans l'intimité des réceptions de famille, présentée ainsi à la France et à l'Europe comme la plus grande dame de la République, elle ne saurait être répudiée sans éclat, et le divorce serait mal accueilli par l'opinion. Napoléon n'est point encore monté si haut qu'il puisse sans danger se passer d'elle. Il a trop fait passer de grâces et de faveurs par les mains de Joséphine pour qu'elle n'ait point des fidèles parmi ceux qu'il lui a donnés comme clients. Mais à mesure qu'il monte, le prestige mondain de sa femme s'atténue : vienne un accès de colère, qu'elle l'ait ou non provoqué par quelque imprudence, et tout peut être à vau-l'eau. Ce ne sont point les sens qui le retiendront, car, bien qu'il soit physiquement toujours très attaché à elle, les infidélités qu'il se permet le libèrent peu à peu. Ce pourrait être l'habitude, l'affection très grande qu'il lui porte, la crainte de lui causer de la peine : il souffrirait, certes, autant et plus qu'elle ; mais cela l'arrêterait-il ? Quand il s'agit de la victoire, compte-t-il les hommes qu'il est contraint de sacrifier et entre lesquels il en est qu'il aime ? Non : tous ces liens sont illusoires, l'enfant seul est le vrai lien ; une idée surgit alors dans le cerveau de Joséphine, c'est un trait de génie : constituer l'hérédité par l'adoption, faire adopter à Napoléon un de ses neveux à lui, son petit-fils à elle, le fils de Louis Bonaparte et d'Hortense. C'est répondre à tout, c'est concilier tout, c'est à la fois satisfaire les Bonapartes, puisque l'héritier présomptif sera l'un d'eux, et s'assurer à elle-même l'avenir, puisque la question de succession sera ainsi réglée pour jamais. Elle y pense, elle y rêve, elle détermine Bonaparte, qui en fait la demande à Louis ; mais Louis s'indigne. Il invoque les droits de son frère Joseph, ses droits à lui-même, les droits que eux, les frères, ont à la succession de leur frère ! Et, devant ces droits prétendus, ces droits qui non seulement ne reposent sur rien, mais qui sont déniés d'une façon absolue par l'histoire aussi bien que par la doctrine monarchique, Napoléon, par esprit de famille, s'incline et renonce au seul expédient qui permette d'établir l'hérédité sans recourir au divorce ou sans violer tous les principes.

Cette merveilleuse occasion échappée, et cette fois bien malgré elle, quels moyens restent à Joséphine pour se lier à Napoléon et à sa fortune? Sans doute, d'échelon en échelon, les événements poussant les hommes, le Premier Consul ayant été proclamé Empereur, voici qu'elle, parce qu'elle se trouvait là, est devenue impératrice, a reçu les hommages des grands corps de l'État, a été saluée du titre de Majesté. Sans doute, après le voyage triomphal d'Aix-la-Chapelle et de Mayence, après son retour annoncé aux Parisiens par le canon des Invalides, après le défilé des autorités devant son trône, elle semble bien affermie en sa place, et le divorce semble être rejeté dans les hypothèses improbables. Mais qu'un incident se produise, elle ne tient point Napoléon. Le destin peut l'emporter, comme hier, sur l'Esplanade, le vent balayait la fumée de la poudre brûlée en son honneur. Voici justement que, à Saint-Cloud, elle voit une dame, venue pour la visiter, se lever et sortir de l'appartement. Comme depuis longtemps elle a des soupçons, elle-même quitte le salon, va au cabinet de l'Empereur, monte l'escalier dérobé, arrive à la chambre entresolée, reconnaît la voix de l'Empereur, la voix de la dame, se nomme, force qu'on lui ouvre, fait une scène, provoque une terrible colère de Napoléon, qui déclare qu'il est las de cet espionnage, qu'il veut en finir, qu'il est décidé à suivre les conseils de tous ceux qui l'entourent, qu'il est déterminé à divorcer. Il fait appeler Eugène pour régler les détails. Eugène vient ; mais, pour sa mère, pour lui-même, il refuse toute compensation, tout avantage, toute faveur. Deux jours passent. Joséphine ne récrimine point : elle pleure. « Les pleurs vont bien aux femmes », a dit Napoléon. D'ailleurs, il se sent dans son tort malgré tout, et ce n'est point ainsi qu'un acte aussi grave peut et doit s'accomplir. Devant une volonté qui heurterait la sienne, il s'obstinerait. Devant des larmes, il est faible. Une dernière conversation a lieu entre elle et lui : « Je n'ai pas le courage, lui dit-il à la fin, d'en prendre la dernière résolution, et si tu me montres trop d'affection, si tu ne fais que m'obéir, je sens que je ne serai jamais assez fort pour t'obliger à me quitter ; mais j'avoue que je désire beaucoup que tu saches te résigner à l'intérêt de ma politique et que toi-même tu m'évites tous les embarras de cette pénible situation. » En parlant ainsi, il pleure lui-même. Mais Joséphine ne se déconcerte pas ; elle n'a nullement le goût du sacrifice. Ce n'est point à elle à décider de son sort, mais à lui, qui l'a réglé. Elle est prête à obéir, mais elle attendra ses ordres pour descendre du trône où lui-même l'a fait monter. Pris entre son cœur, ses habitudes, une politique incertaine, l'espérance douteuse d'une paternité aléatoire, ses sentiments d'affection pour ses beaux-enfants, la nécessité de briser cette vie qu'il a associée à la sienne, l'obligation de renoncer pour jamais à cette femme qu'il aime toujours, l'agacement que lui cause la joie des ennemis de Joséphine et leur air de triomphe, la pitié que lui inspire la résignation des Beauharnais, il prend son parti, il rejette encore une fois l'idée du divorce, et, comme pour en abolir tout retour, il ordonne à sa femme de s'occuper sérieusement des préparatifs du sacre, auquel elle sera associée.

Le Sacre ! Être sacrée par un Pape, participer au triomphe du Charlemagne nouveau, réaliser soi, une petite créole amenée des Iles par le caprice d'une fille entretenue, le rêve qu'ont poursuivi toutes les reines de France et que si peu ont accompli ; recevoir du Pontife suprême la triple onction et de l'Empereur la couronne, c'est de quoi satisfaire non point l'ambition — car quelle ambition eût envisagé de telles splendeurs ? — mais l'imagination la plus délirante de grandeurs. Et puis, après avoir été sacrée et couronnée, comment pourrait-elle être répudiée ? N'est-ce point là le lien suprême que Napoléon peut contracter avec elle, et que peut-elle souhaiter encore pour être assurée de l'avenir ?

Pourtant elle souhaite quelque chose : jusqu'ici, c'est-à-dire depuis huit ans, elle ne s'est nullement inquiétée pour sa conscience de n'avoir été mariée que civilement, et elle a fort bien vécu avec Bonaparte sans que leur union ait été bénie par un prêtre. Elle n'ignore pas que, avant d'arriver à un mariage religieux, elle aurait de grands obstacles à surmonter. L'Empereur ne ferait-il pas valoir que, la cérémonie n'ayant pas eu lieu jadis, il est inutile à présent d'attirer l'attention sur ce sujet? La plupart des hommes qui l'entourent étant dans le même cas que lui, par le simple exemple qu'il leur donnerait, il les entraînerait à une série d'actes de réhabilitation qui prendraient facilement un aspect d'opposition à la loi civile, de retour à l'ancien régime, qui sembleraient au moins indiquer que le chef du gouvernement ne tient pas pour suffisant le seul mode de mariage dont l'État reconnaisse la validité. Il ne manquerait pas d'arguments très forts pour résister, sans même avoir à donner la raison déterminante de son refus : c'est que, s'il entre bien dans ses intentions actuelles de ne point divorcer, il ne veut point engager l'avenir et ne peut prévoir toutes les éventualités. Il sait que l'Église est accommodante lorsqu'elle a affaire aux puissants et qu'elle s'arrange pour dénouer au besoin ce qu'elle a noué; mais il préfère, si plus tard il est contraint de rompre son mariage, n'avoir pas besoin de recourir à elle et ne dépendre que de lui-même.

Donc Joséphine n'aurait rien à tenter avec lui de ce côté, et elle le sait. D'ailleurs, quelles raisons invoquerait-elle? Ses scrupules de conscience? En vérité, ce serait de quoi donner à rire à Napoléon

LE SACRE DE JOSÉPHINE.

et à toute la Cour ! Mais le Pape n'en rira pas.

A Fontainebleau, le lundi 5 frimaire, lorsque Pie VII, le lendemain de son arrivée, vient pour la seconde fois rendre visite à Joséphine, celle-ci, qui dès longtemps déjà a préparé le terrain — car depuis plusieurs années elle est en correspondance avec le Pape ; elle lui a envoyé par son cousin Tascher, en nivôse an XII, un beau rochet de dentelle.— Joséphine donc se met en confiance. Elle avoue à son père spirituel qu'elle n'est pas mariée à l'église, et le Pape, après avoir félicité sa fille spirituelle de la volonté qu'elle montre de se mettre en règle avec la sainte loi, lui promet d'exiger de l'Empereur le mariage.

Ainsi, pour Napoléon, c'est la carte forcée. Tel qu'il est, avec son caractère, son éducation et sa tournure d'esprit, le Pape est bien capable d'ajourner le sacre si l'Empereur ajourne le mariage, de refuser l'un si on lui refuse l'autre. Déjà, du 18 brumaire, jour primitivement fixé, le sacre a été retardé au 1er frimaire, puis au 11. Chaque retard amène une dépense immense, cause du mécontentement, provoque l'inquiétude. Toutes les députations civiles et militaires sont arrivées, elles emplissent Paris : on ne sait qu'en faire. Quel scandale si le Pape, venu à Paris pour sacrer l'Empereur, retournait à Rome sans avoir fait la cérémonie ! Il faut se décider. Le 9, dans la matinée, le cardinal Fesch donne aux deux époux la bénédiction nuptiale. Si jamais il y eut contrainte, c'est bien ici, et Napoléon a pu sans remords affirmer plus tard que sa volonté n'avait pas été libre et que le défaut de consentement existant réellement de sa part viciait canoniquement le mariage. Mais de cela Joséphine ne se doute pas. Elle est impératrice, elle est mariée par un prêtre, elle est sacrée par le Pape, elle est couronnée par l'Empereur : dormira-t-elle tranquille à présent?

XI

MADAME *** *d'Échelles*

Les fantaisies purement physiques amusent les entr'actes et occupent la scène, mais il y a chez Napoléon d'autres facultés qui exigent satisfaction. L'homme ne serait point tel qu'il est s'il se trouvait content de ces amours de passage que quiconque aurait en les payant. Il y a chez lui des côtés de mélancolie insoupçonnés, des goûts d'isolement à deux au milieu de la foule, un besoin d'amour sentimental qui se fait jour à mesure qu'il avance en âge, que les occasions de sensualité se multiplient autour de lui et que, en même temps, par l'ascension continue de sa fortune, il se trouve plus élevé et davantage perdu au-dessus des autres êtres.

Cela est encore fugitif, à peine esquissé à la fin du Consulat; mais, depuis lors, cela se répète et s'accentue, cela se précise et s'affirme; ce n'est plus cette explosion de jeunesse et de tempérament qu'il a éprouvée lorsqu'il a connu Joséphine, c'est, à côté de l'amour physique, un sentiment dont la répétition, à intervalles divers, montre chez Napoléon un être dont la nature inquiète, sans cesse altérée d'inconnu, poursuit aussi bien un rêve de bonheur qu'elle poursuit un rêve d'ambition.

Lorsque chez lui ce sentiment est encore confus, la possession, qu'il a ardemment convoitée, qu'il a convoitée d'autant plus vivement que les obstacles étaient plus grands et qu'il a convoitée surtout à cause de ces obstacles même, a pour conséquence presque immédiate de supprimer le désir, parce qu'il trouve la réalité inférieure au rêve de ses sens ; mais ceux-ci s'épurent et se spiritualisent à leur tour ; la possession physique cesse d'être l'objet unique de préoccupation, et l'on se trouve alors en présence d'un Napoléon nouveau, tout différent de celui qui satisfait des besoins matériels avec les visiteuses de l'appartement secret, un Napoléon délicatement tendre et qui rencontre, pour exprimer ses idées, un langage qu'on croirait presque d'un héros de l'*Astrée*.

Sans doute, c'est là une attitude qu'on ne lui connaît point et pour la lui attribuer en certitude de cause, il faut au moins posséder une suite d'indications certaines, précises et authentiques. Mais, dès qu'on en a de telles sur une époque à la vérité plus tardive de sa vie, on est amené, sur les périodes antérieures, à procéder par induction en rapprochant certains indices qui, jusqu'ici, pouvaient paraître indifférents, et l'on est presque assuré de ne point faire fausse route.

Toutefois, nulle preuve directe, et, pour ne point s'égarer, des difficultés sans nombre. Ces femmes auxquelles Napoléon s'adressse ne sont plus, comme les autres, empressées à conter leurs triomphes : elles ont soin, pour la plupart, d'en détruire jusqu'au moindre vestige. Elles ont un mari à ménager, une réputation à sauvegarder. Elles laissent des descendants qui, soigneusement, retiennent leur secret. Même les indiscrets qui parlent d'elles ne le font qu'en déguisant le nom qu'elles ont porté, et l'on serait mal venu, fût-ce après un siècle écoulé, à soulever le voile, très léger qui le couvre. Ce voile, d'ailleurs, est-on toujours certain qu'il dissimule toujours la même femme? qu'il n'y a derrière lui qu'une femme et non plusieurs?

Certes, la plupart des traits de la figure et les traits de l'âme sont identiques; il est des faits caractéristiques auxquels on ne peut se tromper, surtout lorsque soi-même on a gardé de l'enfance l'impression très vivante et très nette d'un certain visage; mais ce ne sont plus ici des documents, et ce n'est qu'avec une extrême précaution qu'il convient de s'avancer au risque même de rester obscur et de laisser bien des points dans l'ombre.

Il y avait à la Cour consulaire une jeune femme de vingt ans, mariée à un homme de trente ans plus vieux qu'elle.

Ce mari, fort respectable, grand travailleur, ayant laissé la meilleure réputation partout où il avait passé, était un de ces admirables serviteurs de l'État dont l'ancien régime faisait des premiers commis et le nouveau des directeurs généraux. En une matière spéciale, mais qui importait fort aux finances de la nation, il était passé maître; il avait lui-même organisé l'administration qu'il dirigeait et qui fonctionne, aujourd'hui encore, d'après les traditions et les lois qu'il a données.

La femme était charmante, toute grâce, toute douceur, avec un joli visage, de très belles dents, d'admirables cheveux blonds, un nez aquilin un peu long, mais busqué et plein de caractère, une main à remarquer, un très petit pied; peu de régularité dans les traits, mais infiniment de charme dans le sourire et un accord complet de la physionomie rendue très particulière par le regard prolongé de grands yeux d'un bleu foncé, à double paupière.

Ces yeux, il est vrai, exprimaient toutes les impressions qu'il plaisait à leur maîtresse de leur donner, et par là même manquaient de franchise; mais il fallait être femme et jalouse pour le surprendre. Elle dansait à merveille; chantait en artiste, avait un talent véritable sur la harpe, savait lire et écouter, et ne découvrait pas trop alors l'esprit très remarquable qu'elle développa par la suite. Il ne lui manquait ni la volonté, qu'elle avait des plus fermes, ni le sens de la vie, ni l'ambition, ni le dédain des moyens; mais elle parait cette sécheresse réelle d'une élégance générale qui seyait à sa beauté, et, quoique bourgeoise d'origine, s'entendait mieux que bien des grandes dames aux politesses nobles, aux toilettes raffinées, aux façons solennelles qui étaient de mise en une Cour. « Elle avait, de naissance, l'instinct délicat de la vie et des manières du monde, cet art, a-t-on dit, qui se devine et qui ne s'enseigne pas »; mais elle y portait, faut-il ajouter, un air assez hautain et dédaigneux, à croire qu'elle-même aurait eu pour ancêtres non de petites gens, bourgeois de province fort humbles, mais des ducs et pairs.

A quel moment Bonaparte devint-il amoureux de cette jeune femme? Selon certains indices, on penserait que ce fut en brumaire an XII (novembre 1803); mais la rapidité avec laquelle furent menés les préliminaires avec la femme que Joséphine alla surprendre dans l'appartement de l'Orangerie, à Saint-Cloud, semble devoir faire écarter cette hypothèse, quelque vraisemblance que lui prêterait l'événement d'une naissance qui se place exactement neuf mois plus tard (le 5 août 1804).

Il est vrai que l'enfant qui naquit alors n'avait ni dans la figure ni dans l'esprit rien qui le signalât; mais des traits aussi caractéristiques que ceux des Bonapartes peuvent sauter une génération pour éclore chez quelque descendant en leur fleur de beauté souveraine et révélatrice. C'est ce qui arriva, sans doute : ce qui, en inspirant à Napoléon des doutes sur sa paternité, affermit la confiance du mari et assura la sécurité de la femme : ce qui, une génération plus tard, dévoila un secret jusque-là à peu près bien gardé.

Cette dame de Saint-Cloud est-elle l'inconnue qui fréquentait, à la fin du Consulat, une petite maison de l'allée des Veuves où Napoléon se rendait mystérieusement de son côté? Est-elle la même femme que Napoléon allait, seul, sous un travestissement, retrouver dans sa demeure, au milieu de Paris? On s'y perd. L'aventure de Saint-Cloud semble une de ces fantaisies banales qui n'ont point de lendemain ou qui n'en ont guère ; les excursions nocturnes, quel qu'en soit le but, témoignent, au contraire, chez Napoléon, si casanier d'habitude, un entraînement irrésistible et dont on noterait bien rarement le renouvellement dans sa vie. Il y a là des incertitudes que, pour le moment, on ne saurait éclaircir, et que les mémorialistes ou leurs éditeurs ont eu soin jusqu'ici de rendre plus grandes par égards pour la femme dont il s'agit et surtout pour ses descendants. Il est pourtant un moment où tous les témoignages s'accordent, se complètent et se corroborent, où, à défaut de preuves matérielles, on possède au moins les présomptions, les plus fortes qu'on approche de la vérité.

L'Empereur est allé à Fontainebleau, au-devant du Pape, qui vient de Rome pour le sacrer. Il y a amené sa cour. On ne tarde pas à constater que son air est plus serein, son abord plus facile. Après que le Pape est retiré dans ses appartements, il demeure chez l'Impératrice et cause de préférence avec les femmes qui s'y trouvent. Joséphine commence à s'inquiéter : sa jalousie s'éveille ; ces façons ne lui semblent point naturelles, et elle s'imagine qu'il y a quelque intrigue sous jeu. Mais qui soupçonner? qui accuser? Elle s'en prend à Mme Ney, laquelle, très vivement, se défend près d'Hortense, sa compagne de la pension Campan, et prouve que l'Empereur ne s'occupe nullement d'elle, mais d'une dame du palais qu'Eugène de Beauharnais trouve fort de son goût et que, par suite, Joséphine traité des mieux. Eugène n'est qu'un paravent : si la dame répond à ses œillades et semble prendre plaisir à sa conversation, elle est, de fait, uniquement liée avec les Murat, avec Caroline plutôt, car, en pareilles intrigues, Murat ne compte point, et Caroline, qui n'aime guère sa belle-sœur et qui est toujours prête à lui jouer des tours, mène cette affaire comme elle en mènera bien d'autres.

On revient à Paris : rien n'est conclu encore. Napoléon, décidément amoureux, ne quitte qu'à regret l'appartement de l'Impératrice lorsqu'une certaine dame est de service. Il rejoint Joséphine au spectacle si une certaine dame l'accompagne. Il imagine des parties en petite loge, lui qui, d'ordinaire, n'admet point que sa femme aille au théâtre autrement qu'en apparat, pourvu qu'une certaine dame soit de la compagnie. Joséphine, énervée de plus en plus, veut tenter des explications, qui sont mal reçues et, quoique, en public, Napoléon soit plus gai, plus affable et plus ouvert qu'il n'a jamais été, dans le particulier, quand une certaine dame n'est pas présente, il a de l'humeur et se retrouve agacé et irritable. « Ce sont tous les jours des scènes de la part de Bonaparte, écrit Joséphine et sans jamais y donner lieu, ce n'est pas vivre. »

A la table de jeu, — car à cette époque, le soir, il s'est pris à jouer aux cartes, ou plutôt à faire semblant d'y jouer, — il appelle régulièrement sa sœur Caroline et deux dames du palais, dont l'une est toujours la dame qu'il préfère. Tenant négligemment les cartes, seulement pour se donner une contenance, il se plaît à analyser longuement les impressions les plus ténues d'un amour idéal et platonique, ou bien, sans nommer personne et parlant à la cantonade, il se livre à de véhémentes tirades contre la jalousie et les femmes jalouses

Joséphine, à l'autre bout du salon, jouant tristement au whist avec quelques dignitaires, jette de temps en temps un regard vers la table des favorisés et prête l'oreille aux propos que cette voix sonore et pleine porte jusqu'aux extrémités de la salle, dans le grand silence respectueux, à la muette attention des courtisans spectraux.

A une fête que le Ministre de la Guerre offre aux

Souverains à l'occasion du Couronnement, les femmes, comme d'usage, sont seules assises au souper. A la table d'honneur, l'Impératrice, avec quelques-unes de ses dames et des femmes de grands officiers de la Couronne et de l'Empire. Napoléon a refusé de prendre place ; il fait son tour, il parle à chacune des femmes ; il est galant, il est empressé : il sert Joséphine, prend une assiette des mains d'un page pour la lui présenter. « Il veut être aimable uniquement pour une femme et ne veut pas qu'on le remarque. Cela seul est une preuve d'amour. »

Après qu'il a bien manœuvré en long et en large et qu'il a dit un mot à toutes les femmes pour se donner le droit de parler à une seule, il arrive près de la dame et, embarrassé, commence par s'adresser à sa voisine. Il s'appuie entre les deux chaises, engage une conversation, y mêle la personne à qui il rend ses soins, prévient ses désirs, atteint sur la table un ravier qu'elle souhaite. Ce sont des olives. « Vous avez tort, dit-il, de manger des olives le soir : cela vous fera mal », et, s'adressant à la voisine : « Et vous, lui dit-il, vous ne mangez pas d'olives ? Vous faites bien, et doublement bien de ne pas imiter madame, car en tout elle est inimitable. »

Rien de ce manège n'a échappé à Joséphine, qui, par surcroît, en plein hiver, s'est vue obligée de partir à Malmaison sur une volonté subitement exprimée par l'Empereur. Cela a dérangé tous ses projets, et, de plus, comme on n'a point eu le temps de chauffer les poêles, la première nuit, on l'a passée dans une véritable glacière ; mais peu importait le froid à Napoléon, qui, par les corridors carrelés, a fait une excursion dont il se félicite, quoique, sans qu'il s'en doute, Joséphine, après une longue attente derrière une porte vitrée, en ait surpris le secret et ne puisse garder aucun doute sur l'objet de cette visite nocturne.

La Cour retourne donc à Malmaison après cette fête du ministre, et, le lendemain, sous un prétexte, l'Impératrice fait venir la dame qui n'a point mangé d'olives. Après une sorte de conversation oiseuse, elle lui demande ce que l'Empereur lui a dit. Puis : « Que disait-il à votre voisine ? » L'autre, répondant qu'il lui conseillait de ne pas manger d'olives le soir : « Eh ! reprend-elle, puisqu'il lui donnait des conseils, il devait lui dire qu'il est ridicule de faire la Roxelane avec un si long nez. » Puis, elle ouvre un livre qui est sur la cheminée : c'est le nouveau roman de Mme de Genlis, *la Duchesse de La Vallière :* « Voilà un livre, dit-elle, qui tourne les têtes de toutes les jeunes femmes qui ont des cheveux blonds et qui sont maigres. »

Il y a bien un peu de vrai, car, dans toutes les chambres des dames, à Malmaison, on trouvait la *Duchesse de La Vallière*. Il s'en fit un prodigieux débit : dix éditions ne suffirent point à en épuiser le succès, et, sans doute, les aspirantes La Vallière n'y nuisirent point.

L'Empereur pourtant n'avait nulle intention d'installer une favorite. « Je ne veux nullement à ma Cour, disait-il, de l'empire des femmes. Elles ont fait tort à Henri IV et à Louis XIV ; mon métier à moi est bien plus sérieux que celui de ces princes, et les Français sont devenus trop sérieux pour pardonner à leur souverain des liaisons affichées et des maîtresses en titre. » Sa vraie maîtresse, comme il disait, c'était le pouvoir. « J'ai trop fait pour sa conquête, ajoutait-il, pour me la laisser ravir ou souffrir même qu'on la convoite. » Or, il sentait qu'on lui gagnait à la main. Sans doute, la dame, très intelligente, très adroitement conseillée, ne demandait rien pour elle-même. Elle n'aurait pu recevoir certains avantages qui eussent paru suspects et eussent éveillé les soupçons d'un mari qui n'était rien moins qu'un complaisant. Tout au plus, avait-elle pu se faire nommer à une place de dame du palais, bien que sa jeunesse, sa position et sa naissance ne la désignassent point, que rien dans son passé ne se rattachât au passé des Bonaparte et ne servît à justifier sa présence : cela avait déjà fait parler et surtout sourire; mais, moins pour elle-même, elle pouvait être vénale et ambitieuse, plus, sans doute, elle pouvait mettre en avant de prétentions pour d'autres, ses protecteurs d'hier, ses protégés d'aujourd'hui.

Murat, déjà maréchal d'Empire, fut promu à la

dignité de prince grand-amiral, ce qui le classa après Cambacérès et Lebrun parmi les Altesses sérénissimes. Mais, en même temps, et de lui-même, l'Empereur nomma Eugène de Beauharnais prince archichancelier d'État et le mit sur le même rang que Murat. C'était la balance rétablie entre les Bonapartes et les Beauharnais, et même penchée en faveur des Beauharnais. Quelle différence, en effet, dans les termes dont Napoléon se sert pour annoncer au Sénat ces deux décisions et à quelle distance, il marque que son beau-fils et son beau-frère sont établis dans son cœur!

Comme, ici, l'on sent qu'il cède à des pressions étrangères, à des nécessités de famille, à des sollicitations intéressées; et comme, là, c'est bien de lui-même, et du meilleur de lui, que jaillissent ces paroles : « Au milieu des sollicitudes et des amertumes inséparables du haut rang où Nous sommes placé, Notre cœur a eu besoin de trouver des affections douces dans la tendresse et la constante amitié de cet enfant de Notre adoption... Notre bénédiction paternelle accompagnera ce jeune prince dans toute sa carrière, et, secondé par la Providence, il sera un jour digne de l'approbation de la postérité. » Et Eugène n'a rien sollicité; il n'a point dit qu'il fût peu satisfait des honneurs de grand-officier de l'Empire, de la charge de colonel général des chasseurs qui lui a été antérieurement conférée, puisqu'il est en route pour Milan, à la tête de la cavalerie de la Garde — un beau commandement en vérité, et il faut une étrange folie de Mme Rémusat pour présenter comme une disgrâce la plus éminente faveur que l'Empereur pût accorder à un général de vingt-trois ans.

En tous cas cette disgrâce, amenée, prétend-elle, par un retour de jalousie contre Eugène, aurait été singulièrement courte, puisque Eugène s'est mis en route le 16 janvier, sur un ordre en date du 14, motivé par la nécessité de faire paraître la Garde au couronnement de Milan, et que, quinze jours après, il recevait, avec une lettre particulière de l'Empereur, la copie du message au Sénat et sa nomination de prince archichancelier d'État.

Rien ne pouvait mieux marquer que Napoléon se rapprochait de Joséphine, qu'il n'entendait point se laisser conduire, et que l'amour qu'il avait ressenti et dont on avait tant espéré était déjà presque passé. La satiété vint vite, en effet; surtout lorsque la contrainte n'exista plus. C'était à Malmaison, au cœur de l'hiver, que l'intrigue s'était nouée : ce fut à Malmaison, avant le printemps, qu'elle se dénoua.

Dans un voyage de quinze jours que la Cour y fit alors, Napoléon, en pleine liberté d'allure, put se promener avec la dame, l'entretenir et ne se priva point de l'aller retrouver; Joséphine, enfermée dans sa chambre, passait les journées à pleurer et maigrissait à vue d'œil. Un matin, l'Empereur vient chez elle, reprend en lui parlant son ton d'autrefois, lui avoue qu'il a été très amoureux et qu'il ne l'est plus, et finit par lui demander de l'aider à rompre. Elle s'y emploie en effet, fait appeler la dame, qui, parfaitement maîtresse d'elle-même, ne montre aucune émotion et oppose au discours de l'Impératrice une dénégation muette et superbe et l'impassibilité d'un visage de marbre.

Elle demeura toujours tendrement attachée à l'Empereur, bien que celui-ci, après Austerlitz, n'eût point repris sa chaîne, et que, si quelquefois il eut des retours, ils furent si fugitifs, que les observateurs les plus attentifs purent à peine les noter. Lui la tint d'ailleurs en grande considération, lui accordant toutes les grâces qui pouvaient être compatibles avec le rang qu'occupait son mari et la désignant des premières pour les honneurs et les faveurs de cour. Elle fut de celles qui, aux mauvais jours, se montrèrent entre les plus fidèles. Elle para de sa beauté les fêtes des Cent-Jours, et lorsque, le 26 juin 1815, le vaincu de Waterloo allait s'éloigner pour jamais de la patrie, ce fut elle qui, une des dernières, vint à Malmaison, dans ce château qui avait vu naître et mourir cette histoire d'amour, porter à l'Empereur découronné le tribut suprême de son respectueux attachement et de son dévouement inaltérable.

XII

STÉPHANIE DE BEAUHARNAIS

Dès avant Austerlitz, Napoléon a résolu d'établir entre sa maison et les maisons souveraines d'Allemagne un réseau d'alliances familiales qui doublent et resserrent les alliances politiques. Il croit fermement que son système ne sera établi en Europe que lorsque le sang des Napoléonides sera intimement mêlé au sang des vieilles dynasties. Ne se tenant pas lui-même pour mariable, il mobilise autour de lui tout ce qui est nubile, filles et garçons, afin de nouer les seuls liens auxquels il attache une valeur parce qu'ils lui paraissent au-dessus des hasards de la fortune politique, et que, suivant lui, ils obligent les princes et les engagent en leur chair.

C'est d'abord, au retour de la campagne, le mariage d'Eugène de Beauharnais avec la princesse Auguste de Bavière. Elle était fiancée au prince de Bade, mais il n'importe. Donnant de sa main un mari à la princesse Auguste, Napoléon saura bien trouver une femme pour le prince de Bade. C'est encore une Beauharnais qu'il choisit : Stéphanie-Louise-Adrienne de Beauharnais, fille de Claude de Beauharnais, comte des Roches-Baritaud et d'Adrienne de Lezay-Marnésia, sa première femme; cousine tout juste au sixième degré d'Hortense et d'Eugène. Elle est née à Paris le 26 août 1789, est restée orpheline dès l'âge de quatre ans, et, après avoir traversé le couvent de Panthémont, a été recueillie par une amie de sa mère, une certaine Lady de Bath, qui, après la fermeture des couvents, a confié sa pupille à deux anciennes religieuses de Panthémont, Mmes de Trélissac et de Sabatier, qui l'ont emmenée dans leur pays, d'abord à Castelsarrasin, puis à Périgueux et peut-être à Montauban. Sa grand'mère paternelle, Fanny de Beauharnais, s'occupe de Cubières, de petits vers et de galanterie. Son père est émigré. Son grand-père, le marquis de Marnésia, voyage en Pensylvanie. Sans Lady de Bath, l'enfant serait à la charité publique. Un jour, au début du Consulat, Joséphine parle devant son mari de cette petite cousine. Bonaparte, si susceptible sur ce qui est famille, s'indigne que sa femme laisse quelqu'un de son nom à la charge d'une étrangère, d'une Anglaise ! Il expédie un courrier avec ordre de ramener l'enfant. Les religieuses résistent, mais un nouveau courrier apporte au préfet l'injonction de s'emparer de Stéphanie au nom de la loi. Il faut obéir; ce n'est pas sans pleurs et sans effroi. Aussitôt arrivée, l'enfant est placée chez Mme Campan et fait partie désormais de ce petit groupe de jeunes filles qui viennent à Malmaison le décadi., et de leurs robes blanches égaient les parties de barres sous les grands marronniers. Joséphine et Hortense sont des meilleures pour elle; mais elle ne paraît pas les jours de gala, n'est de rien, n'a aucun rang et semble destinée à un mariage tel que celui qu'on a fait faire à sa cousine Émilie de Beauharnais, Mme Lavallette. La petite personne ne l'entend pas ainsi, prend volontiers des airs de princesse et traite fort sèchement celles de ses parentes qui n'ont point, comme elle, l'honneur de loger dans les palais impériaux.

Telle est la situation lorsque, Eugène marié, il faut pourvoir le prince de Bade : Napoléon songe d'abord à une autre pupille de Joséphine, sa nièce, Stéphanie Tascher, puis se rabat à Stéphanie de Beauharnais. Le mariage, définitivement arrêté par lui à son passage à Carlsruhe le 20 janvier 1806, est confirmé par un traité signé à Paris le 17 février.

Stéphanie avait alors dix-sept ans, une figure agréable, de l'esprit naturel, de la gaîté, même un peu d'enfantillage qui lui allait bien, un son de voix charmant, un joli teint, des yeux bleus animés et des cheveux d'un beau blond. Amenée de sa pension aux Tuileries dès le retour de l'Empereur à Paris, installée dans un appartement voisin de celui de l'Impératrice, elle fut tout de suite la joie et la gaîté du palais. Vive, piquante, plaisante, amusant de ses enfances les mornes salons, n'ayant devant l'Empereur nulle timidité et forçant plutôt les espiègleries en sa présence, elle le change, elle le distrait, elle l'amuse, elle lui plaît; elle n'est pas longue à s'en apercevoir et en prend d'autant plus d'aplomb. C'est comme un intermède, non pas d'amour, mais de coquetterie de la part de Stéphanie et de flirt de la part de Napoléon. Peut-être souhaiterait-il aller plus loin, mais la petite personne ne veut que s'amuser, tirer le meilleur parti de la position et ne se soucie point de se compromettre gravement. Elle sent fort bien que ce ne peut être Mlle de Beauharnais qu'épousera le prince de Bade, mais une Napoléonide : seulement à quel titre, de quelle façon, avec quels honneurs entrera-t-elle dans la famille? Tout cela dépend de l'Empereur et uniquement de lui, et, par suite il s'agit de savoir jusqu'où pourra bien le mener le petit désir qu'elle lui a inspiré.

La lutte, pour Stéphanie, n'est point avec Joséphine, qui, si sa jalousie commence à s'éveiller, se tient contente encore d'avoir fourni cette princesse, mais elle s'engage avec les sœurs de Napoléon, qui n'ont nul désir de céder leur rang. Elles le défendent, surtout Caroline Murat, avec une extrême âpreté et ne ménagent point la petite; mais celle-ci riposte en riant à belles dents, et moins les idées plaisantes qu'elle trouve que les dents qu'elle montre lui assurent l'avantage. Caroline, exaspérée, en arrive aux insolences. Un soir qu'on attend l'Empereur, Stéphanie s'est assise sur un pliant : la princesse Caroline lui fait donner l'ordre de se lever, attendu qu'on ne doit pas s'asseoir devant les Princesses Sœurs de Sa Majesté. Stéphanie se lève, mais elle ne rit plus ; elle pleure à chaudes larmes. L'Empereur entre à ce moment et, remarquant ses pleurs qui, peut-être, lui vont aussi bien que son rire, il s'informe. « Ce n'est que cela? dit-il : eh bien! assieds-toi sur mes genoux, tu ne gêneras personne. » Si l'anecdote n'est point authentique, ce qui lui donne au moins l'air d'être telle, c'est, le lendemain de l'arrivée du prince de Bade, cette note au registre du Grand-maître des cérémonies : « Notre intention étant que la princesse Stéphanie-Napoléon, Notre fille, jouisse de toutes les prérogatives dues à son rang, dans tous les cercles, fêtes et à table, elle se placera à Nos côtés, et, dans le cas où Nous ne Nous y trouverions pas, elle sera placée à la droite de l'Impératrice. » Donc, c'est le pas sur Julie, qui va être reine, sur Hortense, sur toutes les sœurs et belles-sœurs de l'Empereur, même sur la princesse Auguste, femme du fils adoptif.

Et le lendemain, message au Sénat annonçant à la fois l'adoption de la princesse Stéphanie-Napoléon et son mariage ; ordre aux grands corps de l'État d'envoyer des députations, et, dans la députation du

Sénat, figure, comme sénateur, M. Claude de Beauharnais, le père même de la princesse. Cet ancien émigré, sénateur dès l'an XII (25 000 francs de traitement), va être récompensé d'avoir eu cette aimable fille par le don de la Sénatorerie d'Amiens (25 000 francs de revenu), en attendant 25 882 francs de dotation en 1807, sans parler, en 1810, de la charge de Chevalier d'honneur de Marie-Louise (30 000 francs par an) et de 200 000 francs de don manuel le 22 septembre 1807.

Mais qu'est-ce que cela près de ce que l'Empereur fait pour Stéphanie? Lui-même s'inquiète des robes qu'il lui donne et du trousseau qu'il lui commande, de la robe longue en tulle brodé or et pierres qui coûte 2 400 francs, des douze robes que fournit Lenormand à 1 900, 1 800 et 1 200 francs; il fait prendre chez Leroy pour 45 178 fr. 96 de modes et d'affiquets; chez Roux-Montagnat, pour 2 574 francs de fleurs artificielles. Il donne une dot de quinze cent mille francs; il donne une admirable parure de diamants, des bijoux en quantité et, pour argent de poche, il lui fait remettre mille louis sur sa petite cassette.

Au mariage civil, au mariage religieux surtout, toute la pompe imaginable, toutes les ressources des cortèges impériaux, tout le déroulement des splendeurs souveraines. Napoléon ne pourrait rien faire de plus pour une fille à lui. Et la fête n'est point contenue dans le palais : elle déborde dans la ville, illuminée par le feu d'artifice tiré sur la place de la Concorde. Mais les dernières fusées éteintes, les dernières notes du concert envolées, le cercle congédié, lorsque l'Empereur et l'Impératrice ont reconduit selon l'usage les deux époux, impossible de décider Stéphanie à recevoir son mari dans son appartement. Elle crie, elle pleure, elle exige qu'on laisse coucher dans sa chambre son amie de pension M{}^{lle} Nelly Bourjolly. On part pour Malmaison : même musique. Quelqu'un dit au prince de Bade que cette répugnance de la princesse tient à la façon dont il se coiffe, qu'elle a horreur des coiffures à queue. Il se fait aussitôt couper les cheveux à la Titus, mais, dès qu'il apparaît, Stéphanie éclate de rire et lui déclare qu'elle le trouve encore plus laid. Chaque soir, le prince vient, prie, supplie, n'obtient rien, et finit, de lassitude, par s'endormir sur un fauteuil. Au matin, il va se plaindre à l'Impératrice, et Napoléon en souriant surveille ce manège, qui est la fable du Château. Que l'Empereur y prenne quelque plaisir et qu'il n'en veuille point à Stéphanie, il en donne une bonne preuve, c'est la grande fête qu'il ordonne aux Tuileries en l'honneur du mariage : le premier grand bal, où non seulement toute la Cour, mais toute la Ville est invitée — deux mille cinq cents personnes. — On n'a rien vu de pareil aux deux quadrilles que conduisent la princesse Louise et la princesse Caroline, l'un dans la galerie de Diane l'autre dans la salle des Maréchaux, rien de pareil aux buffets avec les cent grosses pièces, les soixante entrées, les soixante plats de rôts, les deux cents entremets, où l'on boit mille bouteilles de vin de Beaune, cent de Champagne, cent de Bordeaux, cent de vin de dessert. Mais au retour Stéphanie n'en est pas plus tendre.

Il faut que la politique s'en mêle pour que Napoléon se décide à intervenir; les coquetteries de Mlle de Beauharnais l'ont amusé, il en a taquiné sa femme et s'est même laissé aller plus loin qu'il n'eût voulu, en accordant à la jeune fille un rang disproportionné, en entourant son mariage de cet éclat inattendu. Mais il voit que le prince de Bade s'inquiète, et, au moment où la guerre devient imminente avec la Prusse, il convient de ménager tous les princes allemands qui peuvent être des auxiliaires ou tout au moins des renseigneurs. D'ailleurs à quoi le mènerait cette amourette, qui n'est ni de sa dignité, ni de son âge, ni de son tempérament? De même qu'il n'a point eu la pensée de faire épouser ses restes au prince de Bade, et que sûrement il a respecté Stéphanie avant qu'elle fût mariée, il ne saurait s'affubler pour maîtresse de cette princesse héréditaire qui déjà porte beau, superbement enorgueillie qu'elle est par l'adoption. Elle devient gênante à Paris, elle peut être utile à Carlsruhe, ne serait-ce que pour balancer l'influence de la margrave Louis et de toute cette petite cour hostile à la France.

Napoléon prend à peine le temps d'éclaircir cer-

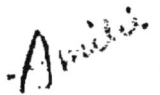

taine histoire de lettres interceptées qui montrent assez quels mauvais procédés attendent sa fille adoptive, et avant même d'avoir obtenu satisfaction il presse le départ. Stéphanie s'en va désespérée, bien qu'elle emmène avec elle trois de ses amies de pension, Mlle de Mackau, Mlle Bourjolly et Mlle Gruau. A peine arrivée dans les États de son beau-père, elle écrit à l'Empereur : « Sire, tous les jours, quand je suis rendue à moi-même, je pense à vous, à l'Impératrice, à tout ce que j'ai de plus cher. Je me transporte en France, je me crois près de vous et je trouve du plaisir encore à m'occuper de mon chagrin. » Napoléon répond avec certaine sévérité, sur le ton du conseil, sans nulle formule paternelle, sans nulle expression d'affection tendre : « Carlsruhe est un beau séjour... Soyez agréable à l'Électeur, il est votre père... Aimez votre mari, qui le mérite par tout l'attachement qu'il vous porte. » Lorsqu'elle lui a répondu de façon à le contenter qu'elle se plaît à Carlsruhe, il s'adoucit, l'appelle *sa fille*, mais revient aux règles de conduite, y insiste encore. Il ne se rend tout à fait aimable que lorsque le Grand-Duc héréditaire lui a demandé à faire avec lui la campagne qui va s'ouvrir et du même coup lui a annoncé la grossesse de Stéphanie. « Je n'apprends que de bonnes nouvelles de vous, écrit-il. Continuez donc à être sage et bonne pour tout le monde. » Et il l'autorise à venir à Mayence rejoindre l'Impératrice et Hortense pendant que son mari suivra l'armée. Désormais dans les lettres qu'il écrit à Joséphine, Napoléon manque rarement de donner un souvenir à Stéphanie ; mais c'est en passant, parce qu'il sait qu'elle est là, sans nulle intention de coquetterie.

En 1807, Stéphanie est invitée ainsi que son mari aux fêtes données à l'occasion du mariage de Jérôme avec Catherine de Wurtemberg et elle s'empresse de venir à Paris. Mais, si elle a conservé quelque prétention sur le cœur de Napoléon, si elle a gardé quelque illusion sur cette adoption qui date à peine d'une année, sur le rang exceptionnel qui lui a été solennellement attribué, quelle déception ! A présent la place qui lui est assignée est la dernière du côté des princesses ; c'est à peine, et comme par grâce, qu'elle figure dans la Famille Impériale. Elle n'est plus qu'une princesse de la Confédération germanique, et, comme telle, s'il se trouvait là des reines allemandes, celles-ci prendraient le pas. C'est par faveur qu'on lui donne un pliant, tandis que les princesses de la Famille ont droit à des chaises. D'abord, elle ne semble pas s'apercevoir de sa déchéance et elle prend plaisir à se faire courtiser par Jérôme, le nouveau roi de Westphalie ; mais sa tante lui fait des observations, la situation lui apparaît telle qu'elle est ; elle se rend compte qu'elle ne peut affermir sa position qu'en s'attachant son mari, et elle le rend si amoureux qu'il en devient insupportable de jalousie.

Au moins, contre tous ses parents coalisés, la défendra-t-il en 1814, lorsque, l'Empereur tombé, on voudra exiger qu'il la répudie, qu'il fasse sortir de la maison de Zæhringen cet importun témoin des serments abolis, dont la seule présence rappelle des bienfaits dont il plaît d'oublier l'auteur? Mais est-ce pour cela que, à trente-deux ans, cet homme, de la santé la plus vigoureuse, tombe brusquement malade, traîne une année, finit par mourir en d'étranges souffrances en 1818?

Et Stéphanie n'a pu, dans tous ses enfants, conserver un fils! Quand elle perd le second ou qu'elle le croit mort, elle jette vers l'Empereur ce cri désespéré : « J'étais trop heureuse de pouvoir dire à Votre Majesté que j'avais un fils, lui demander de l'aimer, de le protéger; un fils me faisait oublier bien des chagrins et était bien nécessaire à ma position dont les devoirs sont quelquefois difficiles... J'ai dû renoncer à toutes mes espérances!... » C'est chez elle un deuil profond, devant cette fatalité qui s'acharne à ses fils, qui ne lui laisse que des filles, qui enlève à sa race, frappée à cause d'elle d'une stérilité politique, l'hérédité du trône.

Or, dix ans après la mort du Grand-Duc, le 26 mai 1828, entre quatre et cinq heures du soir, sur le marché au suif de Nuremberg, un bourgeois rencontre un jeune homme de seize à dix-sept ans qui récite une ou deux phrases de bas-allemand, dont les pieds n'ont jamais marché, dont les yeux n'ont jamais vu la lumière du soleil, dont l'estomac ne peut supporter aucune nourriture animale, un être dont les organes n'ont pu être ainsi atrophiés que si, depuis sa prime enfance, il a été séquestré dans l'obscurité. Stéphanie, la première, calcule, raisonne, rapproche les dates : elle arrive à être convaincue que le mystérieux inconnu de Nuremberg, celui auquel on a donné le nom de Gaspar Hauser, est son fils — son fils auquel on a substitué un enfant mort, et qui, victime de la haine de la margrave Louis et de l'ambition de la comtesse de Hochberg, a, seize années durant, expié dans la nuit, le crime d'avoir pour mère une Napoléonide. Mais que peut Stéphanie?

Ses ennemies ont triomphé : l'une règne; l'autre, promue, elle et ses descendants, à d'inattendus honneurs, voit sa race bâtarde, à peine morganatique, destinée au trône grand-ducal. Stéphanie ne peut que craindre pour Gaspar Hauser, que le pleurer lorsque, après trois guet-apens manqués, il est enfin assassiné. Est-ce là une de ces illusions dont le cœur d'une mère se plaît à se bercer, ou une de ces intuitions révélatrices qui mieux que tous les ressorts de police et de justice font brusquement la lumière sur quelque grand crime. Quoi qu'il en soit, jusqu'à sa dernière heure (elle mourut le 29 janvier 1860), aux quelques Français qu'elle recevait familièrement dans le palais délabré de Manheim, elle attesta que son fils n'était pas mort en 1812, mais qu'il lui avait été enlevé; elle désigna les auteurs et les complices du crime, elle raconta ses suppositions et ses rêves. Quelques écrivains allemands ont voulu démontrer que cette mère se trompait : tant mieux pour la famille régnante de Bade!

XIII

ELÉONORE

Joséphine peut être à peu près tranquille sur son avenir tant que Napoléon n'aura point acquis la conviction absolue qu'il peut avoir des enfants, et pour que cette certitude s'établisse en son esprit, il faut un concours de circonstances singulièrement improbable. Mais voici que ce concours s'établit, et la révélation vient d'où on devait, à coup sûr, le moins l'attendre, d'une passade qui semblait sans lendemain et à laquelle l'Empereur ne dut pas, au moment même, attacher la moindre importance.

Mme Campan, l'ancienne femme de chambre de la Reine, avait, comme on sait, fondé à Saint-Germain-en-Laye, vers la fin de la Révolution, une pension de demoiselles que Joséphine, presque dès le commencement, avait protégée et où elle avait placé successivement sa fille Hortense, ses nièces et ses cousines Émilie et Stéphanie de Beauharnais, Stéphanie Tascher, Félicité de Faudoas, puis sa belle-sœur Caroline Bonaparte, et même la fille de Lucien, Charlotte. Autour de ces jeunes filles, étaient venues se grouper la plupart de celles dont les pères avaient ou cherchaient quelque attache avec le Consul : Mlles Barbé-Marmois, Leclerc, Victor, Clarke, Macdonald... A la suite des mariages que, grâce à leur intimité avec Hortense, avaient rencontrés les nièces de Mme Campan, Mlles Auguié, quantité d'intrigants, même pauvres, s'étaient hâtés de solliciter l'admission de leurs filles.

Mme Campan passait pour une influence, avait placé quantité de gens, obtenu des radiations d'émigrés, des restitutions de biens confisqués. Bref, c'était la mode d'entrer chez elle, et, à côté de noms glorieux, mais très nouveaux, on voyait, sur les listes, des Noailles, des Talon, des Lally-Tollendal, des Rochemond, puis des noms de finance, puis des noms de rien du tout.

Il y avait une jeune fille en particulier dont la maîtresse de pension eût été assez embarrassée de dire d'où elle venait, si elle avait porté aux origines de ses pensionnaires la même attention qu'au début et si, la vogue de son institution ayant baissé après le Consulat, elle n'avait point, pour remplir les vides, été obligée de prendre à peu près tout ce qui se présentait. C'était Mlle Louise-Catherine-Éléonore Dénuelle de La Plaigne. Le père, qui se disait rentier, faisait des affaires qui n'étaient point toujours heureuses ; la mère, fort jolie encore, était passablement galante, et le ménage, qui habitait, boulevard des Italiens, un somptueux appartement où il recevait grande compagnie et fort mêlée, vivait, au jour le jour, des bénéfices de monsieur ou de ceux de madame, en attendant que la fille, laquelle avait eu ses dix-sept ans en 1804 (elle était née le 13 septembre 1787) trouvât à faire un riche mariage ou, tout le moins, à se produire dans le monde.

Le temps passe, madame vieillit, monsieur s'endette, les adorateurs s'éloignent, les quartiers de pension sont durs à payer, et, depuis le départ des Beauharnais, le temps est passé chez Mme Campan des épousailles à la Ney ou à la Savary.

Mme Dénuelle se détermine, à défaut des salons où elle n'a pas accès, à montrer sa fille dans les théâtres, et, un beau soir, à la Gaîté, un officier de bonne mine se présente dans la loge dont elle occupe le devant avec sa fille, et y prend une place vacante. Les deux dames n'ont point l'air sévère ; l'officier est galant, et la connaissance est rapidement menée. Il parle amour, on lui répond mariage. Va pour le mariage, s'il faut y passer.

On l'invite à venir boulevard des Italiens, il n'y manque pas et poursuit sa conquête. Le père, à la vérité, cherche à lui emprunter de l'argent, et cela le met en méfiance sur le train qu'on mène, mais une conversation qu'il a avec Mme Campan lève ses scrupules — s'il en a; il déclare seulement qu'il veut se marier à Saint-Germain, et c'est là en effet que le mariage a lieu le 25 nivôse an XIII (15 janvier 1805).

Cet officier, Jean-Honoré-François Revel, qui se qualifiait capitaine au 15ᵉ régiment de dragons, attaché à l'inspection du général d'Avrange d'Haugéranville, était un fripon. Ancien quartier-maître de son régiment, il venait de donner sa démission et se disait sur le point d'entreprendre la fourniture générale des vivres de l'armée. En attendant, il vivait à crédit dans une auberge, comptant beaucoup plus, semble-t-il, pour se tirer d'embarras, sur la beauté de sa femme que sur ses propres ressources. Deux mois après la noce, il est arrêté pour une fausse traite qu'il a fournie en paiement à son régiment et il est mis en prison préventive, pour crime de faux en écriture privée.

Eléonore se souvient alors qu'elle a été en pension avec Caroline Murat — S. A. I. la Princesse Caroline,— et, vivement recommandée par Mᵐᵉ Campan, va solliciter sa protection. Caroline la place à Chantilly dans une sorte de pension où l'on reçoit les jeunes femmes en semblable disgrâce; puis, sur ses instances, elle la fait revenir près d'elle, malgré Mᵐᵉ Campan, qui voudrait qu'on l'éloignât du monde et que, dans quelque temps, on la remariât en province.

Eléonore est très belle : grande, svelte, bien faite, brune avec de beaux yeux noirs, vive et fort coquette. Elle n'a point été élevée à avoir des scrupules, et elle n'en a guère pu acquérir durant les deux mois qu'elle a passés avec Revel. D'abord dame d'annonce, puis promue à la dignité de lectrice, elle se trouve, comme par hasard, sur le passage de l'Empereur lorsque, à son retour d'Austerlitz (fin janvier 1806), il vient voir sa sœur; elle s'arrange pour être remarquée, et dès que des propositions lui sont adressées, elle les accepte d'enthousiasme. Elle se laisse conduire aux Tuileries, où elle prend l'habitude de venir de temps en temps passer deux ou trois heures.

Dès le 13 février, elle forme une instance en divorce pour cause d'injures graves, et elle obtient gain de cause presque de droit, Revel ayant été condamné à deux ans de prison par la Cour criminelle de Seine-et-Oise. Le divorce est prononcé le 29 avril 1806. Il est temps, car Eléonore est enceinte depuis le mois de mars; elle accouche le samedi 13 décembre 1806, rue de la Victoire, n° 29, d'un enfant du sexe masculin qui est déclaré sous le nom de Léon, fils de demoiselle Eléonore Denuelle, rentière, âgée de vingt ans, et de père absent.

Point de doute sur la paternité : Eléonore, qui, dans son acte de divorce, était qualifiée « attachée à S. A. I. Madame la princesse Caroline », habitait, depuis son retour de Chantilly, rue de Provence, hôtel du Gouvernement (c'est l'hôtel Thélusson, que Murat avait acheté le 22 nivôse an X). Elle n'en était sortie que pour ses visites aux Tuileries, dont Caroline savait le secret. D'ailleurs, pour lever toute contestation, il n'y avait qu'à regarder l'enfant, dont la ressemblance avec Napoléon sautait aux yeux.

L'Empereur reçut la nouvelle de l'accouchement à Pulstuck, le 31 décembre. Désormais, le charme était rompu, et l'Empereur pouvait être certain d'avoir un héritier de son sang. Plus que tout autre fait, peut-être, cette naissance clandestine d'un enfant sans nom a influé sur la suite de sa vie et a déterminé les grandes résolutions qu'il a prises dès Tilsitt, et qu'il n'a remplies que deux années plus tard.

Léon fut d'abord confié à Mme Loir, nourrice d'Achille Murat; puis, en 1812, on lui constitua un conseil de famille, lequel lui donna pour tuteur M. Mathieu de Mauvières, maire de la commune de Saint-Forget et baron de l'Empire, mais, surtout, beau-père de Méneval, le secrétaire intime de l'Empereur. Non content de lui avoir attribué une fortune indépendante, Napoléon, en janvier 1814, au moment de son départ pour l'armée, chargea le duc de Bassano d'y ajouter 12 000 livres de rente; il y joignit, le 21 juin 1815, 100 000 francs en dix actions des Canaux; par un legs de conscience joint à son testament, il lui donna encore 320 000 francs destinés à lui acheter une terre, et, s'occupant de lui jusqu'à son dernier jour, il lui consacra le paragraphe 37 de ses *Instructions à ses exécuteurs testa-*

mentaires : « Je ne serais pas fâché que le petit Léon entrât dans la magistrature, si cela était dans son goût. »

Mais qu'étaient ces avantages près de ceux que, un moment, il avait eu la velléité de lui faire! Pour échapper au divorce, pour éviter de rompre avec Joséphine, à laquelle il était sincèrement attaché et dont il aimait jusqu'aux défauts, pour satisfaire en même temps, d'une façon qui lui parût rationnelle, à la loi d'hérédité, il n'est pas douteux qu'il conçut la pensée d'adopter son enfant naturel, qu'il en parla à Joséphine, et qu'il tâta le terrain avec divers de ses confidents. Il cherche des exemples, invoque des précédents, invente des justifications; s'il recule, c'est que, en vérité, c'est bien gros de faire passer cela, qu'on n'en est plus à Louis XIV appelant le duc du Maine et le comte de Toulouse à l'hérédité du trône. Mais, en attendant qu'il ait pris sa décision, il s'est habitué, presque attaché à cet enfant. Il se l'est fait souvent amener, soit à l'Élysée, chez sa sœur Caroline, soit même aux Tuileries, pendant sa toilette et son déjeuner. Il s'est plu alors à lui donner des friandises, à jouer avec lui, à s'amuser de ses reparties.

Les événements s'accomplissent, et, nécessairement, Napoléon ne peut plus donner à Léon les mêmes soins; mais, en 1815, c'est à Madame mère et au cardinal Fesch qu'il le recommande.

Déjà, Madame s'était occupée de lui, et elle paraissait disposée à faire bien plus; mais Léon n'était point en vérité de ceux dont le caractère peut séduire.

En 1832, — il a vingt-cinq ans — il apparaît déjà ruiné au jeu, s'adressant au cardinal Fesch, lui promettant de ne plus perdre 45 000 francs en une nuit. — Serment de joueur! — Un an plus tard, on le trouve à la fois brassant des affaires, se mêlant d'illuminisme et de politique, provoquant en duel un peu tout le monde (1833 et 1834), car il est brave et quelque peu spadassin. En 1834, il est élu chef du bataillon communal de la garde nationale de Saint-Denis, en se réclamant « du grand homme dont il a reçu la naissance ». A la suite d'un refus de service, il est suspendu, puis révoqué, et publie des brochures apologétiques où il est difficile de se retrouver. Il se mêle, en 1840, au cortège officiel du retour des Cendres, et, complètement ruiné, intente alors contre sa mère une série de procès.

Éléonore a en effet conservé sa fortune. L'Empereur ne l'avait jamais revue, il avait refusé de la recevoir lorsque, en 1807, elle s'était présentée à Fontainebleau, mais il s'était acquitté en lui donnant un hôtel, rue de la Victoire, 29, et, le 4 février 1808, une dot de 22 000 livres de rente inaliénable et incessible. Elle épousa ce jour-là M. Pierre-Philippe Augier, lieutenant d'infanterie, fils d'un M. Augier de La Sausaye qui, après avoir été député du Tiers à la Constituante et sous-préfet de Rochefort, était, depuis l'an XII, député de la Charente au Corps législatif. Le lieutenant Augier emmena sa femme en Espagne et mourut en captivité à la suite de la campagne de Russie. Eléonore, veuve facilement consolée, se remaria à Seckenheim, le 25 mai 1814, à M. Charles-Auguste-Émile, comte de Luxbourg, major au service du roi de Bavière. Revenue à Paris avec ce nouvel époux, elle se trouva en butte aux menaces de chantage de Revel, son premier mari, lequel profitait de la chute du *tyran* pour se poser en victime et pour essayer de tirer parti de la situation. Mme de Luxbourg résista, et Revel, pour se venger et gagner quelques sous, publia d'innombrables pamphlets aux titres merveilleusement combinés pour faire scandale; mais il perdit, devant toutes les juridictions, les procès qu'il intenta à son ex-femme.

Léon fut un peu plus heureux dans ses procès contre sa mère : s'il fut battu à propos d'une demande en reddition de comptes et d'une plainte en escroquerie, il se fit reconnaître comme fils naturel et obtint, le 2 juillet 1846, à défaut d'une pension alimentaire, une provision de 4 000 francs. Il semble avoir retrouvé quelque argent en 1848, car il songe à se présenter comme candidat à la présidence de la République en concurrence avec le prince Louis-Napoléon, avec lequel, huit ans avant, en mars 1840, il a voulu se battre en duel. C'est là une histoire tellement singulière que, seul, un certain désordre mental peut expliquer la conduite de Léon. En

1849, il se porte aux élections législatives et publie un manifeste : *Le citoyen Léon, ex-comte Léon, fils de l'empereur Napoléon, directeur de la Société pacifique, au Peuple Français.*

L'Empire arrive : Léon obtient de Napoléon III, qu'il a voulu tuer, une pension de 6 000 francs et le paiement du legs de conscience de Napoléon Ier, soit un capital de 225 319 francs; ce n'est pas là pourtant de quoi le contenter : en 1853 il réclame 572 670 francs, en vertu d'on ne sait quels décrets d'avril, mai et juin 1815; en 1857, il actionne le ministre des Travaux publics en restitution de 500 000 francs qu'il dit lui être dus pour études du tracé du chemin de fer du Nord.

Pas une année sans des monceaux de propositions, réclamations et pétitions. Quatre, cinq, six fois, la liste civile paie ses dettes. Son cerveau est dans une ébullition perpétuelle pour des chemins de fer, des percements de boulevards, des procès, des affaires. Sa brochure : *La paix, solution de la question italienne*, publiée en 1859, est décisive : il y proclame que Coessin est le prophète de ce temps. « Il a seul résolu toutes les difficultés de l'époque actuelle et de l'avenir. » Coessin — on l'ignore peut-être — est l'auteur des *Neuf livres* (1809), le fondateur de la *Maison grise* (1810), de la *Nouvelle Maison grise* et des *Familles spirituelles*. Il est très vraisemblable que la *Société pacifique* dont Léon s'intitulait le directeur en 1849 était une émanation des *Familles spirituelles*, que, en 1859, il était probablement le dernier à se rappeler.

Léon est mort à Pontoise le 15 avril 1881, certainement irresponsable.

On a imaginé bien des romans sur cette hypothèse d'un fils naturel de Napoléon. Quel roman vaudrait cette histoire dont on ne sait encore que des bribes récoltées çà et là dans des mémoires judiciaires, des registres de l'état civil, des circulaires et des affiches électorales, et qui, s'il était permis de la suivre et de la raconter dans son entier, donnerait encore bien d'autres surprises ?

XIV

HORTENSE

Le début de l'année 1807 est décisif dans la vie de Napoléon. En janvier, il apprend la naissance de Léon; en mai, il apprend la mort de Napoléon-Charles. La naissance de Léon, c'est pour lui la certitude qu'il peut avoir une postérité directe ; la mort de Napoléon-Charles, le fils aîné de Louis et d'Hortense, c'est la disparition de tout un rêve d'hérédité auquel il a habitué sa pensée et que des circonstances indépendantes de sa volonté l'ont seules empêché de réaliser jusqu'ici par un acte d'adoption solennelle. Cet enfant est l'enfant de son cœur; c'est le fils de cette jeune fille qu'il a élevée, dont il s'est institué le père et le gardien, qui, presque dès le début, a pris sur ses sentiments tant d'empire qu'il a accordé à ses larmes le pardon qu'il refusait à son amour pour Joséphine. Et c'est en même temps le fils de ce frère bien-aimé, de ce petit frère qu'il tient presque pour son fils d'élection, qu'il a nourri, logé, instruit sur sa solde de lieutenant, qu'il a fait son aide de camp, qu'il a rendu témoin des premières grandes choses qu'il ait faites, qu'il a grandi à sa suite jusqu'à un trône. En cet enfant il retrouve le type très caractérisé des Bonaparte, nullement défiguré par la lippe et le nez de Louis, nullement émasculé par la grâce longue et créole d'Hortense, adouci seulement et poétisé par une auréole de cheveux blonds. A cet enfant, le premier garçon qui soit sorti de sa race, Napoléon a donné le nom de son père. Il l'a nommé Napoléon-Charles, il s'est accoutumé si bien à l'aimer, il a témoigné si vivement son affection, que l'on en est venu à insinuer puis à dire qu'il en est le père, que sa belle-fille Hortense, avant qu'il l'eût mariée à son frère, a été sa maîtresse. Cela est-il vrai ?

Le contrat de mariage d'Hortense a été passé le 13 nivôse an X (3 janvier 1802); son mariage a été célébré le 14 (4 janvier), son fils est né le 18 vendémiaire an XI (10 octobre 1802). Elle n'était donc point enceinte au moment de son mariage et *le cas* n'était pas *urgent*, comme l'a écrit Lucien Bonaparte, puisqu'il s'est écoulé deux cent quatre-vingts jours entre le mariage et l'accouchement. La grossesse régulière dure, comme on sait, deux cent soixante-dix jours : la conception serait donc du 24 nivôse (14 janvier). Or, le 18 nivôse (8 janvier) à minuit, le Premier Consul est parti pour Lyon, et il n'est revenu à Paris que le 12 pluviôse (1ᵉʳ février). Ce sont là des preuves matérielles, il en est d'autres.

Louis, le mari le plus jaloux et le plus soupçonneux qui se soit jamais rencontré, qui dès le début de son mariage avait tyrannisé sa femme au point de lui interdire de jamais passer une nuit à Saint-Cloud, qui ne la quittait point, qui la faisait constamment espionner, n'avait point manqué de faire ses calculs. Malade d'une maladie de jeunesse greffée sur un tempérament arthritique au dernier point, il avait essayé d'abord, pour s'en défaire, de bains de tripes qui infectaient la vieille Orangerie, au bout de la terrasse des Feuillants. A présent, pour attirer l'humeur au dehors, il couchait dans la chemise et les draps d'un galeux de l'hôpital et il obligeait sa femme à passer les nuits, sur un petit lit, dans la même alcôve où il dormait. Toute femme de chambre qui paraissait s'attacher à Hortense était impitoyablement renvoyée ; sa belle-mère, en toute occasion, était de sa part l'objet des accusations les plus graves, et pourtant jamais Louis n'a eu le moindre doute sur sa paternité. Il a tenu à affirmer, dans les *Documents historiques sur la Hollande*, qu'il était bien le père de ses trois enfants, que sa femme et lui, dit-il, « ont aimés avec une égale tendresse ». Il a répété cette affirmation en prose et en vers, car on sait qu'il se croyait poète. Lorsque Napoléon a proposé d'adopter pour son héritier Napoléon-Charles, Louis a pu faire allusion aux bruits qui couraient;

mais ce n'était point qu'il y attachât la moindre foi, c'était qu'il en tirait prétexte pour ne point accéder aux projets de son frère. S'il traitait d'un tel sujet avec Napoléon, même par allusion, n'était-ce point la meilleure preuve qu'il n'éprouvait aucune incertitude, que sa conviction était entière? Napoléon-Charles vivant, Louis l'a aimé; il l'a aimé en subordonnant sans doute ses preuves d'affection aux caprices d'un esprit mélancolique et bizarre, mais il l'a aimé autant qu'il était capable d'aimer, et, l'enfant mort, il l'a pleuré. Alors seulement, et pour bien peu de temps, il s'est réconcilié avec sa femme, avec laquelle il vivait assez mal pour que l'Empereur crût nécessaire de lui adresser des remontrances; il a écrit des lettres affectueuses et tendres à sa belle-mère, qu'il détestait d'ordinaire; il a accompagné à Cauterets sa femme malade, et c'est à Cauterets, dans des circonstances dont on sait tous les détails, que Hortense est devenue enceinte de son troisième fils, Charles-Louis-Napoléon, celui qui fut l'empereur Napoléon III.

Ainsi Louis n'a point cru un instant que Hortense ait été la maîtresse de Napoléon, et non seulement il en a rendu témoignage, mais toute sa conduite depuis 1800 jusqu'en 1809 est une affirmation continue de sa conviction. Pour Hortense, jusqu'en 1809, elle ignorait entièrement que ces bruits eussent couru.

Le mariage de sa mère avec le général Bonaparte avait heurté au vif sa nature. Avant même qu'il fût conclu, elle vivait à Saint-Germain-en-Laye près de son grand-père le marquis de Beauharnais et de sa tante Mme Renaudin, très récemment épousée par le marquis. A Saint-Germain même, elle fut ensuite mise en pension chez Mme Campan. Elle n'en sortit pour venir habiter aux Tuileries que vers l'époque du départ du Consul pour Marengo. Ce ne fut donc que lorsque Bonaparte revint d'Italie qu'elle fut appelée à le voir familièrement et d'une façon continuelle. Napoléon prit alors pour elle de l'affection, de la tendresse, un sentiment paternel très doux, mais elle eut de la peine à s'accoutumer à lui. C'était une sorte de crainte respectueuse qu'elle éprouvait, elle ne lui parlait qu'en tremblant; elle n'osait rien lui demander; si elle avait quelque faveur à solliciter, elle employait des intermédiaires. « La petite sotte, disait Bonaparte, pourquoi ne me parle-t-elle pas? Cette enfant a donc peur de moi? » Il n'intervint point lorsque Joséphine arrangea le mariage de sa fille avec Louis Bonaparte, parce qu'il espérait que ce mariage amènerait quelque union entre sa propre famille et celle de sa femme, qu'il y voyait des avantages politiques, surtout par un sentiment de délicatesse vis-à-vis de Joséphine et des enfants qu'elle avait eus de son premier lit. Mais toutes les fois qu'il se crut en mesure, par la suite, d'adoucir Louis, de le calmer, de le morigéner, de lui donner des avis sur la conduite à tenir vis-à-vis d'Hortense, il ne manqua point de le faire, avec un tact, une délicatesse, une patience admirables. Il avait sa belle-fille en grande pitié, professait pour elle une véritable vénération, mesurait devant elle ses propos. « Hortense, répétait-il, me force à croire à la vertu. »

Il n'ignore point que des bruits courent sur son intimité; que, aussitôt après le mariage de Louis avec Hortense, certains, qui peut-être le touchent de près, se plaisent à répandre qu'il l'a mariée enceinte de ses œuvres, qu'Hortense est accouchée avant que les neuf mois ne soient écoulés. Et la calomnie, ayant passé le détroit, revient à présent grossie et amplifiée par les journaux anglais. Le Consul, pour y couper court, invente alors un scenario qui fait moins d'honneur encore à son imagination qu'à sa délicatesse : il ordonne un bal à Malmaison. Hortense y assiste, bien qu'elle soit à son septième mois. Bonaparte vient à elle, la prie de danser. Elle refuse : elle est fatiguée; elle sait de plus combien il déplaît en général à son beau-père de voir danser des femmes enceintes, surtout vêtues comme on l'est, de robes si collantes que les formes s'accusent sans nulle tricherie. Il insiste, ne demande qu'une contredanse : nouveau refus. Enfin, il lui fait « tant de cajoleries » qu'elle cède. Le lendemain, dans un journal, vers galants sur cette contredanse. Hortense, furieuse, se plaint. Point de réponse. C'est que le bal n'a été donné que pour fournir occasion de publier ces vers, qui prouveront que Mme Louis Bonaparte est dûment enceinte, et c'est pour cela encore que le *Moniteur*, lequel jusque-là n'a jamais parlé de la famille du Consul, insérera dans son numéro du 21 vendémiaire cette note : « Madame Louis Bonaparte est accouchée d'un garçon le 18 vendémiaire, à 9 heures du soir. »

Napoléon a donc tout fait pour couper court à la calomnie ; mais elle résiste, elle s'accrédite, et, si choquante qu'elle soit, comme ni lui, ni Louis, ni Hortense, n'en peuvent être atteints, il s'habitue à l'envisager sous le rapport politique et voit le parti qu'il en peut tirer. Il aime cet enfant dont on veut qu'il soit le père ; il l'aime comme son enfant à lui ; il a pour lui des faiblesses toutes paternelles ; il a avec lui des enfantillages délicieux et tendres. Il est ravi quand l'enfant, voyant passer des grenadiers dans le jardin, leur crie : « Vive Nonon le soldat ! » Il le fait apporter pendant qu'il dîne, le fait mettre sur la table servie, et s'amuse à le voir toucher à tous les plats et renverser tout ce qui est à sa portée. Il l'emmène donner du tabac aux gazelles, le place à califourchon sur l'une d'elles, rit de s'entendre appeler l'oncle Bibiche. On le lui amène à sa toilette, et, après l'avoir embrassé, lui avoir tiré les oreilles, lui avoir fait des grimaces, il se met à quatre pattes sur le tapis, pour mieux jouer avec lui. Eh bien ! cet enfant, s'il l'adopte pour son héritier, on sera convaincu qu'il en est le père : — que lui importe ? —

Mais, en lui, on verra son sang, sa race, son génie. L'hérédité ne sera plus alors une hérédité factice, en contradiction avec toutes les constitutions de tous les peuples : elle sera une hérédité qui pour le peuple sera fondée sur la descendance, la seule base que la raison populaire admette à l'hérédité. Cela est contraire aux bonnes mœurs, soit; mais Napoléon n'a pas de préjugés : il tient que sa destinée d'exception l'a mis à ce point au-dessus du commun de l'humanité que les formules ordinaires de morale ne lui sont point appliquées par la nation, et que l'immense intérêt qu'elle trouve à assurer à jamais la stabilité gouvernementale la fera très simplement passer sur l'inconvenance qu'elle soupçonnera. D'ailleurs, ce ne sera qu'un soupçon, une opinion généralement répandue, sans nulle certitude; et, quant à lui, Napoléon, il sait à quoi s'en tenir.

Est-ce ici prêter indiscrètement à l'Empereur, sur de simples suppositions, des opinions et des idées? Non pas. Deux ans après, dans une conversation qu'il a eue avec Hortense et que celle-ci a rapportée dans ses mémoires inédits, il lui parle longuement des conséquences de la mort de son fils, que, dit-il, on croyait aussi le mien. « Vous savez, ajouta-t-il, tout ce qu'il y a d'absurde dans une telle supposition : eh bien! vous n'eussiez pas ôté la pensée à toute l'Europe que cet enfant était de moi. » Il s'arrête un moment, au mouvement de surprise que témoigne Hortense, et continue : « L'opinion n'en était pas plus mauvaise sur votre compte : vous êtes généralement estimée, mais on l'a cru. » Il fait une pause et reprend : « Il était peut-être heureux qu'on le crût : aussi ai-je regardé sa mort comme un grand malheur. » J'étais si saisie, écrit Hortense, que, debout auprès de la cheminée, je ne pouvais articuler un seul mot. Je n'entendais plus ce qu'il disait. Cette réflexion : « *Il était peut-être heureux qu'on le crût* », semblait m'ôter un voile de dessus les yeux ; elle jetait le trouble dans toutes mes idées, mais surtout frappait droit à mon cœur, plus cruellement froissé que tout le reste. Comment! quand il me traitait comme sa fille, quand il m'était si doux et si simple de retrouver en lui le père que j'avais perdu, tant de soins, tant de préférences données étaient de la politique et non de l'affection! »

Hortense s'égare. Il y avait de l'affection s'il y avait de la politique; mais l'indignation qu'elle éprouve, parfaitement légitime, étant données les sensations féminines, ne lui permet pas d'apprécier sainement la situation, que Napoléon envisage, lui, avec des idées purement masculines. S'il a comblé Hortense d'attentions, ce n'a point été pour accréditer le bruit que Napoléon-Charles était son fils, puisqu'il a, tout au contraire, fait effort pour le démentir. Mais, le bruit ayant persisté, la conviction étant établie dans les esprits, il a pensé à en profiter dans l'intérêt de son pouvoir et de la consolidation de sa dynastie. C'est une inspiration du champ de bataille qu'il a eue là, car l'une des facultés les plus surprenantes de son esprit, c'est justement d'envisager avec une extrême netteté la situation où il se trouve, de la prendre telle qu'elle est, et d'opérer aussitôt le mouvement qu'elle lui inspire.

Et c'est pour cela que, bien que tout en tenant, comme il le dit lui-même, à Hortense, la mort de Napoléon-Charles pour un grand malheur, en face de l'irréparable il n'a point de révolte. On lui prête cette phrase : « Je n'ai pas le temps de m'amuser à sentir et à regretter comme les autres hommes. » Il peut l'avoir dite : la mort du pauvre petit Napoléon lui a été très sensible, il l'écrit à tous ses correspondants, vingt fois à Joséphine, cinq ou six fois à Hortense, à Joseph, à Jérôme, à Fouché, à Monge; mais « c'était son destin»; et, du jour où le destin est accompli, si Napoléon s'éternisait aux larmes inutiles, il ne serait plus dans la vérité de sa nature, dans la formule philosophique qu'a imposée à son esprit le continuel spectacle de ce terrible jeu de la guerre où la mort est la compagne de toutes les heures, où les vivants seuls comptent à l'effectif et entrent dans les combinaisons.

Celle-ci a échoué : Napoléon-Charles formait un des liens extérieurs qui l'attachaient à Joséphine : ce lien est rompu. Il ne reste plus entre Napoléon et Joséphine que les liens intimes d'affection et de tendresse qu'ont pu tresser dix années de vie communo, traversée de longues absences de fréquentes querelles et de singuliers malentendus. Ces liens pourront-ils résister à une épreuve analogue à celle que leur fit subir en 1805 la liaison avec Mme ***?

XV

MADAME WALEWSKA

Le 1ᵉʳ janvier 1807, l'Empereur, venant de Pulstuck et se rendant à Varsovie, s'arrête un instant pour changer de chevaux à la porte de la petite ville de Bronie. Une foule y attend le libérateur de la Pologne, une foule enthousiaste et hurlante qui, dès que la voiture impériale est en vue, se précipite. La voiture s'arrête; un officier général, Duroc, en descend et se fait place jusqu'à la maison de poste. Au moment où il y pénètre, il entend des cris désespérés, il voit des mains levées qui le supplient, et une voix lui dit en français : « Ah! monsieur, tirez-nous d'ici et faites que je puisse l'entrevoir un seul instant! »

Il s'arrête : ce sont deux femmes du monde perdues dans cette multitude de paysans et d'ouvriers. L'une, celle qui vient de lui adresser la parole, semble une enfant : elle est toute blonde, avec des grands yeux bleus très naïfs et très tendres, qui brillent en ce moment comme d'un délire sacré. Sa peau très fine, rose d'une fraîcheur de rose thé, est tout empourprée par la timidité. Assez petite de taille, mais merveilleusement prise, si souple et si ondulante qu'elle est la grâce même, elle est vêtue très simplement, coiffée d'un chapeau sombre à grand voile noir.

Duroc a vu tout d'un coup d'œil; il dégage les deux femmes, et, offrant la main à la blonde, il la conduit à la portière de la voiture. « Sire, dit-il à Napoléon, voyez celle qui a bravé tous les dangers de la foule pour vous. »

L'Empereur ôte son chapeau, et, se penchant vers la dame, commence à lui parler; mais elle, comme inspirée, éperdue et affolée par les sentiments qui l'agitent, dans une sorte de transport, dit-elle elle-même, ne lui laisse point achever sa phrase. « Soyez le bienvenu, mille fois le bienvenu sur notre terre! s'écrie-t-elle. Rien de ce que nous ferons ne rendra d'une façon assez énergique les sentiments que nous portons à votre personne, ni le plaisir que nous avons à vous voir fouler le sol de cette patrie qui vous attend pour se relever! »

Pendant qu'elle jette ces mots d'une voix haletante, Napoléon la regarde attentivement. Il prend un bouquet qu'il a dans la voiture et le lui présente: « Gardez-le, lui dit-il, comme garant de mes bonnes intentions. Nous nous reverrons à Varsovie, je l'espère, et je réclamerai un merci de votre belle bouche. »

Duroc a repris sa place auprès de l'Empereur; la voiture s'éloigne rapidement, et, quelque temps encore, par la portière, on voit s'agiter en manière de salut le chapeau de Napoléon.

Cette jeune femme se nommait Marie Walewska. Elle était née Laczinska; d'une famille ancienne, mais très pauvre, de plus singulièrement nombreuse : six enfants. M. Laczinski étant mort lorsque sa fille Marie était encore en bas âge, sa veuve, tout occupée à faire valoir le très petit domaine qui constituait leur fortune, avait mis ses filles en pension. Elles avaient appris un peu de français et d'allemand, un peu de musique et de danse. A quinze ans et demi, Marie était revenue à la maison maternelle, médiocrement savante, mais parfaitement chaste, et n'ayant en son cœur que deux passions : la religion et la patrie. L'amour qu'elle avait pour son Dieu n'était balancé en elle que par l'amour qu'elle professait pour son pays. C'étaient là les mobiles uniques de sa vie, et, pour la sortir de son caractère, d'une douceur ordinairement sans réplique, il suffisait de lui dire qu'elle épouserait un Russe ou un Prussien, un ennemi de sa nation, schismatique ou protestant.

A peine est-elle rentrée chez sa mère que, à la suite de circonstances singulières, deux grands partis se présentent en même temps pour elle, et Mme Laczinska lui signifie qu'elle doit choisir l'un ou l'autre de ces prétendants inespérés : l'un est un jeune homme charmant, qui a tout pour plaire et qui lui agrée au premier coup d'œil. Il est prodigieusement riche, fort bien né, merveilleusement beau, mais il est Russe; il est le fils d'un des généraux qui ont le plus durement opprimé la Pologne. Jamais elle ne consentira à devenir sa femme.

Alors, il faut bien accepter l'autre, le vieux Anastase Colonna de Walewice-Walewski. Il a soixante-dix ans, il est veuf pour la seconde fois, et l'aîné de ses petits-enfants a neuf ans de plus que Marie. N'importe! il est très riche; dans ce pays qu'habitent les Laczinski, il est *le* seigneur, celui qui tient toutes les terres, qui a *le* château, qui donne la loi, qui seul reçoit les voisins pauvres et leur offre à dîner. Il a été chambellan du feu roi; il porte sur son habit, aux grands jours, le cordon bleu de l'ordre de l'Aigle blanc. Il est le chef d'une des plus illustres maisons de Pologne, une maison qui authentiquement se rattache aux Colonna de Rome, porte les mêmes armes, et qui, par suite, passe en ancienneté toutes les familles du Royaume et de la République. Comment Mme Laczinska ne s'éprendrait-elle pas d'un tel gendre? Marie n'essaie même point de résister en face, car, à la première objection qu'elle a faite, il a été répondu d'une manière frappante, mais elle tombe malade d'une fièvre inflammatoire qui la tient quatre mois entiers entre la vie et la mort. A peine convalescente, on la mène à l'autel.

Trois années se passent, où la jeune femme, souffreteuse, vit dans ce château solitaire de Walewice, puisant uniquement ses consolations dans une piété qui s'exalte chaque jour. Enfin, elle devient enceinte, elle a un fils. Tout se ranime pour elle : c'est son fils qui recommencera sa vie manquée, qui aura droit au bonheur qu'elle n'a point obtenu. Mais cet enfant, faudra-t-il donc qu'il vive, comme elle, sur une terre annexée qui n'est plus une patrie? faudra-t-il qu'il subisse, comme elle, la servitude, et qu'il mendie du vainqueur, comme a fait son père, ses titres et ses biens? Elle veut que son fils soit un Polonais et un homme libre, et pour cela que la Pologne se relève et se délivre.

Celui qui vient d'abattre l'Autriche, et qui déjà à Austerlitz s'est mesuré avec la Russie, va se heurter à la Prusse et à ses alliés. Napoléon est l'adversaire providentiel des puissances co-partageantes; donc il est l'ami, le sauveur désigné de la Pologne. Il se met en marche, il marque chacune de ses étapes d'un nom de victoire, il dissipe comme une fantasmagorie vaine l'armée prussienne, il entre à Berlin, il approche des frontières de l'ancien royaume; alors, c'est une fièvre qui s'empare de tous, d'elle surtout, une fièvre d'enthousiasme et d'attente. Walewice est loin des nouvelles : où en aura-t-elle, sinon à Varsovie? Son mari, qui est patriote lui aussi

— qui ne l'est alors? — lui propose d'y venir. Ils arrivent, ils s'installent. La maison est montée sur un pied convenable, car il faut tenir son rang et il faut que la jeune femme fasse son entrée dans le monde. Elle qui sent ce qui lui manque, qui craint de faire des fautes en parlant français, qui est timide et ne se sent nul appui ni de famille ni de relations, redoute infiniment de se montrer, surtout d'aller à La Blacha, le palais du prince Joseph Poniatowski, le centre de la haute société. Elle se résout, sur l'ordre formel de son mari, aux visites d'obligation, mais elle s'en tient là. Elle demeure donc presque une inconnue, et malgré sa beauté nul ne s'occupe d'elle.

On annonce la prochaine venue de l'Empereur, et chacun s'agite pour l'accueillir, pour faire à Varsovie mieux encore qu'on a fait à Posen. Tout est sens dessus dessous; il faut que Napoléon soit satisfait : le sort de la Pologne en dépend. La jeune femme veut être la première à le saluer, et, sans raisonner, sans comprendre la portée de sa démarche, elle engage une de ses cousines à l'accompagner, monte précipitamment en voiture et court à travers tous les obstacles jusqu'à Bronie.

Après avoir vu s'éloigner la voiture impériale, elle reste longtemps à la même place, regardant encore dans l'espace, comme interdite. Il faut, pour qu'elle reprenne ses esprits, que sa compagne lui parle et la pousse. Elle enveloppe alors soigneusement dans un mouchoir de batiste le bouquet que l'Empereur lui a offert, remonte en voiture et ne rentre chez elle que tard dans la nuit.

Son dessein arrêté est de garder un complet silence sur ce voyage, de ne point se faire présenter à l'Empereur, de ne se montrer à aucune fête ; mais sa compagne de route, bien qu'elle lui ait recommandé la discrétion, est trop fière de l'aventure pour la taire. Un matin, le prince Joseph Poniatowski lui fait demander l'heure où elle sera visible. Il vient dans l'après-midi, et, avec un gros rire qui veut la mettre de complicité, l'invite à un bal qu'il va donner. Comme, en rougissant, elle se défend de comprendre, il lui explique que, à un des dîners qui ont été offerts à l'Empereur, Napoléon a paru remarquer une princesse Lubomirska : on s'est ingénié dès lors à la lui montrer ; mais Duroc vient de révéler que si son maître prêtait quelque attention à la princesse, c'est qu'elle lui rappelait une délicieuse inconnue aperçue à la poste de Bronie. Qui était cette inconnue ? Les détails de l'aventure, Duroc les avait tous donnés : il avait décrit minutieusement les traits du visage et le caractère de la toilette ; mais Poniatowski ne devinait point, et il se désespérait, lorsqu'une indiscrétion l'a mis sur la voie, et il est accouru.

L'Empereur l'a remarquée : il faut qu'elle vienne au bal. Elle refuse ; il insiste : « Qui sait ? dit-il, peut-être le ciel se servira-t-il de vous pour rétablir la patrie! » Elle ne cède point, et il se retire dépité; mais à peine est-il sorti qu'on annonce successivement les principaux représentants de la Pologne, « les hommes d'État dont l'autorité repose sur la considération, l'estime publique et la déférence due à leur conduite et à leur lumière ». Chacun d'eux sait ce dont il s'agit et s'empresse aux mêmes compliments, aux mêmes insinuations. Ce n'est point assez : voici le mari qui arrive à la rescousse. Lui seul ignore l'aventure de Bronie; il ne voit dans cette insistance que la reconnaissance par ses pairs du rang qu'il occupe, que l'approbation publique qu'ils donnent au choix qu'il a fait de cette jeune femme qui n'est point de son monde pour sa troisième épouse, et, plus que tous les autres, il insiste, traitant ses craintes de timidité ridicule et de défaut d'usage. Ce n'est pas assez qu'il prie, il ordonne. Elle cède donc, elle ira au bal. Elle n'y met qu'une condition : c'est que, toutes les femmes ayant déjà été présentées, elle ne sera point l'objet d'une présentation isolée qui redoublerait son embarras.

Le grand jour arrive : son mari presse sa toilette; il craint d'arriver en retard, après le départ de l'Empereur. Il fait ses objections et ses critiques : il aurait voulu une toilette extrêmement élégante et riche, tandis qu'elle a choisi une robe tout unie, de satin blanc, avec une tunique de gaze, et que, sur ses che-

veux, elle a posé simplement un diadème de feuillage. Elle arrive. Elle traverse les salons au milieu d'un murmure flatteur. On l'installe entre deux dames qu'elle ne connaît pas, et, tout de suite, Joseph Poniatowski se précipite et vient se placer derrière elle.
« On vous a attendue avec impatience, lui dit-il. On vous a vue arriver avec joie. On s'est fait répéter votre nom jusqu'à l'apprendre par cœur. On a examiné votre mari ; on a haussé les épaules en disant : Malheureuse victime ! et l'on m'a donné l'ordre de vous engager à la danse.

— Je ne danse pas, répond-elle. Je n'ai nulle envie de danser.

Le prince répond que c'est un ordre, que l'Empereur les observe ; que si elle ne danse pas, c'est lui-même qui sera compromis, que le succès du bal dépend uniquement d'elle. Refus de plus en plus accentué. Poniatowski n'a qu'une ressource : aller trouver Duroc, qui reçoit sa confidence et la reporte à l'Empereur.

Autour de la belle inconnue, plusieurs des brillants officiers de l'état-major s'approchent et papillonnent. Ce qui n'est point un secret pour les Polonais en est un pour les Français. Napoléon, alors, emploie les grands moyens pour écarter ces rivaux inconscients. C'est Louis de Périgord qui paraît d'abord le plus empressé : l'Empereur fait signe à Berthier et lui ordonne d'expédier sur-le-champ cet aide de camp au 6ᵉ corps, sur la Passarge. Puis c'est

Bertrand; nouveau signe : Bertrand partira immédiatement pour le quartier général du prince Jérôme, devant Breslau.

Cependant les danses sont suspendues; l'Empereur parcourt les salons, semant des phrases qu'il voudrait rendre aimables, mais qui, par l'effet de la préoccupation où il est, tombent singulièrement à faux.

A une jeune fille il demande combien elle a d'enfants, à une vieille demoiselle si son mari est jaloux de sa beauté, à une dame d'un embonpoint monstrueux si elle aime beaucoup la danse. Il parle comme sans penser, sans entendre les noms qu'on lui dit, sans que ces noms rappellent rien à son esprit de la leçon apprise, les yeux et l'esprit uniquement tendus sur une femme, la seule qui à ce moment existe pour lui.

Il arrive devant elle; ses voisines la poussent du coude pour qu'elle se lève, et, debout, les yeux baissés, singulièrement pâle, elle attend : « Le blanc sur le blanc ne va pas, Madame », dit-il tout haut, et il ajoute presque bas : « Ce n'est pas l'accueil auquel j'avais droit de m'attendre après... » Elle ne répond rien.

Il l'observe un moment et il passe.

Quelques minutes après, il quitte le bal. Aussitôt le cercle se rompt; on s'empresse à se raconter ce que Napoléon a dit à l'une et à l'autre; mais, surtout, que lui a-t-il dit à *Elle?* qu'est-ce que cette phrase à voix haute? qu'est-ce, surtout, que cette phrase à voix basse dont les plus proches n'ont entendu que le dernier mot? Elle s'esquive, mais, en voiture, le mari recommence les questions; puis, sur son silence, il l'avertit qu'il a accepté une invitation à un dîner où l'Empereur doit se trouver. Il lui recommande une toilette plus recherchée, et il la quitte brusquement à la porte de son appartement, au moment où elle est tentée de lui avouer, avec son imprudence de Bronie, toutes les sollicitations dont elle est l'objet et toutes les inquiétudes qu'elle ressent.

A peine est-elle rentrée chez elle, que sa femme de chambre lui remet ce billet, qu'elle déchiffre à grand'peine :

« *Je n'ai vu que vous, je n'ai admiré que vous, je ne désire que vous. Une réponse bien prompte pour calmer l'impatiente ardeur de*
« *N.* »

Elle froisse avec dégoût ce papier, dont le style la révolte; mais, dans la rue, quelqu'un attend, et c'est le prince Joseph Poniatowski. « Il n'y a point de réponse, » dit-elle, et elle envoie la femme de chambre le signifier; mais le prince ne se tient point pour battu, il suit la messagère, il pénètre jusqu'à l'appartement. Elle n'a que le temps de s'enfermer à double tour. Elle déclare, à travers la porte, que sa résolution est immuable : elle ne répondra point, de même qu'elle n'a pas dansé. Le prince prie, supplie, menace, et, au risque d'un scandale, s'éternise une demi-heure contre cette porte close. Il part enfin, furieux.

Le lendemain, à peine est-elle éveillée, que sa femme de chambre lui remet un second billet. Elle ne l'ouvre point, le réunit au premier, et ordonne qu'on les rende tous deux au porteur. Que peut-elle faire? Elle a dix-huit ans; elle est seule, sans conseil, sans direction; elle se défend de son mieux, mais que peut-elle? Dès le matin, son salon s'emplit, c'est un tourbillon. Il y a tous les personnages de la nation, les membres du gouvernement, le grand-maréchal Duroc. Elle refuse de paraître, prétexte une migraine, se renferme obstinément dans sa chambre, où elle s'étend sur sa chaise longue; mais son mari se met en fureur, et, pour prouver qu'il n'est point, comme on le dit, un jaloux, il introduit de force le prince Joseph et les Polonais. Devant eux, il exige qu'elle se laisse présenter, qu'elle assiste au dîner où elle est conviée. Les Polonais font chorus. L'un d'eux, le plus âgé, le plus respecté et le plus écouté des chefs du gouvernement, la regarde fixement et lui dit d'un ton sévère : « Tout doit céder, madame, en vue de circonstances si hautes, si majeures pour toute une nation. Nous espérons donc que votre mal passera d'ici au dîner projeté, dont vous ne pouvez vous dispenser sans paraître mauvaise Polonaise. »

Il faut donc qu'elle se lève, et, sur l'ordre de son mari, qu'elle se rende chez Mme de Vauban, la maîtresse du prince Joseph, pour prendre ses conseils sur la toilette qu'elle doit mettre et sur l'étiquette des cours. Là est le comble de l'habileté, car la livrer à Mme de Vauban, c'est la livrer sans défense à qui mène toute l'intrigue. Mme de Vauban, d'ailleurs, n'y voit pas malice et joue son rôle au naturel. Née Pugot-Barbentane, ayant vécu à Versailles, réfugiée à Varsovie depuis l'émigration, et là, vivant publiquement avec un ancien amant retrouvé, elle estime que donner une maîtresse à un souverain, que ce souverain se nomme Louis XV ou Napoléon, est la mission la plus importante qu'il soit permis à un courtisan de remplir; quant aux scrupules, à la pudeur, au devoir, à la fidélité conjugale, elle n'a jamais pensé qu'une femme au monde pût mettre ces préjugés en balance avec certains avantages. Toutefois, ici, ce ne sont point ces avantages qui peuvent tenter; elle sent qu'il faut manœuvrer, qu'on n'aura raison de cette vertu qu'en employant des ressorts qui, à elle, ne sont pas familiers, et, après avoir accablé la nouvelle venue de protestations et de compliments, elle la confie à une jeune femme qui est chez elle un peu comme une dame de compagnie; qui, divorcée et sans fortune, jolie, vive, étourdie, spirituelle, bien plus rapprochée par l'âge de Mme Walewska, a tout pour lui plaire, jusqu'à l'exaltation vraie ou feinte du patriotisme le plus ardent. « Tout, tout pour cette cause sacrée! » répète-t-elle à chaque instant[1]. Elle s'insinue dans sa confiance, se glisse en ce cœur qui n'a jusque-là point connu d'amitié, qui aspire à s'épancher et se livre sans le savoir. Elle se met au mieux avec le mari, elle ne quitte point la femme, et, lorsque, par ses discours, ses exclamations, ses délires patriotiques, elle la juge ébranlée, elle lui lit cette lettre, écrite et signée par les personnages les plus considérables de la nation, les membres mêmes du gouvernement provisoire :

Madame, les petites causes produisent souvent de grands effets. Les femmes, en tout temps, ont eu une grande influence sur la politique du monde. L'histoire des temps les plus reculés comme celle des temps modernes nous certifie cette vérité. Tant que les passions domineront les hommes, vous serez, mesdames, une des puissances les plus redoutables.

Homme, vous auriez abandonné votre vie à la digne et juste cause de la Patrie. Femme, vous ne pouvez la servir à corps défendant, votre nature s'y oppose. Mais aussi, en revanche, il y a d'autres sacrifices que vous pouvez bien faire et que vous devez vous imposer, quand même ils vous seraient pénibles.

---

1. Les documents que j'ai eus entre les mains ne donnent point exactement le nom de cette jeune femme, mais je suis très tenté de croire qu'il s'agit ici de Mme Abramowicz, qui en 1812, lorsque Napoléon vint à Wilna, fut par lui chargée de lui présenter les dames de la société. A Varsovie, en 1807, Mme Abramowicz, qui était fort liée avec Mme Walewska, passait pour avoir rédigé les billets que celle-ci écrivait à l'Empereur, et l'Empereur lui aurait dit à ce sujet : « Écrivez-moi comme vous voudrez, mais je ne veux pas de tiers dans mes relations avec vous. »

Croyez-vous qu'Esther se soit donnée à Assuérus par un sentiment d'amour ? L'effroi qu'il lui inspirait, jusqu'à tomber en défaillance devant son regard, n'était-il pas la preuve que la tendresse n'avait aucune part à cette union ? Elle s'est sacrifiée pour sauver sa nation et elle a eu la gloire de la sauver.

Puissions-nous en dire autant pour votre gloire et notre bonheur !

N'êtes-vous donc pas fille, mère, sœur, épouse de zélés Polonais qui, tous, forment avec nous le faisceau national, dont la force ne peut ajouter (?) que par le nombre et l'union des membres qui le composent. Mais sachez, madame, ce qu'un homme célèbre, un saint et pieux ecclésiastique, Fénelon, en un mot, a dit : « Les hommes qui ont toute autorité en public ne peuvent par leurs délibérations établir aucun bien effectif si les femmes ne les aident à l'exécuter. » Écoutez cette voix réunie à la nôtre pour jouir du bonheur de vingt millions d'hommes.

Ainsi, c'est la famille, c'est la patrie, c'est la religion qui ordonnent de céder, c'est l'Ancien et c'est le Nouveau Testament. Tout est mis en œuvre pour précipiter la chute d'une jeune femme de dix-huit ans, toute simple, toute naïve, qui n'a ni mari à qui elle puisse se confier, ni parents qui veuillent la défendre, ni amis qui cherchent à la sauver. Tout conspire contre elle, et, pour l'achever, on lui lit le billet de Napoléon, celui-là même qu'elle a refusé d'ouvrir et qu'elle a renvoyé :

« *Vous ai-je déplu, madame? J'avais cependant le droit d'espérer le contraire. Me suis-je trompé? Votre empressement s'est ralenti, tandis que le mien augmente. Vous m'ôtez le repos! Oh! donnez un peu de joie, de bonheur, à un pauvre cœur tout prêt à vous adorer. Une réponse est-elle si difficile à obtenir? Vous m'en devez deux.*

« N. »

Et au moment où l'officieuse dame achève ce billet, le mari entre. Tout fier des succès que sa femme a obtenus et dont il se reporte à lui-même le mérite, sans rien comprendre, sans rien soupçonner de ce qu'on attend d'elle — car il est honnête homme, — il insiste encore pour qu'elle vienne à ce dîner. La pauvre enfant sent bien que le pas est décisif et qu'il l'engage. Mais tout le monde le veut : elle ira donc. Jusqu'au soir, le salon ne désemplit point de visiteurs affairés, apportant de muettes félicitations, et, pour qu'elle ne vienne pas à changer d'avis pendant la nuit, près d'elle, de planton jusqu'au matin, s'attarde la dame de confiance de Mme de Vauban.

En montant en voiture pour se rendre, ainsi contrainte, à ce dîner offert à l'Empereur, Mme Walewska se reposait sur cette idée que, n'aimant point Napoléon, elle n'avait rien à craindre de lui. A l'arrivée, les empressements de certains invités qui l'attendaient pour solliciter déjà sa protection achevaient de la dégoûter de sa prétendue victoire, et elle s'était bien affermie dans sa résolution de demeurer impassible, lorsque l'Empereur fit son entrée. Il était mieux préparé que le soir du bal et mieux inspiré pour distribuer au passage des phrases courtoises; mais lorsque, ayant parcouru rapidement le cercle, il arriva à elle et qu'on la lui nomma, il dit simplement : « Je croyais Madame indisposée; est-elle tout à fait remise? » Cette simple phrase, qui, par sa banalité voulue, déroutait les soupçons, lui parut à elle, par cela même, singulièrement délicate.

A table, elle se trouva placée à côté du Grand-maréchal, presque en face de l'Empereur, qui, dès qu'on fut assis, commença, avec ce ton bref qui était le sien, à questionner un des convives sur l'histoire de Pologne. Il paraissait écouter attentivement les réponses, en reprenait chaque terme et le discutait par des questions nouvelles; mais, qu'il parlât ou qu'il écoutât, ses yeux ne se détournaient guère de Mme Walewska que pour s'adresser à Duroc, avec lequel semblait établie une sorte de muette correspondance. On eût dit que les propos que Duroc tenait à sa voisine étaient dictés par ces regards et par certains gestes parfaitement naturels, et que l'Empereur exécutait comme machinalement, en poursuivant un discours des plus graves sur la politique européenne. A un moment, il porte la main au côté gauche de son habit. Duroc hésite quelques instants, regarde attentivement son maître, et, enfin devinant, pousse un « Ah! » de satisfaction. C'est du bouquet qu'il s'agit, du bouquet de Bronie.

« Qu'est-il devenu? » demande Duroc à sa voisine.

Elle s'empresse de répondre qu'elle conserve religieusement pour son fils les fleurs que l'Empereur lui a données. « Ah! madame, interrompt le Grand-maréchal à demi-voix, permettez qu'on vous en offre de plus dignes de vous. » Elle sent là une allusion qui l'indigne, et riposte tout haut, en rougissant de honte et de colère : « Je n'aime que les fleurs! » Duroc reste un moment interloqué. « Eh bien! finit-il par dire, nous allons cueillir des lauriers sur votre sol natal pour vous les offrir. » Cette fois, il a été plus adroit, il le sent bien à son trouble.

Et que devient-elle lorsque, à la rentrée dans les salons, au milieu de la confusion d'une sortie de table, l'Empereur s'approche d'elle, et, dardant sur elle ces regards dont nul œil humain n'a pu soutenir jamais la mystérieuse puissance, il lui prend la main, qu'il presse avec force, et lui dit tout bas : « Non! non! avec des yeux si doux, si tendres, avec cette expression de bonté, on se laisse fléchir, on ne se plaît pas à torturer, ou l'on est la plus coquette, la plus cruelle des femmes. »

Il part; tous les hommes le suivent, et elle se laisse entraîner chez Mme de Vauban. On l'y attend. Il n'y a là que des initiés, des convives du dîner, qui s'empressent autour d'elle : « Il n'a vu que vous, il vous jetait des flammes. » Seule, elle peut près de lui plaider la cause de la nation; seule, elle peut l'attendrir et le déterminer à rétablir la Pologne. Peu à peu, comme si l'on obéissait à un mot d'ordre, on s'écarte. Au moment où Duroc fait son entrée dans le salon, elle s'y trouve seule avec cette dame de confiance qui s'est faite son ombre. Les portes fermées, Duroc s'assied près d'elle, pose une lettre sur ses genoux, et, prenant sa main, l'implore avec des douceurs dans la voix : « Pourriez-vous, dit-il, repousser la demande de celui qui n'a jamais essuyé de refus? Ah! sa gloire est environnée de tristesse, et il dépend de vous de la remplacer par des instants de bonheur. » Il parle longuement. Elle ne répond rien. Dégageant sa main, elle en a caché son visage, et elle pleure, comme une enfant, à gros sanglots. Mais l'autre femme répond pour elle; elle garantit qu'elle ira au rendez-vous. Comme Mme Walewska s'indigne, elle lui fait honte de son manque de patriotisme, lui dit qu'elle est une mauvaise Polonaise, qu'on ne saurait trop faire pour Napoléon, et, congédiant le Grand-maréchal avec de nouvelles assurances, elle ouvre le billet qu'il a apporté et lit à haute voix :

« Il y a des moments où trop d'élévation pèse, et c'est ce que j'éprouve. Comment satisfaire le besoin d'un cœur épris qui voudrait s'élancer à vos pieds et qui se trouve arrêté par le poids de hautes considérations paralysant le plus vif des désirs? Oh! si vous vouliez!... Il n'y a que vous seule qui puissiez lever

les obstacles qui nous séparent. Mon ami Duroc vous en facilitera les moyens.

« *Oh! venez! venez! Tous vos désirs seront remplis. Votre patrie me sera plus chère quand vous aurez pitié de mon pauvre cœur.*

« *N.* »

Ainsi, le sort de son pays est entre ses mains. Ce ne sont plus les autres, c'est lui-même qui le dit. L'idée que, depuis cinq jours, chacun ressasse autour d'elle s'incruste dans son cerveau : il dépend d'elle que sa patrie renaisse, que sa nation voie abolis les honteux partages, que les membres déchirés se rejoignent et que l'Aigle blanc reprenne son vol. Quel rêve! quel éblouissement! Mais qu'est-elle, que sait-elle pour jouer un tel rôle? On a la réponse prête : elle n'aura qu'à suivre les conseils dont on ne la laissera pas manquer. Elle lutte encore. Quoi! se livrer ainsi! Sa pudeur en est révoltée. On lui répond qu'elle n'est qu'une provinciale, que ce sont là d'imbéciles préjugés, que cela ne compte pas. Croit-elle que d'autres ne sont pas toutes prêtes à prendre la place qui lui est offerte? Pourquoi la laisserait-elle? pourquoi douterait-elle du bien qu'elle peut inspirer? Tout empereur qu'il est, Napoléon est un homme, rien de plus, et un homme amoureux. On lui arrache enfin : « Faites de moi ce que vous voudrez! »

Seulement, elle refuse à écrire, à répondre au

billet. Physiquement, elle n'en a pas la force. On la laisse seule pour venir demander conseil, mais on a soin de l'enfermer. Si elle allait changer d'avis, si elle allait s'évader! Elle n'y songe pas : elle réfléchit, ou plutôt, abattue par toutes ces émotions, elle rêve.

Ne peut-elle, sans faillir, consentir à une entrevue? Ne peut-elle, en inspirant à l'Empereur de l'estime, de l'amitié même, obtenir sa confiance, lui faire entendre les vœux de son peuple? Il ne lui fera pourtant pas violence! Elle n'a point d'amour à lui donner, mais de l'admiration, de l'enthousiasme, une piété reconnaissante. Elle lui dira tout cela.

Et son imagination que rien n'a dépravée, son imagination de dix-huit ans, qui ne connaît que les caresses presque platoniques d'un époux septuagénaire, s'élance aux pays du rêve, aux pays où la pudeur des femmes n'a rien à redouter de la chasteté des hommes, où, ne comptant plus les sens abolis et méprisés, les âmes se parlent, s'entendent et se complètent dans une harmonie presque divine.

On rentre. Tout est réglé : elle n'écrira pas, elle ne parlera pas. Seulement elle ne bougera pas du palais. On l'y gardera toute la journée, et, le soir, on la remettra à ceux qui doivent la venir prendre. Et lentement les heures coulent, et la pauvre femme, dans la terreur de cette attente, regarde alternativement l'aiguille qui court sur la pendule et cette porte fermée et muette par où viendra son arrêt de supplice.

A dix heures et demie, quelqu'un frappe. On la coiffe en hâte d'un chapeau à grand voile, on la couvre d'un manteau; on la conduit, inconsciente et comme égarée, au coin de la rue, où une voiture stationne. On la pousse pour la faire monter. Un homme, en long manteau et en chapeau rond, qui tient la portière, rentre le marchepied et se place à côté d'elle. Pas un mot n'est échangé. On roule, on s'arrête à une entrée secrète du Grand-Palais, on la descend de voiture; on la mène, en la soutenant, jusqu'à une porte qu'on ouvre du dedans avec impatience. On la place sur un fauteuil.

Elle est en présence de Napoléon. Elle ne le voit pas, elle pleure. Lui est à ses pieds et commence à lui parler doucement; mais, à un moment, ces mots « Ton vieux mari » lui échappent. Elle jette un cri, elle s'élance, elle veut fuir; des hoquets de sanglots la suffoquent. A ce mot, toute l'horreur, toute la grossièreté, toute l'ignominie de l'acte qu'elle va commettre lui apparaît, brusquement réalisée, tangible, infâme. Lui reste étonné. Il ne comprend pas. C'est la première fois qu'il se trouve en telle posture. Cette femme qui s'est fait prier, mais point tant (car il ignore les moyens qu'on a employés), qui est venue à un rendez-vous nocturne, et qui à présent étouffe de sanglots et se jette sur la porte, est-elle une rouée d'une coquetterie sans égale ou une naïve d'une ingénuité sans précédent? Est-ce une comédie qu'on lui joue pour mettre ses désirs à l'enchère? Mais non, il y a des cris dont l'accent ne trompe pas, des mouvements impulsifs qu'on ne joue pas, surtout à dix-huit ans.

De la porte, à laquelle elle se cramponne, il la ramène avec une tendre violence sur le fauteuil, et alors, avec une voix qui se fait bien plus caressante, quoique par instants et comme malgré lui il y perce le ton habituel de la domination, évitant de prononcer les mots, d'évoquer les idées qui la heurtent, cherchant des tournures et des périphrases pour ne la point blesser, il lui fait subir un interrogatoire en règle et, par la logique irrésistible de ses questions, il lui arrache des lambeaux de réponses dont il se fait des armes. S'est-elle donnée volontairement à celui dont elle porte le nom? Est-ce par amour des richesses et des titres? Qui l'a pu décider à unir sa jeunesse, sa beauté à peine éclose, à une vieillesse décrépite, presque octogénaire? C'est sa mère qui a voulu ce mariage! « Et tu pourrais avoir des remords! » s'écrie-t-il. Mais, elle, se réfugie alors en sa religion : « Ce qui a été noué sur la terre ne peut plus être dénoué que dans le ciel. » Il se met à rire; elle s'indigne et redouble ses pleurs.

En vérité, qu'est cela? Qu'est ce fruit d'espèce nouvelle et qu'il n'a jamais encore goûté? Quoi!

une femme qui veut rester fidèle à son mari, fidèle aux principes de sa religion, et cette femme est là, chez lui, la nuit, à ses ordres! C'est un mystère qu'il prétend éclaircir, et il presse encore plus ses questions : l'éducation qu'elle a reçue, la vie qu'elle a menée à la campagne, les sociétés qu'elle a fréquentées, sa mère, sa famille, il veut tout savoir, et d'abord le nom qu'elle a reçu au baptême : ce nom de Marie dont toujours il l'appellera désormais.

A deux heures du matin, on frappe à la porte : « Quoi! déjà? dit-il. Eh bien! ma douce et plaintive colombe, sèche tes larmes, va te reposer. Ne crains plus l'aigle, il n'a d'autres forces près de toi que celles d'un amour passionné, mais d'un amour qui veut ton cœur avant tout. Tu finiras par l'aimer, car il sera tout pour toi, tout, entends-tu bien? » Il l'aide à rattacher son manteau, il la conduit vers la porte; mais là, la main sur le loquet, qu'il menace de ne pas ouvrir, il lui fait jurer qu'elle reviendra le lendemain.

On la ramène chez elle : elle est un peu plus calme, presque rassurée. Il lui semble que sa chimère prend un corps, que son rêve se réalise. Il a été bon, il a été tendre, mais nullement violent : il l'a épargnée ce soir, pourquoi pas demain?

A neuf heures du matin, la dame de confiance est à son chevet. Elle tient un gros paquet qu'elle déballe mystérieusement après avoir soigneusement fermé la porte. Elle en tire plusieurs écrins couverts de maroquin rouge, des fleurs de serre entremêlées de branches de lauriers et une lettre cachetée. Mais à peine a-t-elle sorti des écrins un magnifique bouquet et une guirlande de diamants, à peine a-t-elle tourné ces parures en ses mains pour leur faire jeter leurs feux, que, de son lit, Mme Walewska les lui arrache et les lance, pour les briser, à l'autre bout de la chambre. Elle entend qu'on reporte à l'instant ces diamants. Croit-on donc qu'elle est à vendre et qu'il suffira de cela pour qu'elle se livre? Ce n'est pas là de quoi troubler la messagère; elle décachette la lettre et en donne lecture :

« *Marie, ma douce Marie, ma première pensée est pour toi, mon premier désir est de te revoir. Tu reviendras, n'est-ce pas? Tu me l'as promis. Sinon, l'aigle volerait vers toi! Je te verrai à dîner, l'ami le dit. Daigne donc accepter ce bouquet : qu'il devienne un lien mystérieux qui établisse entre nous un rapport secret au milieu de la foule qui nous environne. Exposés aux regards de la multitude, nous pourrons nous entendre. Quand ma main pressera mon cœur, tu sauras qu'il est tout occupé de toi, et pour répondre, tu presseras ton bouquet! Aime-moi, ma gentille Marie, et que ta main ne quitte jamais ton bouquet!*

« *N.* »

La lettre a beau dire, on ne lui fera pas accepter

les diamants, pas même les fleurs, pas même les lauriers. Elle a son excuse prête : on ne porte de bouquet au côté que dans les bals, et c'est à un dîner qu'elle doit se rendre. Quant à se soustraire à ce dîner, vainement l'essaierait-elle : autour d'elle toutes les têtes sont montées, toutes les ambitions sont en mouvement; sa famille est enivrée, son mari demeure entièrement aveugle : pas un moment il n'a la perception de ce qui se joue autour de lui, et c'est lui le plus ardent à souhaiter les invitations.

Elle arrive; on se presse autour d'elle, on l'examine, on se fait présenter. Il lui semble que tous ces inconnus savent son aventure de la veille. L'Empereur est déjà là. Il paraît mécontent; il fronce ses sourcils; il regarde la pauvre femme de son œil mauvais, son œil perçant et scrutateur qui jette une flamme.

A un moment, elle le voit brusquement s'avancer vers elle, et, pantelante à la pensée d'une scène publique, de quelque éclat irréparable, elle se souvient et met sa main à la place où devrait être le bouquet. Soudain, ses traits à lui se radoucissent, son œil éteint sa flamme, sa main répond par un signe analogue, et, avant qu'on ne passe à table, il appelle Duroc et lui parle un instant à l'oreille.

A peine est-elle assise, comme au précédent dîner, à côté du Grand-maréchal, que celui-ci l'attaque de reproches sur le bouquet; mais elle riposte en prenant l'offensive sur les diamants : Elle n'acceptera aucun présent de ce genre, qu'on se le tienne pour dit! Comment oserait-elle se montrer ainsi parée? Ce qui, seul, peut contenter son admiration et son dévouement, c'est une espérance pour l'avenir de son pays. « Cette espérance, répond Duroc, l'Empereur ne l'a-t-il pas donnée? » Et il rappelle toute une série d'actes qui, dès maintenant, valent mieux que des promesses. Quant à savoir s'il l'aime, comment en douterait-elle? A présent encore, il n'a d'yeux que pour elle. Pendant qu'il paraît uniquement occupé de la conversation générale, des questions qu'il pose et des réponses qu'il reçoit, il ne cesse de tenir la main sur son cœur. Tout à l'heure, s'il a appelé Duroc, s'il lui a parlé à l'oreille, c'est pour qu'il ne manquât point de rappeler la promesse qu'elle a faite de venir le soir. Et puis, des dissertations sur la misère des grandeurs, sur le besoin qu'éprouve un souverain tel que l'Empereur de trouver un cœur qui le comprenne, sur la gloire d'une telle mission que toute femme ambitionnerait...

Elle est venue une fois, il faut bien qu'elle revienne. On prend les mêmes précautions; on la conduit de même. Elle entre. Il est sombre, soucieux. « Vous voilà enfin! dit-il : je n'espérais plus vous voir. » Il la débarrasse de son manteau, lui enlève son chapeau, l'installe dans un fauteuil, puis, debout devant elle, sévèrement, il lui ordonne de se justifier. Pourquoi est-elle venue à Bronie? Pourquoi a-t-elle cherché à lui inspirer un sentiment qu'elle ne partageait pas? Pourquoi a-t-elle refusé ses fleurs, jusqu'à ses lauriers? Qu'en a-t-elle fait? Il y attachait l'espérance de tant d'*intéressants moments*, et elle l'en a privé. Sa main, à lui, n'a point quitté son cœur, et sa main, à elle, est restée immobile; une fois seulement elle a répondu. Et, se frappant le front avec un geste de rage, il s'écrie : « Voilà bien une Polonaise! C'est vous qui m'affermissez dans l'opinion que j'ai de votre nation. »

Déjà tout émue par cet accueil, profondément troublée par ces paroles, elle murmure : « Ah! Sire, de grâce, cette opinion, dites-la-moi! »

Et il dit alors qu'il juge les Polonais passionnés et légers. Tout se fait chez eux par fantaisie et rien par système. Leur enthousiasme est impétueux, tumultueux, instantané; mais ils ne savent ni le régler, ni le perpétuer. Et ce portrait des Polonais, c'est son portrait à elle. N'a-t-elle pas couru comme une folle pour l'apercevoir au passage? Il s'est laissé prendre le cœur par ce regard si tendre, par ces expressions si passionnées, et elle, elle a disparu. Il a eu beau la chercher, il ne l'a point trouvée; et quand, enfin, une des dernières, elle est arrivée, elle était de glace. Qu'elle le sache : toutes les fois qu'il a cru une chose impossible, il l'a désirée avec plus d'ardeur. Rien ne le décourage pour l'obtenir. Cette idée de l'impossible l'aiguillonne, et il avance toujours. Habitué qu'il est à ce que tout cède avec empressement aux désirs qu'il exprime, la résistance qu'elle lui oppose lui tient au cœur.

Peu à peu, il s'exalte; feinte ou vraie, la colère lui monte au cerveau : « Je veux, entends-tu bien ce mot? *je veux* te forcer à m'aimer! J'ai fait revivre le nom de ta patrie : sa souche existe encore grâce à moi. Je ferai plus encore. Mais songe que, comme cette montre que je tiens à la main et que je brise à tes yeux, c'est ainsi que son nom périra et toutes tes espérances, si tu me pousses à bout en repoussant mon cœur et en me refusant le tien. »

Devant cette violence, ces menaces, cette montre brisée qui vole en éclats, la pauvre femme tombe roide sur le parquet... Quand elle sort de son évanouissement, elle ne s'appartient plus. Il est là, près d'elle, essuyant les larmes qui, goutte à goutte, tombent de ses yeux...

Désormais c'est une liaison, si l'on peut ainsi appeler l'habitude prise par elle de venir, chaque soir, au palais, subir, avec une passive résignation, des caresses dont elle espère toujours le prix; car ce n'est point pour si peu qu'elle s'est donnée ou plutôt qu'elle s'est laissé prendre : pour qu'un gouvernement provisoire soit nommé, qu'un embryon d'armée soit créé et que quelques compagnies de chevau-légers soient agrégées à la garde de l'Empereur des Français. Le seul salaire qui puisse la contenter, qui puisse l'absoudre à ses propres yeux, c'est la Pologne rétablie comme nation et comme État. Incapable de feindre un sentiment que son cœur n'éprouve pas, de simuler une passion qu'ignore sa pudeur, elle n'a rien de ce qu'il faut pour dominer un amant et pour le conduire, pas même assez d'habileté pour lui cacher le mobile auquel elle obéit. Elle remet chaque soir la conversation sur le seul sujet qui l'occupe; elle reçoit des consolations, des espérances, des promesses même, mais toujours pour plus tard, pour l'avenir, un avenir dont, à présent, elle envisage le supplice sans qu'elle puisse y fixer aucun terme.

Ce n'est pas que, dans son pays, elle rencontre autour d'elle une réprobation. Sauf son mari, qu'elle a dû quitter, chacun s'empresse à lui faire la cour, non comme à une favorite, mais comme à une victime, car nul n'ignore ce qu'elle souffre et combien elle est digne d'estime, de respect et de pitié. Ce sont les propres sœurs de son mari, la princesse Jablonowska et la comtesse Birginska, qui se sont instituées ses chaperons. Il ne tiendrait qu'à elle d'occuper, à Varsovie, la première place, et, si elle était autre, elle y paraîtrait en souveraine. Elle aurait des ennemis alors, mais comme elle cherche l'ombre et qu'elle ne prétend à rien, on ne la redoute pas; on l'encense moins, mais on la plaint davantage.

Son aventure, d'ailleurs, n'a rien de choquant pour une société qui pare simplement les habitudes de polygamie orientale du scepticisme élégant de mode à Versailles; qui a reçu et retenu les exemples de morale de Catherine la Grande et qui trouve, lorsqu'il lui plaît, dans le divorce, la sanction légale, et même religieuse, de ses fantaisies extraconjugales.

Nul grand seigneur, en ce temps-là, qui, à côté de sa femme, n'ait dans le monde une maîtresse attitrée et n'entretienne en quelqu'un de ses châteaux une ou plusieurs Géorgiennes favorites.

Par suite, Napoléon apparaît aux chefs de la noblesse polonaise comme un souverain singulièrement chaste, car il fait la guerre sans traîner un harem à sa suite; il n'a point accepté les femmes qui toutes se seraient offertes à lui : il n'en a désiré qu'une, et il a attendu qu'elle se donnât.

La conduite qu'ils ont tenue eux-mêmes, ces nobles, leur semble non seulement naturelle, mais strictement obligée. Il fallait que, venant à Varsovie et y résidant, Napoléon eût une femme, et il fallait qu'ils lui offrissent celle qui pouvait lui plaire le mieux.

Par bonheur, cette femme s'est rencontrée telle qu'en cent ans ils n'eussent point trouvé la pareille : simple, naïve, pudique, désintéressée, uniquement animée de la passion de la patrie, capable d'inspirer un sentiment durable et une passion vraie, incarnant ce qu'il y a dans la nation de plus aimable et de plus généreux.

Elle ne sera pas pour Napoléon une maîtresse de passage, elle sera une sorte d'*épouse à côté*, qui ne participera, à la vérité, ni aux dignités de la couronne ni aux splendeurs du trône, mais qui occupera un rang spécial, qui sera l'ambassadrice de son peuple près de l'Empereur, *sa femme polonaise*. Par un lien très léger encore, mais qu'elle pourra resserrer plus tard, elle unira le cœur de Napoléon aux destinées de la Pologne. Rien que par sa muette présence, elle l'obligera à se souvenir de ses promesses, à se justifier de ne les point tenir, lui imposera le remords de sa dette non payée.

Et, au fond, cela n'est pas si mal raisonné, car, presque chaque soir, il revient à ce problème que lui rappelle constamment cette femme.

Il sent bien, et il le lui dit, que ce n'est point lui qu'elle aime, mais sa patrie, et elle ne s'en défend point. Très franchement, elle le déclare, et lui qui se mettrait en défiance s'il soupçonnait qu'une femme voulût le conduire ou se servir de lui, il livre son secret à cette enfant naïve et sincère; il la sent si profondément détachée de ce qui fait l'ambition des autres femmes! il souhaiterait tant la contenter! et, débiteur insolvable, il ne peut lui payer le salaire qu'elle avait droit d'espérer!

« Tu peux être sûre, lui dit-il, que la promesse

que je t'ai faite sera remplie. J'ai déjà forcé la Russie à lâcher la part qu'elle usurpait, le temps fera le reste. Ce n'est pas le moment de réaliser tout, il faut patienter. La politique est une corde qui casse quand on la tend trop fort. En attendant, vos hommes politiques se forment. Car combien en avez-vous? Vous êtes riches en bons patriotes; vous avez des bras, oui, j'en conviens : l'honneur et le courage sortent par tous les pores de vos braves, mais cela ne suffit pas : il faut une grande unanimité. »

Sans cesse — et c'est là l'étrange et le surprenant, car jamais homme n'a moins admis qu'une femme lui parlât de politique — sans cesse, et comme malgré lui, il revient dans ces entretiens du soir à ce qu'il faut faire pour améliorer le sort du peuple, pour répandre le bien-être, pour déterminer un effort unanime, fût-ce aux dépens de l'aristocratie possédante.

« Tu sais bien, lui dit-il, que j'aime ta nation, que mon intention, mes vues politiques, tout me porte à désirer son entier rétablissement. Je veux bien seconder ses efforts, soutenir ses droits : tout ce qui dépendra de moi sans altérer mes devoirs et l'intérêt de la France, je le ferai sans nul doute; mais songe que de trop grandes distances nous séparent : ce que je puis établir aujourd'hui peut être détruit demain. Mes premiers devoirs sont pour la France, je ne puis faire couler le sang français pour une cause étrangère à ses intérêts et armer mon peuple pour courir à votre secours chaque fois qu'il sera nécessaire. »

De ces hautes pensées, par un revirement qui laisse son interlocutrice interdite, il tombe aux commérages des salons, aux historiettes particulières, aux anecdotes secrètes. Il veut qu'elle lui raconte la vie privée de chacun des personnages qu'il rencontre. Sa curiosité est insatiable et s'applique aux minuties. C'est pour lui le moyen de se former, en quelque lieu qu'il se trouve, en celui-ci surtout où de si grands intérêts sont en jeu, une opinion sur la classe dirigeante.

De cet ensemble de petits faits qui se gravent dans sa mémoire, dont il est si friand qu'il étonne de sa science la femme qui l'écoute, il tire ses conclusions, et elle s'aperçoit alors qu'elle a donné des armes contre elle-même; elle proteste, elle s'indigne du jugement qu'il porte, et la querelle finit par une tape légère qu'il lui donne sur la joue en lui disant : « Ma bonne Marie, tu es digne d'être Spartiate et d'avoir une patrie. »

Il ne l'aimerait point comme il l'aime s'il ne s'occupait de ses toilettes. C'est chez lui une prétention d'y être passé maître. « Vous savez que je me connais très bien en toilettes », écrit-il à Savary. Dès le Consulat, lorsqu'il s'agissait d'envoyer des présents à quelque souveraine, reine d'Espagne ou de Prusse, c'est lui qui les choisissait. A sa Cour, nulle femme mal habillée n'échappe à sa critique, et Joséphine même, qui l'a habitué au plus grand luxe, à l'élégance la plus recherchée, au goût le plus raffiné, n'est pas à l'abri des observations. Surtout il déteste les robes d'une couleur foncée, et Mme Walewska s'obstine à n'en porter que de très simples, et toujours blanches, grises ou noires. Celles-ci lui déplaisent infiniment, et il le lui dit. « Une Polonaise, réplique-t-elle, doit porter le deuil de sa patrie. Quand vous la ressusciterez, je ne quitterai plus le rose. »

Ainsi tout le ramène à ce même sujet; mais il ne s'en fâche point et son amour très vif n'en est pas diminué. C'est le temps où il écrit à son frère Joseph : « Ma santé n'a jamais été si bonne, tellement que je suis devenu plus galant que par le passé. » Et cette confidence est à ce point hors de ses habitudes qu'elle est significative.

Il ne lui suffit pas de voir sa maîtresse tous les soirs en particulier, il faut qu'elle soit de tous les dîners, de toutes les fêtes où il se rend, pendant le temps qu'il passe à Varsovie, avant la campagne d'Eylau. Et là, point d'instant où il ne veuille communiquer avec elle par ce langage mystérieux et muet qu'il lui a enseigné et où elle est maintenant bien plus experte que Duroc lui-même. Elle comprend à présent ces gestes de la main, ces signes des doigts qui ne s'adressent qu'à elle seule, par lesquels elle seule suit une pensée d'amour qui n'est livrée qu'à elle, dans le même temps où l'Empereur soutient avec toute l'assemblée une conversation animée une discussion sérieuse, qu'il raconte des événements avec une précision absolue ou qu'il prononce les plus solennels discours.

« Cela t'étonne? lui dit-il. Sache donc que je dois remplir dignement le poste qui m'est assigné. J'ai l'honneur de commander aux nations : je n'étais qu'un gland, je suis devenu chêne. Je domine, on me voit, on m'observe, de loin comme de près. Cette situation me force à jouer un rôle qui quelquefois peut ne pas m'être naturel, mais que je dois soutenir pour rendre compte, bien plus à moi-même qu'aux autres, de cette représentation commandée par le caractère dont je suis revêtu. Mais, tandis que je fais le chêne pour tous, j'aime à redevenir gland pour toi seule. Et comment ferais-je, quand la foule nous observe, pour te dire : « Marie, je t'aime ! » Et toutes les fois que je te regarde, j'ai cette envie-là, et je ne puis m'approcher de ton oreille sans déroger. »

Quand il transporte son quartier général à Finckenstein, il faut qu'elle le suive, et, là, c'est une existence mélancolique, toute semblable à celle qu'elle menait jadis à Walewice près de son vieux mari. La solitude en est uniquement coupée par les repas, tête à tête avec l'Empereur, servis par un seul valet de chambre de toilette. Les heures lentes sont usées à des lectures ou des tapisseries. La distraction, c'est la parade, regardée par les jaloulousies closes : une vie de recluse toute aux ordres et à la discrétion du maître, sans nulle société, nul plaisir, nulle coquetterie ; et, de cette vie, elle est satisfaite, bien plus que de la vie brillante, agitée et mondaine qu'elle avait à Varsovie.

Aussi réalise-t-elle pour lui le type de la femme telle qu'il a cru la trouver en Joséphine : la femme douce, complaisante, attentive, timide, qui n'a point d'ambition, ni même, à ce qu'il semble, de volonté, qui est toute à lui, qui ne vit que pour lui, et qui, si elle attend de lui une grâce, c'est une grâce à ce point colossale, à ce point impersonnelle, qu'il est déjà d'une âme singulièrement haute d'en concevoir la chimère, et que l'espérer d'un homme c'est égaler presque cet homme à un dieu.

Tout cela est pour le prendre par ses fibres les plus intimes, et c'est pourquoi, lorsqu'il va quitter la Pologne sans avoir accompli le rêve pour lequel cette femme s'est donnée à lui ; lorsque, elle, désespérée et désabusée, après l'avoir conjuré une fois encore de lui rendre sa patrie, refuse de le suivre à Paris, annonce qu'elle va se retirer au fond d'une campagne pour y attendre dans le deuil et la prière la réalisation des promesses qu'il n'a point tenues, c'est lui, à son tour, qui supplie : « Je sais, lui dit-il, que tu peux vivre sans moi... Je sais que ton cœur n'est pas à moi... Mais tu es bonne, douce ; ton cœur est si noble et si pur! Pourrais-tu me priver de quelques instants de félicité passés chaque jour près de toi? Je n'en puis avoir que par toi, et l'on me croit le plus heureux de la terre. » Et il dit cela avec un sourire si amer et si triste, que, prise par un sentiment étrange de pitié pour ce maître du monde, elle promet de venir à Paris.

Elle y arrive au commencement de 1808, et désormais cette liaison mystérieuse, que traversent sans doute quelques infidélités de la part de Napoléon, mais qui n'en demeure pas moins, pour lui, sa grande, son unique affaire de cœur, s'établit sur un pied si étrange que, si l'on n'en avait trouvé des preuves certaines, si la confrontation de divers témoins qui, inconsciemment, fournissent çà et là quelques détails isolés, quelques dates authentiques, ne permettait de rétablir la chaîne des événements, on n'oserait affirmer la continuité de faits que les contemporains les mieux instruits ont paru ignorer.

Ils ont dit et l'on sait que, pendant la campagne de 1809, M`<sup>me</sup>` Walewska se rendit à Vienne, où une maison fort élégante avait été préparée pour elle près du palais de Schœnbrunn, qu'elle y devint enceinte, et que, après la paix de Vienne, elle retourna faire ses couches à Walewice, où naquit, le 4 mai 1810, Alexandre-Florian-Joseph Colonna-Walewski. Mais n'est-on pas en droit de se demander, après ce qu'on sait à présent, si certaines des hésitations qu'a manifestées Napoléon au moment de traiter avec l'Autriche, ses incertitudes au sujet du sort qu'il ferait à la Pologne, n'ont pas été dues à la présence de celle à laquelle il avait si formellement promis le rétablissement de sa patrie?

Ce que n'ont pas dit les contemporains, c'est que, à la fin de 1810, Mme Walewska, accompagnée de sa belle-sœur, la princesse Jablonowska, revient à Paris et y amène son fils nouveau-né : elle habite un joli hôtel dans la Chaussée-d'Antin, d'abord rue du Houssaie, n° 2, puis rue de la Victoire, n° 48. Tous les matins, l'Empereur envoie demander ses ordres. On met à sa disposition des loges dans tous les théâtres, on ouvre devant elle les portes de tous les musées. C'est Corvisart qui est chargé de surveiller sa santé; c'est Duroc qui a mission expresse de satisfaire ses désirs, de lui procurer la vie matérielle la plus large et la plus agréable.

Un seul exemple de son pouvoir : A Spa, un jeune Anglais, M. S..., s'était permis une plaisanterie d'un goût au moins contestable à l'égard de la princesse Jablonowska. La princesse, au retour, l'invite à les accompagner, elle et Mme Walewska, au Musée d'artillerie. Dans la salle des armures, la société s'arrête devant l'armure de Jeanne d'Arc, et, pendant que M. S... la considère, l'héroïne étend les bras, saisit le jeune Anglais et le presse contre son cœur. Il se débat, il étouffe, il demande grâce; mais ce n'est que sur l'ordre de Mme Walewska que Jeanne d'Arc lui rend la liberté. N'est-ce point là — surtout quand on sait la jalousie de Napoléon pour ses musées — une preuve certaine de puissance ?

Aussi souvent qu'il peut s'échapper, l'Empereur vient passer quelques moments avec elle, ou bien il la fait venir au château avec son fils, auquel il a, dès l'arrivée, conféré le titre de comte de l'Empire. Personne dans la société — sauf les Polonais — ne soupçonne cette relation ; Mme Walewska, en effet, se montre à peine, ne reçoit que quelques compatriotes. Sa tenue est parfaite, son train modeste, sa conduite extrêmement réservée. Si elle va prendre les eaux à Spa, ses belles-sœurs l'y conduisent. C'est chez sa belle-sœur, dans une maison louée à Mons-sur-Orge, qu'on appelait le Château de Brétigny, et qui appartenait à la duchesse de Richelieu, qu'elle passe la belle saison. Vainement veut-on l'entraîner : elle n'a point d'autre préoccupation que de cacher ce dont tant d'autres femmes seraient si fières. Cette maison de campagne qu'elle habite, fort modeste, tout à fait retirée, est son univers, et elle n'en sort que le moins possible. Elle est pourtant contrainte, sur les invitations réitérées de Joséphine, d'aller à Malmaison avec son fils, que l'Impératrice comble de joujoux et de cadeaux ; mais il ne semble point qu'elle se mêle à la Cour impériale, au moins d'une façon habituelle, avant l'année 1813. C'est seulement à cette époque qu'on voit dans ses comptes de toilette paraître deux *grands habits :* l'un est une robe de velours noir avec chérusque en tulle lamé d'or fin, l'autre un grand habit en tulle blanc avec chérusque et toque à plumes.

Jusque-là, bien qu'elle soit élégante et que, pour ses robes du soir, elle dépense, chez Leroy seulement, plus de trois mille francs par semestre, elle n'a point de robe de cour. Dans ses toilettes, elle continue à affectionner le blanc ou les nuances éteintes, un peu endeuillées; on lui voit des robes en levantine lilas, en tulle blanc avec trois montants d'acacia, en tulle blanc garni en roses effeuillées et appliquées; ou bien c'est le blanc et le bleu, les couleurs polonaises : comme une robe en taffetas ombré bleu et blanc, une robe en tulle bleu garnie de bruyères et de marguerites blanches...

Napoléon, pour se souvenir d'elle, n'a pas besoin qu'elle se montre à la Cour : il n'en faut pour preuve qu'une lettre écrite de Nogent, le 8 février 1814, au milieu des angoisses de la campagne de France, au lendemain de Brienne, à la veille de Champaubert : il a chargé son trésorier général, M. de La Bouillerie, d'établir le majorat de cinquante mille livres de rente attribué au jeune comte Walewski de façon que, en cas qu'il mourût, sa mère en fût héritière. La pensée que toutes les formalités ne sont pas accomplies l'agite, et il écrit de sa main à La Bouillerie :

« *J'ai reçu votre lettre relativement au jeune Wa-*

lewski. *Je vous laisse carte blanche. Faites ce qui est convenable, mais faites de suite. Ce qui m'intéresse, c'est surtout l'enfant, et la mère après.*

« N.

« *Nogent, 8 février.* »

De cela, elle ne sait rien, car jamais âme ne fut plus désintéressée que la sienne. A Fontainebleau, aux derniers jours, lorsque l'Empereur, abandonné de tous, venait de chercher dans la mort un asile que sa destinée lui refusa, elle arrive, et, toute une nuit, dans une antichambre, elle attend qu'il la fasse appeler. Lui, absorbé par ses pensées, épuisé par cette crise physique qu'il vient de traverser, ne songe à la demander qu'une heure après qu'elle est repartie. « La pauvre femme! dit-il, elle se croira oubliée! »

C'est la mal connaître : quelques mois plus tard, à la fin d'août 1814, accompagnée de son fils, de sa sœur, de son frère, le colonel Laczinski, elle débarque à l'île d'Elbe et passe une journée près de l'Empereur à l'Ermitage de la Marciana. En 1815, dès qu'elle apprend le retour de Napoléon à Paris, elle se hâte d'accourir et, parmi ces femmes dont le dévouement survit à la fortune et qui se montrent les plus assidues à l'Élysée et à Malmaison, c'est elle qu'il faut citer la première.

Mais, après le départ pour Sainte-Hélène, elle se crut libre. M. Walewski étant mort depuis 1814, elle épousa en 1816, à Liège, où il avait dû se réfugier après le second retour des Bourbons, un cousin de l'Empereur, le général comte d'Ornano, ancien colonel des dragons de la Garde, un des plus brillants et des plus braves officiers de la Grande Armée. Ce mariage affecta vivement le captif de Sainte-Hélène. « L'Empereur, dit un de ses compagnons, avait toujours conservé une tendresse extrême à Mme Walewska, et il n'était pas dans sa nature de permettre à ce qu'il aimait d'aimer autre chose que lui. » Au reste, la pauvre femme n'eut point le temps de se familiariser avec le bonheur. Le 9 juin 1817, elle accouche à Liège. Elle rentre à Paris, où son mari a obtenu de revenir, et, à peine arrivée, elle meurt en son hôtel de la rue de la Victoire, le 15 décembre 1817.

Quant à son fils, dont l'Empereur avait dit dans son testament : « Je désire qu'Alexandre Walewski soit attiré au service de France dans l'armée », on sait quelle brillante carrière il a remplie. Sa vie de soldat, d'écrivain, de diplomate et d'homme d'État est mêlée trop intimement à l'histoire contemporaine pour qu'il soit nécessaire de s'y étendre et pour qu'il soit opportun de l'apprécier.

XVI

LE DIVORCE

La mort de Napoléon-Charles a aboli les rêves d'hérédité que Napoléon avait formés; la naissance de Léon a dissipé ses incertitudes sur sa descendance; l'amour pour Mme Walewska a fait décroître dans son cœur l'image de Joséphine. A Tilsitt, il n'y a peut-être point un échange direct de paroles sur une alliance avec une grande-duchesse de Russie, mais, dès le retour de Tilsitt, tout se prépare en vue du divorce : pour la première fois, l'Empereur en accepte l'idée. Seulement ici, de la conception de l'idée à la réalisation, quel long intervalle! Ailleurs, dans les opérations où son esprit seul est engagé, lorsque la résolution est prise, il ne souffre point de délai et poursuit son but sans que rien l'arrête. Ici, c'est bien son esprit qui a envisagé les inconvénients de la stérilité de Joséphine, les avantages d'un divorce et d'un second mariage, mais c'est son cœur qui s'oppose à ses desseins politiques et qui, durant deux pleines années, de juillet 1807 à octobre 1809, le fait hésiter, se donner et se reprendre, dans une attitude étrange que la politique n'explique point, que l'amour seul détermine.

Avant que Napoléon ait acquis l'énergie de rompre avec une femme à laquelle l'ont attaché une habitude de dix années, une grande passion, l'ardeur de son tempérament, la vanité même, une femme qu'il a aimée assez pour l'appeler à partager son trône et pour la préférer quelquefois, elle et les siens, à ceux qui lui tiennent par le sang, il faut que, fil à fil, le lien qui les unit se soit usé et brisé et que le divorce, cessant d'être seulement profitable, soit devenu nécessaire. Du premier coup, il n'a pu se résigner à sacrifier cette compagne à laquelle il prête d'autant plus de qualités qu'il se croit au moment de se rendre plus coupable envers elle. « Elle n'y résistera point : elle en mourra ! » N'en arrive-t-il pas à penser que sa fortune à lui dépend d'elle et de son étoile ?

Mais ce n'est point une vaine superstition qui l'arrête, pas même le souci de l'opinion que prendront de lui ses anciens compagnons d'armes, l'armée et le peuple, si, deux années après le couronnement, il répudie la femme qu'il a fait sacrer : il ne s'occupe point de l'opinion : il n'écoute que son cœur et il recule. Devant ses hésitations, quelques-uns de ses plus affidés, tels que Fouché, s'imaginent de précipiter le dénouement, et veulent, par d'adroites insinuations, déterminer Joséphine à prendre elle-même l'initiative du sacrifice. Napoléon ne peut méconnaître que cet excès de zèle peut être inspiré par les projets qu'il a formés, que même il a laissé entrevoir. Mais, plus il se sent faible, plus il est violent; il s'encolère, il désavoue rudement Fouché, il le traite comme jamais nul homme de quelque condition qu'il fût n'a été traité par lui. C'est lui qu'un de ses ministres a pensé faire céder à sa pression! Et ce ministre, ce policier fuyant, se permet de pénétrer dans sa vie intime, d'entrer sa face hideuse dans la chambre conjugale ! Joséphine profite de l'indignation momentanée, et, bien dirigée par Talleyrand, qui, cette fois, pour une cause ou une autre, veut faire obstacle à Fouché, elle va droit à Napoléon, qui n'ose avouer son projet, hésite, chancelle, se laisse reprendre.

Alors, c'est fini pour un temps des listes de princesses nubiles établies d'après les almanachs, des renseignements confidentiels réclamés des agents extérieurs, des portraits soigneusement réunis pour se former une opinion. Napoléon « revient à sa femme bien plus que par le passé, par de fréquentes visites nocturnes. Il la presse dans ses bras, il pleure, il lui jure la tendresse la plus vive ». En vain l'attaque-t-on à nouveau et croit-on l'avoir convaincu, la vue de sa femme ranime en lui tous les sentiments anciens, et c'est elle, maintenant, qui, prenant son avantage, pose la question et envisage en apparence, plus résolument que lui-même, l'hypothèse du divorce. Ce n'est point elle — et elle le lui signifie — qui viendra au-devant de sa résolution : s'il ordonne, elle obéira ; mais il faut qu'il commande. Et il n'a point la force de commander. Pour assurer son pouvoir, pour fonder l'édifice de sa dynastie, pour garantir — selon les prévisions humaines — la perpétuation de son œuvre, « *l'homme au cœur de fer* » doit écarter une femme, et il ne le peut pas.

Pour amoureux qu'il est redevenu, au moins par intermittences, s'est-il fait plus fidèle ? Non, — et dans le sentiment qu'il éprouve pour sa femme, la fidélité n'a rien à voir. Son amour est fait de souvenirs, de pitié, de reconnaissance, de tendresse ; le désir n'y est qu'une réminiscence, sans illusion sur la beauté et la jeunesse de la femme. Par suite, si Napoléon trouve à sa portée des femmes plus jeunes et plus jolies, il peut fort bien les désirer et les prendre, sans que son affection pour Joséphine en soit diminuée. Ce séjour à Paris et à Fontainebleau d'août à octobre 1807 est le beau temps de Mme Gazzani, et même Mme Gazzani n'est point seule. L'amusement purement physique qu'elle procure, et auquel son extrême beauté a pu seule donner un semblant d'intérêt, ne pourrait occuper Napoléon deux mois durant. A Fontainebleau, on croit qu'il va devenir amoureux de Mme de B....., dame pour accompagner la princesse Pauline. Cette dame de B....., dont le mari a un semblant d'alliance avec les

Beauharnais et qui doit à cette parenté lointaine sa place à la cour, en est une des plus jolies femmes. Sa beauté superbement épanouie — elle vient d'avoir vingt-huit ans — s'étale sur un corps gigantesque, un corps de cinq pieds six pouces. Certains trouvent même que, pour cette immense taille, la tête est trop petite et les traits enfantins; mais ceux-là ne l'ont point vue en reine du jeu d'échecs au quadrille du bal Marescalchi. De l'esprit avec cela, point d'argent et nul préjugé. L'Empereur la voit aux déjeuners de chasse, dont elle ne manque pas un, et la remarque; il le lui fait savoir, et on dit même qu'il le lui écrit. Son appartement ayant été choisi au rez-de-chaussée du château, sur le jardin de Diane, est propice aux visites du soir : il faut passer par la fenêtre, et, dans l'embrasure, une haute marche expose les imprudents à des chutes bruyantes, mais la dame est accueillante et sait faciliter les accès. Elle s'en trouve bien, et le mari, fort âgé et des plus naïfs, s'en frotte les mains : « Ma femme, dit-il un jour dans un salon, a dans l'esprit des ressources incroyables. Nous ne sommes pas riches, et nous le paraissons grâce à son talent : c'est un vrai trésor ! » Tant elle travaille qu'elle le fait chambellan d'un des Rois frères de l'Empereur, le dernier promu, et baron de l'Empire, pour qu'elle soit baronne. Mais l'aventure, dont quelques-uns ont douté tant le secret fut bien gardé, n'est point suivie après le voyage de Fontainebleau, et le mari doit rabattre de ses joies. Il éprouva d'autres déplaisirs. Mme de B..... se brouilla avec sa princesse à propos d'un brillant officier; elle fut rayée des listes impériales et dut se retirer dans sa terre, tandis que l'officier partait pour l'Espagne, où il fut grièvement blessé. Au retour, après guérison pour lui et divorce pour la dame, il y eut mariage, et on serait indiscret à citer des dates.

Pour avoir pris des distractions, pour être revenu au lit conjugal, pour s'être laissé toucher par ses souvenirs, pour s'être attendri et énervé, Napoléon ne s'est point convaincu, n'a point renoncé à l'idée qui l'obsède et qui le hante, que sous toutes les formes lui représentent ses conseillers et, bien plus vivement, sa propre ambition et sa raison. C'est bien en vue du divorce futur qu'il part en Italie à la fin de 1807. Une des inquiétudes de Joséphine, c'est le sort qui, elle répudiée, sera fait à son fils. Or, si Napoléon, dès 1805, a établi Eugène en Italie comme vice-roi; si, en 1806, lorsqu'il l'a marié à la princesse Auguste, il lui a donné le titre de Fils de France, les promesses qu'il a faites n'ont point encore reçu la sanction suprême d'un acte législatif, et l'assurance de l'hérédité du royaume sur la tête d'Eugène et de ses descendants est purement verbale.

Il veut donc sur ce point rassurer à la fois sa femme et la maison de Bavière; et il veut aussi s'éclairer sur un projet d'union qui serait décent. S'il a regretté de n'avoir point épousé la Vice-Reine, la princesse Auguste, « la plus belle personne des Cercles, comme on disait avant lui », la sœur d'Auguste, la princesse Charlotte, ne serait-elle point la femme qui lui conviendrait? et c'est pour cela, sans doute, qu'il convoque à Milan le roi et la reine et la princesse de Bavière. Entre temps, il réfléchit qu'il ne saurait être le beau-frère de son beau-fils. De plus, la jeune fille lui plaît moins qu'il n'espérait. Il la laisse donc à ses étranges destinées et se retourne à un nouveau plan : celui d'une alliance de famille.

N'est-elle point déjà grandelette et bonne à marier, cette Lolotte qu'il n'a point vue depuis cinq ans et que jadis, la tenant par la main, il menait par ses salons consulaires? C'est la fille des premières noces de Lucien avec cette Catherine Boyer que Napoléon aimait en sœur, malgré qu'elle fût la fille de petits aubergistes de Saint-Maximin du Var et que, à ses débuts dans la famille, elle ne sût même pas signer son nom. Sans doute, depuis qu'elle a échappé à la tutelle d'Élisa, depuis qu'elle est partie de France avec son père et sa belle-mère, Lolotte a dû embrasser leurs querelles; mais elle n'a pas encore quinze ans, les souvenirs de la première enfance peuvent se réveiller en elle : l'Empereur, à ce point familial qu'il a scrupule de distraire pour qui n'est point Bonaparte une part quelconque de ses grâces souveraines, à ce point fraternel que, avec ses frères, sa vie se passe à pardonner et que la réconciliation avec Lucien lui semble un intérêt de premier ordre, peut rêver d'enter sa postérité sur sa propre race et de faire ainsi procéder sa dynastie uniquement de lui. D'ailleurs, si vraiment l'écart de l'âge est trop grand, si la jeune fille éprouve des répugnances, si lui-même conçoit des scrupules, à défaut de son trône, ne peut-il appeler Lolotte à partager quelqu'un des trônes d'Europe, qu'il *bonapartisera* ainsi : celui d'Espagne par exemple. Pour son jeu d'avenir, ce n'est point une carte inutile que cette fille de son sang, la seule à peu près nubile. Il la fait ramener à Paris ; il l'établit chez Madame Mère en observation ; mais Lolotte y reste peu. Elle égaie son père par ses correspondances sur la Cour, ne semblant point se douter que ses lettres sont surveillées. Napoléon reconnaît qu'il n'y a rien à faire de la fille de Lucien ; il la renvoie en Italie. Elle n'y trouva point une couronne souveraine, mais du moins une couronne fermée : elle épousa en 1815 le prince Gabrielli et ne mourut qu'en 1865.

Pour les projets matrimoniaux, le voyage d'Italie a donné de médiocres succès, et pourtant Fouché s'est encore agité à répandre et à accréditer le bruit du divorce, s'exposant à des lettres fulminantes qui n'arrêtent point son intrigue. Si fin soit-il et avisé d'ordinaire, il ne comprend pas que le moment est passé, que si les périls d'Eylau, du complot formé en son absence, ont pu toucher politiquement l'esprit de l'Empereur, l'impression n'a pas été assez vive pour être durable, pour que la nécessité de laisser à Paris, lorsqu'il en part pour quelque guerre, une vivante représentation de lui-même s'impose à sa pensée. Pour le décider, il eût fallu un parti tout prêt : celui de Russie est à échéance assez longue ; il n'y a rien à faire avec la Bavière, plus rien en ce moment avec l'Autriche, qui s'était offerte en 1805, mais n'a plus de fille à marier. L'alliance de famille est une réserve, mais que de dangers à craindre avec les Lucien et que de difficultés ! Donc il faut savoir attendre.

Et c'est bien ainsi que fait Napoléon à son retour pendant les trois mois qu'il passe à Paris. Son cœur est tout occupé par Mme Walewska, récemment arrivée de Pologne. Sa pensée est distraite par quantité d'affaires, celles d'Espagne surtout, qu'il prétend mener à bien avant de reprendre avec Alexandre l'entretien de Tilsitt. Ce n'est que par intermittences qu'il revient au divorce : plus incapable que jamais — bien qu'à présent Talleyrand l'y pousse — de prendre une décision, et surtout de signifier une volonté, agité, nerveux au point d'en être vraiment malade, d'en avoir de terribles crises d'estomac, et, dans ces jours-là, attirant sur son lit sa femme toute vêtue pour un cercle de Cour, pleurant sur elle et sur lui-même, sanglotant qu'il ne peut la quitter.

Non ! il ne peut. On dirait que, par un sort, il lui est lié, qu'elle possède contre lui un talisman d'amour. Bien qu'il dise parfois qu'il la trouve vieille et qu'elle est laide, c'est avec elle, durant le séjour à Marrac, des enfantillages et des jeux gamins d'amant tout à fait épris. Il ne semble plus qu'il lui reste un souci d'avenir et une arrière-pensée de rupture quand, dans les promenades, devant les chevau-légers d'escorte, il poursuit Joséphine sur la plage, la poussant dans l'eau à la *chambre d'amour*, en riant à plein gosier. Ou bien des fantaisies comme ce jour où l'Impératrice se pressant perd ses souliers, où lui, les prenant, les jetant au loin, la contraint de monter dans la voiture ainsi déchaussée, pour mieux voir et sentir ces pieds qu'il aime.

Et, en ces moments, ce n'est pas seulement le physique qui le touche, mais le moral : jamais Joséphine n'a été mieux inspirée qu'en ce voyage de Bayonne, jamais elle ne s'est mieux employée à le servir, n'a déployé plus de finesse.

Comme à bon droit il la trouve à sa place, intelligente, adroite, pleine de tact, en l'étrange rencontre qu'il faut subir avec les souverains d'Espagne. Comme ensuite, pendant ce voyage triomphal à travers les provinces du Midi et de l'Ouest, par une température à ce point torride qu'il faut marcher de nuit pour avoir un peu de fraîcheur, pendant ce voyage où chaque station est marquée par des fêtes pareilles, également peu distrayantes, des réceptions et des présentations sans fin, où il subit lui-même la lassitude des ovations ; comme elle, toujours debout, toujours prête malgré migraines et malaises, toujours exacte et ponctuelle, toujours un sourire gracieux sur les lèvres, dit à propos à chacun le mot qui le flatte, sait d'un geste touchant et qui conquiert détacher et offrir aux femmes et aux jeunes filles les bijoux dont elle a eu soin de se parer, et d'un présent officiel et banal faire un cadeau personnel et intime! Comme elle a l'air de s'intéresser aux choses et aux êtres, aux familles, aux enfants, à tout ce qui flatte le mieux les mères! Comme elle semble née pour le doubler, pour mettre sa faiblesse caressante près de sa puissance dominatrice, pour séduire les cœurs comme il enflamme les esprits!

Et pourtant, quoiqu'il ait subi plus qu'autre le charme de Joséphine pendant ces quatre mois (d'avril à août) où il a vécu uniquement avec elle et ne lui a fait qu'une courte infidélité avec Mlle Guillebeau, au retour, l'idée du divorce le reprend, et nul doute qu'elle ne soit pour beaucoup dans le voyage d'Erfurth. C'est pour insinuer à Alexandre qu'il est disposé à offrir son trône à une des grandes-duchesses qu'il emmène Talleyrand. Mais là, Talleyrand, au lieu de servir son maître, le trahit sans scrupule : c'est lui qui fournit à l'Empereur de Russie le moyen d'éluder la demande de Napoléon, qui jette les bases d'une coalition nouvelle contre la France et prépare la guerre de 1809.

Après Erfurth, il faut qu'à toute course Napoléon regagne Paris et la frontière d'Espagne. Il se confie aux demi-paroles, aux demi-promesses que lui a faites Alexandre et s'imagine qu'après en avoir fini avec l'émeute espagnole rien ne sera plus simple que de réaliser le mariage russe. Ce n'est point une émeute, c'est une insurrection : où il croyait que deux mois suffiraient pour un triomphe définitif, il en met trois pour ne remporter que de stériles victoires. Puis, des complots à Paris dans sa propre famille, sa mort escomptée, l'Autriche en armes de nouveau et se préparant à l'offensive, la révolte des peuples prêchée en Allemagne par les Archiducs et la guerre sainte fomentée par les sociétés secrètes. Il repart de Benavente, franchissant les relais au galop de ses chevaux éperonnés, courant la poste comme un de ses pages. Pas même trois mois à Paris, le temps de démasquer quelque traître, de mettre ses affaires en ordre, d'organiser une armée et de la pousser vers le Danube, et il repart, l'Autriche ayant attaqué, l'archiduc Charles ayant envahi le territoire de la Confédération.

Mais quand, à Schœnbrünn, après cette course vertigineuse qui a duré presque sans arrêt dix-sept mois, il s'arrête et réfléchit, la nécessité inévitable du divorce lui apparaît. Ce n'est pas seulement l'obligation d'assurer l'hérédité, et pourtant, un fils lui naissant, que deviendraient les trames ténébreuses de Murat et de Caroline? — c'est aussi l'utilité, à Paris, lui absent, d'un représentant de sa personne autour de qui se rallieraient ses amis, en des cas comme celui d'une descente anglaise ou d'une levée de boucliers de royalistes. Et Joséphine n'est plus là pour troubler ses sens par le souvenir des amours anciennes, pour émouvoir son cœur par la pensée des fortunes partagées, pour effrayer son imagination par le brisement de leurs destinées associées et la décadence de son étoile. Une autre femme, aussi attentive, bien plus timide et réservée, autrement jeune et belle, et celle-ci féconde, lui tient une société discrète et tendre, lui donne par surcroît la promesse, la certitude d'une paternité prochaine. S'il a pu encore douter de lui-même avec Éléonore, ici plus de doute possible, car il sait l'étendue du sacrifice que, à Varsovie, cette femme lui a fait; il sait la vie qu'elle a menée depuis deux ans : c'est lui-même qui a préparé sa prison à Schœnbrünn et qui l'a close comme il a voulu.

Aussi plus d'hésitation ! C'est décidé, c'est résolu, c'est fini de cette lutte qui, deux pleines années, a occupé son esprit et tordu son cœur ; cette lutte avec lui-même, où les journées et les nuits ont été emplies par l'angoisse nerveuse de la rupture, où, avant de se déterminer au sacrifice, il a épuisé toutes les combinaisons qu'a pu lui offrir la fertilité de son esprit. Adoption d'un enfant naturel, simulation d'une grossesse, retour même à un des fils d'Hortense, il a tout envisagé, tout retourné, se serait prêté à tout ; mais, de fait, un seul système est pratique, un seul peut assurer l'Empire. Il le sent, il le comprend. Aussi, pour s'épargner les émotions, pour les épargner surtout à sa femme, pour ne point retomber aux hésitations et aux faiblesses, de Schœnbrünn même il ordonne à l'architecte de Fontainebleau qu'on ferme la communication entre l'appartement de l'Impératrice et son appartement. Et quand Joséphine arrive — en retard pour la première fois, — il défend sa porte, demeure avec ses ministres. Plus d'entretien particulier, point d'occasion pour une explication ; toujours, à dessein, du monde entre lui et elle. A des intermédiaires, à des affidés, des insinuations; aux plus intimes, des ouvertures. Pour le dernier combat, après avoir tenté d'Hortense, qui se récuse, il appelle d'Italie Eugène, et quand il le sait en route, il provoque lui-même, à Paris, la suprême conversation, celle où il doit d'obligation annoncer à Joséphine sa résolution. Elle s'y attend, non pas seulement depuis 1807, mais depuis toujours. Le voilà donc éclaté ce coup dont elle a mis toute son adresse à se garantir, dont la terreur a empoisonné toute sa vie, ce divorce menaçant dès le retour d'Égypte, dont la pensée obsédante revient au moment du Consulat à vie, lors de la proclamation de l'Empire, à chacune des époques où la Fortune semble plus la combler ! Mais cette fois rien à faire, rien à tenter, nulle échappatoire, nul remède. Elle risque quand même les évanouissements et les larmes, mais sans espoir de le reprendre, uniquement pour tirer de la situation le meilleur parti possible. Elle veut un établissement pour son fils, des promesses et des actes.

Pour elle-même, elle entend d'abord et surtout ne point s'éloigner de Paris, puis que ses dettes soient payées, puis qu'on lui conserve le rang et les prérogatives d'Impératrice, puis qu'elle ait de l'argent, bien de l'argent. Et elle en a, elle a tout ce qu'elle veut : l'Élysée pour palais de ville, Malmaison pour résidence de campagne, Navarre pour château de chasse, trois millions par année, une maison d'honneur égale à sa maison d'autrefois, le titre, les armoiries, les gardes, l'escorte, tout le train extérieur d'une Impératrice régnante, une place à part dans l'État, si étrange qu'elle paraît unique et sans exemple ou que, pour en trouver une semblable, il faudrait remonter aux époques de Rome et de Byzance.

Mais de l'argent, des palais, des titres, ce n'est rien pour lui ; il donne mieux : ses larmes. Il donne ces jours de deuil usés à Trianon au jeu — lui qui ne joue jamais ! — et cette perpétuelle inquiétude au sujet de sa femme, qui lui fait, sur la route de Malmaison, précipiter à galops éperdus les pages, les écuyers, les chambellans, les grands-officiers, pour avoir des nouvelles toutes fraîches, à chaque instant, de chacune des heures qu'elle passe sans lui. Et, comme un amant inquiet, le plus fidèle et le plus tendre des amants, il écrit lettre sur lettre, oblige tout ce qui l'entoure à des visites, prétend connaître jusqu'au moindre détail de la vie de la répudiée. Point d'attention, point de grâces, point de gentillesses qu'il ne fasse, se sentant ou se croyant coupable. Il voudrait qu'elle aussi prît sa décision, acceptât l'irrévocable, fît bonne figure à sa destinée nouvelle, lui enlevât ainsi à lui le souci de la savoir malheureuse par lui.

Et pourtant, quand il vient à Malmaison la voir et la consoler, il ne l'embrasse point, il n'entre point dans les appartements, il s'arrange toujours pour demeurer en vue, car il veut que Joséphine et tout le monde sache bien que c'est fini. C'est ainsi un respect de plus qu'il lui témoigne en ne permettant point que personne puisse penser que sa femme d'hier demeure sa maîtresse de demain. — Et puis, qui sait? peut-être lui-même se défie-t-il de ses sens — et, en ce cas, ce n'est pas seulement du respect qu'il montre : il témoigne combien vif, et puissant, et durable, et survivant à tout, même à la jeunesse et à la beauté, a été et demeure encore cet amour qui date de treize ans, l'amour le plus passionné à ses débuts, le plus persistant malgré les accidentelles infidélités, le plus impérieux et le plus aveugle que jamais homme ait éprouvé.

XVII

MARIE-LOUISE

I

Jusqu'ici, toutes les femmes que Napoléon a possédées, il les a tenues pour des subalternes. Le prestige que, au début, Joséphine a exercé sur lui a complètement disparu à partir de 1806. Voyant à sa cour les plus grandes dames de l'ancienne France, des Montmorency, des Mortemart, des Laval, il a pris les Beauharnais pour ce qu'ils sont et a acquis une plus exacte notion des distances. De ses maîtresses, nulle n'a été pour flatter sa vanité par sa naissance ou la mode où elle s'est mise. Il n'en a point recherché de cette sorte, ou, si l'on veut admettre qu'il l'a fait, il s'est vite dégoûté et n'a même pas été jusqu'au bout.

D'ailleurs, la belle vanité qu'il tirerait, au point où il est, de conquêtes telles qu'il en pourrait faire en France! Pour satisfaire, par la femme, l'esprit d'ambition qui est en lui, il faut que l'aventure soit égalée à sa fortune; il faut pour le moins une fille de race impériale, et c'est ce qu'il rencontre lorsque l'Empereur d'Autriche mendie son alliance et lui offre pour épouse sa fille aînée, Marie-Louise.

Cette fois, ce n'est plus, comme jadis avec Joséphine, l'accès dans un faubourg Saint-Germain imaginaire : c'est l'entrée dans la famille des rois, c'est l'apparentage avec ce qui domine le monde par l'ancienneté de la race et par l'illustration historique : avec les Bourbons et les Habsbourg-Lorraine. C'est, gravi, le dernier échelon qui restât à franchir pour être égalé, au moins en sa pensée, à ceux qui l'ont précédé sur ce trône, sa conquête, même pour se relier à eux par une appellation qui établisse comme une descendance. Il pourra dire : *Mon oncle* en parlant de Louis XVI; *Ma tante*, en parlant de Marie-Antoinette, car, deux fois par sa mère et par son père, sa future femme est la nièce de la Reine et du Roi de France.

Désormais, en s'adressant aux empereurs et aux rois, il ne sera plus réduit au protocole de fraternité illusoire d'usage entre souverains : il sera réellement leur beau-fils ou leur petit-fils, leur cousin ou leur beau-frère : le système napoléonien qu'il a établi en Occident et qu'il a, depuis quatre ans, tenté de rattacher aux différents systèmes dynastiques par les mariages d'Eugène, de Stéphanie et de Jérôme, se trouvera, par son mariage à lui, aggloméré avec le système autrichien, comme jadis était le système bourbonien. Sa dynastie perdra cet air improvisé qui lui est une faiblesse, et acquerra, avec des quartiers de noblesse qui feront passer sur son origine révolutionnaire, ces parentés qui seules paraissent à Napoléon constituer en politique un lien solide et durable.

Par ce mariage, son esprit d'ambition est donc satisfait; mais son esprit de domination, comment s'accommodera-t-il d'une femme qui, ayant de tels aïeux, entraînant un tel surcroît de grandeur, doit avoir, de naissance et d'instinct, la conscience de ce qu'elle est et de ce qu'elle vaut, la volonté de s'établir en une place digne d'elle, et cette certitude d'infaillibilité qui, étant le propre des princes nés princes, suffit à les hausser en leur conscience au-dessus du commun des êtres?

Par une surprenante fortune, il se trouve que le terrain a été préparé comme à dessein. L'enfant qu'on lui livre n'imagine point qu'elle puisse avoir d'autre volonté que celle de son père; elle sait que sa destinée sera toujours subordonnée aux intérêts de sa maison, que sa personne est destinée à servir d'appoint dans quelque traité, et elle a été élevée de façon qu'elle subira sans répugnance, presque sans conscience, l'époux quelconque que la politique lui imposera.

C'est pour un tel emploi qu'elle a été formée dès sa prime enfance.

On lui a appris quantité de langues : l'allemand, l'anglais, le turc, le bohème, l'espagnol, l'italien, le français, même le latin, car on ignore où sa destinée l'emportera. Plus son vocabulaire est étendu, plus elle connaît de mots divers pour exprimer la même idée, moins elle a d'idées; c'est ce qu'il faut encore !

On l'a poussée aux arts d'agrément, musique et dessin, qui font une occupation décente et relevée aux princesses oisives en quelque lieu qu'elles aillent.

On l'a tenue dans le littéral de la religion, en l'astreignant à de minutieuses pratiques, mais on l'a gardée des disputes sur les dogmes, car il se peut que l'époux espéré soit pour le moins schismatique.

Pour les mœurs, un mystère soigneusement épaissi : l'Archiduchesse doit ignorer que dans la nature existent des êtres de sexes différents. Avec des précautions dont s'avisent seuls les casuistes de la grande école espagnole, on s'est ingénié, pour ménager son innocence, à de tels raffinements pudibonds qu'ils en deviennent presque obscènes. Dans les basses-cours, rien que des poules, point de coq; point de serin dans les cages, rien que des serines; point de petits chiens dans les appartements, rien que des chiennes. Les livres — et quels pitoyables livres ! — sont expurgés ciseaux en main; des pages, des lignes, des mots même coupés, sans qu'il vienne à l'idée des coupeurs que, devant ces trous, les archiduchesses rêvent. Il est vrai qu'une gouvernante, une *aja*, puis une grande-maîtresse, tient la bride aux rêves. C'est elle qui commande dans les appartements, assiste aux leçons, dirige les jeux, surveille les domestiques et les institutrices. Ni jour ni nuit, elle ne quitte son élève. Comme cette charge passe pour grande et tient à la politique, la titulaire change si les ministres tombent : Marie-Louise a eu cinq gouvernantes en dix-huit ans ; mais l'éducation est réglée par des lois si sévères et si strictes que, à travers les mutations de personnel, elle seule reste pareille.

Pour divertissements, ceux qu'on a dans un couvent : des fleurs à cultiver, des oiseaux à soigner, parfois quelque goûter sur l'herbe avec la fille de la gouvernante. Les jours de sortie, une intimité familiale très douce, mais très bourgeoise, avec des vieux oncles qui font de la peinture ou de la musique. Nulle toilette, point de bijoux, point de bals, aucune participation aux honneurs de cour, seulement quelques voyages pour les Diètes. Ce qui a le plus marqué dans la mémoire de Marie-Louise, ce qui l'a le plus distraite, ç'a été ses fuites devant les invasions françaises : la discipline perdait alors de sa régularité et l'on se relâchait des pensums.

Ainsi, ce n'est point une femme qu'on livre à Napoléon, c'est une enfant pliée à une règle si sévère, si uniforme et si étroite, que toute discipline sera douce en comparaison, et que le moindre plaisir sera nouveau.

Mais si l'éducation a, chez elle, ainsi comprimé la nature, n'est-il pas à craindre que la nature ne veuille prendre ses revanches? C'est ici l'éducation qu'ont reçue les filles de Marie-Thérèse, et l'on a vu à l'œuvre Marie-Antoinette à Versailles, Marie-Caroline à Naples, Marie-Amélie à Parme. Sans doute! mais Napoléon suppose que les maris s'y sont mal pris, et il a fait son plan. La pensionnaire qu'il reçoit passera tout simplement du couvent de Schœnbrünn ou de Laxenbourg dans le couvent des Tuileries et de Saint-Cloud. Il n'y aura en plus que le mari. Ce seront les mêmes règles inflexibles, la même rigueur de surveillance; nulle liberté de relations, point de lecture qui ne soit censurée, nulle visite masculine qui soit permise, l'*aja* remplacée par une dame d'honneur, et quatre *femmes rouges* montant perpétuellement la garde, deux aux portes, deux dans l'appartement, nuit et jour, comme des sentinelles devant l'ennemi.

Ainsi, puisque, mari, il est contraint d'apprendre à sa femme ce que son éducation tout entière a pris pour but de lui cacher, il suppléera à cette ignorance protectrice par les précautions matérielles : nul homme, si haut ou si bas qu'il soit placé sur l'échelle sociale, ne restera seul, fût-ce un instant, avec l'Impératrice.

Autour d'elle, l'ancienne étiquette du temps de

Louis XIV, l'étiquette relâchée par l'indifférence de Louis XV et la faiblesse de Louis XVI, revivra tout entière. Mais, où la royauté voilait ses défiances sous l'apparence d'honneurs traditionnels, en employant les plus grandes dames du royaume à surveiller la Reine sous couleur de lui tenir compagnie, Napoléon portera la netteté impitoyable de ses consignes militaires, et en accusera la rigueur en chargeant de les appliquer des veuves ou des sœurs de soldats.

Ce n'est point jalousie, car il ne connaît point encore la femme pour laquelle il légifère : c'est prudence et précaution. Il a dit au Conseil d'État : « L'adultère est une affaire de canapé », et il demeure convaincu, peut-être par expérience, que tout tête-à-tête entre homme et femme tourne facilement au criminel. Avec cette méfiance de la femme il doit trouver fort à son goût le système adopté par les Orientaux. S'il ne peut, parce que ce n'est point de mode en Occident, enfermer sa femme dans un harem, il supplée aux eunuques par les *femmes rouges* et remplace les grilles par l'étiquette. Sauf le nom, la prison est pareille. Il est vrai que, la prison acceptée, il entend y donner à sa femme toutes les jouissances matérielles qu'elle peut souhaiter : tant pis si elles se trouvent presque de tous points semblables à celles qu'offrirait un Sultan à une odalisque favorite !

A Vienne, Marie-Louise a ignoré les robes élégantes, les dentelles exquises, les schalls rares, les lingeries luxeuses : elle aura ici, pourvu qu'aucun marchand de modes ne l'approche et que les choix soient faits par sa dame d'atours, tout ce que l'industrie française produira de plus nouveau et de plus cher. Il lui en donne un avant-goût par le trousseau et la corbeille qu'il lui envoie, qu'il a vus lui-même article par article et qu'il a fait emballer sous ses yeux.

Ce sont les douze douzaines de chemises en batiste fine garnies de broderies, de dentelles et de valenciennes qui coûtent 19 386 francs, les vingt-quatre douzaines de mouchoirs qu'il paye 10 704 fr., les vingt-quatre camisoles de 9 060 francs, les trente-six jupons de 6 354 francs, les vingt-quatre bonnets de nuit de 5 652 francs, et les serre-tête, les fichus de nuit, les peignoirs, les fichus du matin, les robes (une de 5 000 francs en point à l'aiguille), les pelotes, les frottoirs, les serviettes de toilette, jusqu'aux linges de garde-robe. Pour 94 666 francs de lingerie que fournissent Mlles Lolive et de Beuvry.

Puis, c'est pour 81 199 francs de dentelles (et il y a un schall d'Alençon de 3 200 francs, une robe d'Angleterre de 4 500 francs, une de 4 800, une de 8 000 !) ce sont les 64 robes de Leroy, payées 126 976 francs, ce sont les dix-sept schalls de cachemire, payés 39 860 francs; ce sont les douze douzaines de bas, et, de ces bas, il en est depuis 18 francs jusqu'à 72 francs la paire; ce sont les soixante paires de souliers et de brodequins, de toute couleur, de toute étoffe, fabriqués sur les mesures envoyées de Vienne, et si mignons tous, que Napoléon, les faisant jouer au bout de ses doigts, les déclare de « bon augure ».

Toutes les élégances, toutes les raretés, toutes les richesses de ce Paris qui, par le monde, régit le goût et donne la mode, il les étale devant elle : pour 411 736 fr. 24 cent. de franfreluches. Et chaque année, elle en aura presque autant, puisque, pour sa toilette seule, elle aura par mois 30 000 francs à dépenser : 360 000 francs par an.

A Vienne, elle avait à peine quelques pauvres bijoux qu'une bourgeoise de Paris eût méprisés : des bracelets en cheveux, une parure en petites perles, une autre en pastilles vertes, l'écrin d'une princesse ruinée. Elle aura à Paris des diamants comme nulle souveraine n'en eut jamais : ces treize diamants entourant le portrait de l'Empereur qui ont coûté 600 000 francs, un collier de 900 000 francs, deux pendeloques de 400 000, une grande parure, plus riche encore, composée d'un diadème, un peigne, une paire de boucles d'oreilles, deux rangs de chatons et une ceinture : une parure où entrent 2 257 brillants et 306 roses! Elle aura une parure en émeraudes et brillants de 289 865 francs, une en opales et brillants de 275 953 francs, puis une en rubis et brillants, une en turquoises et brillants, sans compter la parure de diamants fournie par le trésor de la Couronne, et qui est estimée 3 325 724 francs.

En Autriche, les chambres qu'elle habitait étaient des plus simples : elle trouvera en France des appartements dont l'Empereur lui-même a ordonné et surveillé la décoration, qu'il a fait tendre tout de neuf de façon que rien n'y rappelât l'ancienne habitante ; des appartements qui, en quelque palais qu'elle aille résider, renferment les mêmes petits meubles d'usage journalier, afin qu'elle retrouve partout ses habitudes et ait à sa main les mêmes objets. Lui-même a présidé aux choix et aux places. Il en est si fier, qu'il invite chacun de ses hôtes à en faire la visite. Aux Tuileries, avec le roi et la reine de Bavière, il s'engage dans le petit escalier noir qui de son cabinet va à la chambre de l'Impératrice — l'escalier si étroit que le Roi, avec son gros ventre, le descend à grand'peine de côté ; — lorsqu'on arrive en bas, toujours dans le noir, la porte est fermée, et les trois Majestés font volte-face pour remonter, non sans effort, en ordre inverse. A Compiègne, c'est lui encore qui fait à la reine de Westphalie les honneurs de ce cabinet de bains meublé et tendu en cachemires des Indes, 400 000 francs de cachemires !

Telle qu'elle a été élevée, les gouvernantes, pour le salut de son estomac, lui interdisaient les friandises : comme il la sait gourmande à la façon des Viennoises, qui prennent à toute heure des gâteaux et du café au lait, il change, pour lui plaire, les règlements de sa table, y multiplie les entremets, les bonbons, les petits fours, et prévoit un goûter complet de pâtisserie.

Elle est généreuse et n'a pu rien donner jusqu'ici que les menus ouvrages qu'elle faisait elle-même. Elle pourra gorger maintenant de ses présents son père, et ses frères, et ses sœurs, et sa belle-mère, et tout son monde, leur envoyer chaque année pour plus de deux cent mille francs d'objets de Paris : toilettes, porcelaines, livres, nécessaires et petits meubles. Lui-même, dès avant qu'elle n'arrive, a donné le signal.

Elle ne peut savoir si elle aime les spectacles, puisque jamais on ne l'y a conduite : mais elle ne serait point de son temps et de son pays si elle ne les aimait point. Elle aura donc le spectacle, musique ou comédie, aussi souvent qu'il lui plaira, soit qu'elle aille avec lui dans les théâtres, soit qu'elle fasse jouer les acteurs dans ses palais. Quoi encore ? Tout ce qu'elle voudra : chiens, oiseaux, maîtres de musique, de peinture ou de broderie, toutes les estampes, toutes les curiosités des petits Dunkerque, tout, pourvu qu'elle se plie à la discipline du harem et qu'elle accepte cette vie, toute semblable au surplus à celle qu'elle a menée. Elle n'en sortira que pour les grandes cérémonies civiles et religieuses, pour les grands bals, les spectacles, les cercles, les chasses, les villégiatures, les voyages d'apparat. Elle apparaîtra alors hautaine, presque hiératique sous son costume de Cour chargé de diamants, gardée par son cortège de dames et d'officiers, aperçue de loin et de bas par les peuples, comme une idole.

Ainsi lui pare-t-il les grilles et lui orne-t-il sa prison ; ainsi rêve-t-il de la maintenir enfant en l'amusant avec des joujoux ; ainsi règle-t-il minutieusement sa vie pour qu'elle passe sans secousse de l'état d'archiduchesse captive à Schœnbrünn à l'état d'impératrice captive à Paris ; ainsi assure-t-il l'obligation de sa fidélité et prétend-il mettre l'épouse de César au-dessus et en dehors du soupçon. Et s'il agit ainsi et avec cette rigueur, ce n'est pas tant parce qu'il est époux que parce qu'il pense à sa paternité prochaine et se prépare à son rôle de fondateur de dynastie. La femme qu'il enferme ainsi sous quatre femmes rouges a, suivant lui, cette mission spéciale, on peut dire unique, d'être mère par lui. Elle est le moule destiné à recevoir et à développer le germe dynastique, et c'est à assurer, à démontrer la légitimité de la filiation de ce germe que tendent toutes ces précautions. Napoléon n'a point si tort, car la doctrine monarchique tient là tout entière.

Que Marie-Louise devienne mère, il n'en doute pas. Ses informations à ce sujet sont prises avec la dernière minutie. Outre qu'elle est « parfaitement formée », elle a de bons exemples dans sa famille. Sa mère a eu treize enfants, sa grand'mère dix-sept, son arrière-grand'mère vingt-six. C'est bien là, comme il disait à Champagny, « le ventre » qu'il a voulu épouser. Quant à lui-même, il est rassuré. Il a à son actif deux expériences authentiques et toute défiance nerveuse est dissipée. Qu'elle vienne donc à présent et qu'elle se hâte, celle qui va assurer la succession de son trône et gagner l'avenir pour sa race!

Mais cette femme lui plaira-t-elle? Pourra-t-il physiquement la désirer et de quel désir? De Vienne, on lui a envoyé son portrait : c'est une fille aux longs cheveux blonds, divisés sur le front en grosses touffes pendantes; un front assez élevé, des yeux d'un bleu de faïence, la face marquée de la petite vérole et piquetée de rouge; le nez un peu creusé à la racine, les lèvres grosses, le menton lourd et saillant, les dents blanches, assez séparées et portées en avant, une gorge belle, mais très forte, tout à fait d'une nourrice; les épaules larges et blanches; des bras maigres, des mains toutes petites, des pieds charmants. Elle est grande pour une femme : cinq pieds deux pouces ($1^m,674$ millim.), — moins grande que lui seulement de quatre lignes (9 millimètres). Plutôt une belle femme, mais sans grâce, ni souplesse, ni charme. Cela peut s'acquérir, croit-il, aussi bien que l'élégance et l'aisance. D'ailleurs, la hauteur dans l'abord ne lui déplaît pas et il y trouve de l'impérial. Ce qu'il regarde avant tout, c'est qu'elle soit bien de sa race. Lorsque Lejeune, l'aide de camp de Berthier, arrive à Compiègne, précédant de quelques jours l'Impératrice, Napoléon fait apporter le portrait qu'il a reçu de Vienne et questionne Lejeune qui, par bonheur, est autant peintre que soldat, sur toutes les parties de la ressemblance. Lejeune montre alors un profil d'elle qu'il a dessiné et, tout de suite, Napoléon s'écrie : « Ah! c'est bien la lèvre autrichienne! » Il prend sur la table, où elles sont empilées, des médailles des Habsbourg, il compare les profils et il s'extasie. C'est bien là la femme qu'il souhaitait, c'est l'Impératrice !

Depuis que la négociation est conclue, depuis qu'il voit son rêve s'accomplir, il trépide d'impatience de le posséder. En vain, pour rompre ses pensées, fait-il chaque jour des dix à quinze lieues en chassant à courre : cette idée l'obsède ; il en parle à chacun, il voudrait que les préparatifs de la réception soient achevés avant d'être commencés. Si, au Louvre, pour l'installation de la Chapelle dans le Grand-Salon, on lui objecte qu'on ne sait où mettre les immenses tableaux : « Eh bien! répond-il, il n'y a qu'à les brûler. » Il se préoccupe — lui! — de l'effet, qu'il produira ; il se fait faire par Léger, le tailleur de Murat, un costume de Cour tout couvert de broderies qui le gêne au point qu'il ne le peut garder. Il fait venir un cordonnier nouveau pour que ses souliers soient plus fins : il veut apprendre à valser et s'y donne mal au cœur. Comme écrit Catherine de Westphalie à son père, « ce sont des choses que ni vous ni moi n'aurions imaginées ».

Et à mesure que le cortège de l'Impératrice, de Vienne, gagne l'Allemagne, puis la France, son impatience croît. Il veut tenir la femme : bien plus que la femme, ce que représente la femme. En chacune des villes où, selon un itinéraire qu'il a fixé heure par heure, Marie-Louise s'arrête, il expédie des pages, des écuyers, des chambellans, avec des lettres, des fleurs, du gibier qu'il a tué. De chacune, il attend des lettres, des lettres de l'Impératrice, des lettres de Berthier, des lettres de sa sœur Caroline qui lui amène sa femme, des lettres des dames, des écuyers, des préfets. Il en prendrait des pages, des laquais et des postillons.

A la fin il n'y tient plus. Marie-Louise a couché à Vitry le 26 mars. Le 27, elle doit venir à Soissons ; le 28, seulement, doit avoir lieu l'entrevue. Le cérémonial en est imprimé. Le pavillon où les époux par procuration se rencontreront est construit et tapissé. Les troupes sont commandées. Les repas sont préparés. Les villes sont dans l'attente. Mais qu'importe ! Le 27, au matin, il part de Compiègne avec Murat, sans escorte, sans suite, par une pluie battante. Sous le portail de l'église de Courcelles, il attend.

Voici enfin la grande berline à huit chevaux qui s'arrête pour relayer. Napoléon s'approche. L'écuyer de service l'annonce. Caroline le nomme. Le marchepied s'abaisse. L'Empereur, tout trempé, est dans la voiture. On repart, on brûle les villages où les maires sont de planton, discours en main ; on brûle les villes en fête où le dîner refroidit, l'excellent dîner que Bausset a commandé. Sans manger, à neuf heures passées du soir, on arrive à Compiègne : l'Empereur abrège les discours, les présentations, les compliments. Il mène Marie-Louise dans son petit appartement de l'intérieur.

Là, à elle de se souvenir de la leçon que son père lui a faite « d'être à son mari tout à fait et de lui obéir en toute chose... »

Le lendemain, à midi, il se fait servir à déjeuner près du lit de l'Impératrice par les femmes de son service. Et, dans la journée, il dit à un de ses généraux : « Mon cher, épousez une Allemande. Ce sont les meilleures femmes du monde, douces, bonnes, naïves et fraîches comme des roses. » Pense-t-il qu'on va s'étonner qu'il ait pris autant au sérieux le mariage par procuration et n'ait point attendu les cérémonies qui vont suivre? En ce cas, il a sa justification prête : « Henri IV, dit-il, en a fait de même », et cela répond à tout.

II

« Je n'ai pas peur de Napoléon, dit Marie-Louise à Metternich trois mois après son mariage, mais je commence à croire qu'il a peur de moi. »

Ces trois mois auraient donc suffi amplement pour dissiper cette terrible angoisse qui, de Vienne à Compiègne, l'avait étreinte au point de troubler toutes ses fonctions physiques et pour changer entièrement les rôles. Mais comment l'admettre? Il aurait peur, lui, d'une fille de dix-huit ans qu'il a prise sans façon, à la hussarde, le soir même où elle est arrivée et en passant toutes les cérémonies d'État et d'Église? Sans doute : ç'a été là le mouvement impulsif, et plus il y a, au fond de lui, de timidité et d'embarras, plus il est porté à se montrer brutal. Ce n'est pas tant la femme qu'il a voulu posséder que ce que représentait la femme. Les sens entraient pour assez peu dans son désir; mais ce désir était chauffé par son ambition tout entière. Avoir cette femme, c'était l'impossible, l'irréalisable, et c'est pour cela qu'il s'est emparé d'elle tout de suite, dès qu'il l'a tenue, comme s'il craignait qu'elle ne lui échappât. C'est ainsi qu'il a fait en d'autres circonstances, au Caire et à Varsovie, où il ne s'agissait point d'une telle épousée, où le désir n'était que physique.

Mais presque aussitôt après, la réaction s'opère. La femme qu'il a prise le prend à son tour et s'empare de lui. Les sens qui d'abord ne jouaient presque aucun rôle, dominent à présent. Il veut être aimé, craint de ne point l'être ou de ne pas paraître tel.

Il ne se contente plus de la chair qu'il a conquise et qu'il détient, il veut l'esprit aussi et que cette femme avoue, proclame qu'elle est heureuse par lui. Aux Tuileries, un matin, il fait venir Metternich et l'enferme avec l'Impératrice; au bout d'une heure, il rouvre la porte et rentre en riant : « Eh bien! dit-il, avez-vous bien causé? L'Impératrice a-t-elle dit bien du mal de moi? A-t-elle ri ou pleuré? Je ne vous en demande pas compte. Ce sont vos secrets à vous deux. » Ce qui ne l'empêche pas, dès le lendemain, d'interroger Metternich et, comme l'autre se défend de répondre, sur la parole même que l'Empereur a donnée : « L'Impératrice n'a pas une plainte à formuler; j'espère que vous le direz à votre empereur et qu'il vous croira plus que d'autres. »

En vérité, en prenant ainsi ses témoins, en rompant ainsi pour eux la clôture, ce n'est point l'empereur François qu'il entend rassurer, c'est lui-même. Il veut se convaincre que sa femme s'est donnée tout entière à lui, qu'elle ne garde point d'arrière-pensée, qu'elle se plaît à la vie très bourgeoise, comme il dit, qu'il lui fait mener, que, par suite, il trouvera près d'elle le bonheur domestique auquel il aspire.

Cette femme, pourtant, dès sa petite enfance, a subi et partagé contre lui l'animadversion ambiante. Sa « maman » lui a conté, quand elle avait six ans, que *Monsignore Buonaparte, le Corsicain*, s'est sauvé d'Égypte, désertant son armée, et qu'il s'est fait Turc. Elle a cru fermement qu'il battait ses ministres, qu'il avait tué de sa main deux de ses généraux. L'année même qui a précédé son mariage — cette année qui a vu Eckmuhl, Vienne bombardée, Essling et Wagram — elle l'a tenue pour la dernière que le monde dût vivre, et c'était Napoléon l'*Antichrist*. « La colère me dévorerait, écrivait-elle après Znaïm, si je devais dîner avec un de ses maréchaux. » Lorsque le divorce a éclaté, elle n'a point admis un instant qu'il pût être question d'elle. « Papa, disait-elle, est trop bon pour me contraindre sur un point d'une telle importance. » Elle plaignait seulement la pauvre princesse qu'il choisirait, « car elle était sûre que ce ne serait point elle qui deviendrait la victime de la politique ». Quand la nouvelle de son mariage a pris corps : « Priez pour moi », écrivait-elle à une amie d'enfance. Et elle ajoutait : « Je suis prête à sacrifier mon bonheur particulier au bien de l'État. » On lui demanda son avis, mais pour la forme. Les archiduchesses n'ont point d'opinion que celle de leur père. Elle se résigna ; mais Napoléon n'en devait pas moins apparaître à son imagination pareil à l'ogre des contes de fées. Qu'on y pense : l'homme de la Révolution, celui qui quatre fois avait terrassé, démembré son pays, qui deux fois était entré à Vienne en conquérant, qui avait contraint son père l'empereur, *la Sacrée Majesté Impériale!* à venir à son bivouac mendier la paix, tous ses sentiments d'aristocrate et de patriote, de princesse et de fille, ce qui est le plus sacré dans l'âme humaine et ce qui est le plus vibrant dans l'orgueil nobiliaire, devait le lui faire détester.

Mais dès qu'il l'a épousée, on ne sait trop si elle y pense, tant l'éducation qu'elle a reçue l'a faite pareille à un automate, tant le cerveau étroit sécrète peu d'idées, tant le tempérament chez elle, dès les premiers jours, s'éveille et prend le dessus. On se demande si Napoléon n'a point raison lorsqu'il semble croire que Marie-Louise, si elle aurait éprouvé quelque répugnance contre son mariage, c'eût été purement au physique. « On lui avait toujours dit, raconte-t-il, que Berthier était, pour la figure et l'âge, mon exacte ressemblance. Elle laissa échapper qu'elle y trouvait une heureuse différence. » Tout le passé est-il donc lavé et effacé par ce fait que cette archiduchesse est devenue physiquement sa femme, que physiquement le mari ne lui a point déplu? Qui sait? Si invraisemblable que la chose paraisse, avec Marie-Louise, elle est probablement vraie.

Aussi, Napoléon tient-il à lui prouver qu'il est et qu'il demeure bon mari. Il a cessé, dès le Consulat, de faire chambre commune avec Joséphine, prétextant ses occupations et son travail ; en réalité, pour assurer sa liberté. Si Marie-Louise l'exigeait, il se remettrait à l'attache, car, dit-il, « c'est le véritable apanage, le vrai droit d'une femme » ; mais tandis que lui, frileux dans les appartements, y fait entretenir du feu presque été comme hiver, elle, élevée à la dure dans ces immenses, glacials palais des environs de Vienne, ne peut supporter la chaleur. Souvent, avec des tendresses de jeune mari, il lui dit : « Louise, couche chez moi » et elle, avec son accent dur d'Allemagne, répond : « Il y fait trop chaud. » Lorsque, descendant dans la chambre de sa femme, il ordonne qu'on allume le feu, l'Impératrice, survenant, prescrit qu'on l'éteigne et, comme « Sa Majesté est chez elle », les femmes rouges obéissent et l'Empereur, qui a froid, s'en va.

Cela lui donnerait des facilités pour être infidèle, mais il n'y pense guère, ou, s'il y pense, il se cache comme un débiteur qui ferait banqueroute. Sans doute, en 1811, il a l'air de faire quelque attention à la princesse Aldobrandini-Borghèse, Mlle de La Rochefoucauld, qu'il a mariée avec 800 000 francs de dot au beau-frère de Pauline, et qu'il vient de nommer dame du Palais. Mais c'est seulement la jeunesse, l'entrain et l'élégance de cette jeune femme qui le frappent. — Au moins on peut le croire. — Il paraît aussi se ménager la duchesse de Montebello, dame d'honneur de l'Impératrice, et l'on en fait scandale dans les correspondances privées, mais rien n'est moins sûr, et, de fait, la duchesse ne semble guère l'avoir en gré. Ce qu'il se permet, ce sont en réalité des aventures tout obscures, soigneusement dissimulées et dont personne ne parle parce que personne ne les connaît. A Caen, pendant le voyage de Normandie, une rencontre — est-ce bien la première? — avec Mme Pellapra, femme du receveur général du Calvados, le Pellapra du procès Teste-Cubières. Il la retrouvera à Lyon en 1815, au retour de l'île d'Elbe, et alors les pamphlétaires saliront à l'envi « Mme Ventreplat ». A Saint-Cloud une passade avec une certaine Lise B..., la pareille des lectrices de jadis, mais nulle liaison, au plus trois ou quatre entretiens en particulier. Voilà tout. Sa fidélité est à ce point authentique, qu'il laisse, à présent, voir à tout venant le petit appartement qui, à Compiègne, ouvrant par une porte masquée sur le corridor où sont les chambres des dames invitées, communique avec son appartement par un escalier dérobé et qui, jadis, recevait les visiteuses de bonne volonté.

Il fait mieux : il sait ou croit savoir que Marie-Louise peut prendre ombrage de ses visites à Malmaison et de ses visites rue de la Victoire. Celles-ci demeurent à ce point mystérieuses, que nul pour ainsi dire n'en a connaissance. Celles-là, moins fréquentes d'année en année, à mesure que Joséphine lui donne, par sa conduite, plus de motifs d'être mécontent, sont aussi secrètes, et il a soin de recommander aux officiers de n'en point parler :

« Cela, dit-il, ferait de la peine à ma femme. »

L'âge survenant, — car il passé la quarantaine — a pu éteindre certaines ardeurs. De plus, sa jeune femme avec sa peau fraîche, son corps laiteux de Viennoise amoureuse et naïve, lui plaît physiquement, — beaucoup trop, dit Corvisart. La fidélité s'explique. Mais c'est toute sa vie qu'il change. De son adolescence pauvre, solitaire et mélancolique, il est resté, comprimé en lui, très tard, un goût pour les jeux de main, les gamineries bruyantes et actives. Cela n'est point sorti en son temps et se fait issue. Avec les dix-huit ans de Marie-Louise, par là, ses quarante et un ans se trouvent appariés : il est plus enfant qu'elle, avec une sorte de passion pour des amusements de collégien. Le voici à cheval, qui la poursuit en courant par les parterres de Saint-Cloud. Le cheval butte, le cavalier tombe et se relève en riant et en criant : *Casse-cou!* Le voici, reprenant les parties de barres de Malmaison, jouant au ballon ou à cache-cache. A la vie cloîtrée préparée pour elle, et qu'elle a toute acceptée, elle n'a proposé qu'un amendement : elle a voulu monter à cheval, fantaisie d'usage pour les princesses de Lorraine, dès qu'elles sont libres de la tutelle maternelle. Marie-Antoinette a fait de même, et l'on se rappelle les objurgations de Marie-Thérèse. Napoléon ne veut point laisser à un autre le soin de faire le maître de manège. C'est lui qui met l'Impératrice en selle et, tenant le cheval par la bride, il court à côté. Lorsque l'écolière a trouvé à peu près son assiette, chaque matin, après déjeuner, il se fait amener un de ses chevaux, l'enfourche sans prendre le temps de passer ses bottes et, dans la grande allée, où, tous les dix pas, un homme d'écurie est de planton pour parer à toute chute, il chevauche près de sa femme, en bas de soie, s'amusant dans les temps de galop aux cris qu'elle pousse, excitant les chevaux pour les faire courir, tombant lui-même plus souvent qu'il ne voudrait. Le soir, en petit comité, il met en train les petits jeux : c'est le temps où ils fleurissent : *le Furet du Bois-joli, les ciseaux croisés, Colin-Maillard* sous toutes ses formes, les jeux à pénitences dont on fait des volumes. Il y joue comme les autres, mais avec une médiocre patience et sans se soumettre à devenir, au gré des dames, *Pont d'Amour, Cheval d'Aristote, Roi de Maroc* ou *Portier du Couvent.*

Marie-Louise, jusque-là, n'avait qu'un talent de société dont elle était fière : c'était de remuer son oreille sans bouger aucun muscle de sa face. Talent insuffisant. A présent, elle joue au billard, pour lequel elle s'est prise de passion, et provoque l'Empereur, qui s'en tire si mal que, pour se trouver de force, il demande des leçons à un de ses chambellans.

Et toujours, qu'elle veuille dessiner le profil de son mari — lequel se prête à poser pour elle quand il ne le fait pour aucun peintre ; — qu'elle s'asseye à son piano et joue pour lui des sonates à l'allemande qu'il goûte peu, ou qu'elle lui montre ses ouvrages, le baudrier ou le ceinturon qu'elle lui brode — que brode plutôt la maîtresse de broderie, Mme Rousseau — il est là attentif, occupé d'elle, cherchant à l'égayer, à l'amuser, « sa bonne Louise-Marie », et de son tutoiement bourgeois il étonne cette Cour à présent collet-monté, où les maris du faubourg Saint-Germain se gardent de tutoyer leurs femmes.

Ces habitudes-là ne sont point pour choquer Marie-Louise. Elle s'y fait vite, rendant à son mari tutoiement pour tutoiement, donnant des petits surnoms d'amitié à ses belles-sœurs, appelant sa belle-mère *maman;* mais c'est à une condition : que son mari ne la quitte point et qu'il soit à ses ordres. Et il s'y met.

Lui qui, jusqu'ici, a réglé son existence sur ses occupations, il est contraint à présent de concilier — parfois de sacrifier — ses occupations aux goûts, aux désirs, parfois aux caprices de sa femme. Il avait l'habitude de déjeuner seul, rapidement, sur un coin de table, lorsque ses affaires lui permettaient d'y penser. Maintenant, — au moins pendant les années 1810 et 1811, car après il se libère — c'est un gros déjeuner à heure fixe avec sa femme, un déjeuner où l'on sert un potage, trois entrées, un rôti, deux entremets, quatre hors-d'œuvre de cuisine et un dessert complet, au lieu des quatre

18

petits plats que jusque-là on lui avait présentés.

Dans les voyages (et, de 1810 à 1812, il y a cinq grands voyages en Normandie, en Belgique, en Hollande, sur le Rhin et à Dresde) ce n'est point elle, comme jadis Joséphine, qui attend l'Empereur, c'est l'Empereur qui l'attend. Elle n'est jamais prête ni pour la chasse, ni pour les réceptions, ni pour le spectacle, et il monte patiemment la garde, se contentant, comme à Fontainebleau, de chantonner en fouettant avec sa cravache le sable de la cour.

Elle n'admet point qu'il s'éloigne, et il ne s'éloigne point, quelle que soit la nécessité qu'il y ait qu'il aille en Espagne prendre lui-même le commandement de ses armées. Chaque jour, il voudrait partir. Ses équipages sont tout prêts, à la frontière. Ils y resteront jusqu'aux derniers jours.

Il aimait à la chasse les longues randonnées, les courses à l'aventure, à toute bride, à perdre l'haleine, qui, après le travail assidu et prolongé, activaient son sang. A présent, comme elle entend suivre toutes les chasses, qu'elle ne veut point se déshcurer et qu'il faut être rentré pour les repas — sa grande affaire — il ne chasse plus, il se promène de façon que les calèches puissent suivre et que le dîner ne refroidisse pas.

Il n'est point seulement un mari fidèle, mais un mari galant, un mari amoureux et qui guette les occasions d'être agréable. Qu'il soit généreux, qu'il offre à sa femme, aux étrennes, une parure de rubis du Brésil de 400 000 francs quand elle en souhaiterait une de 46 000 ; qu'il lui donne après ses couches ce collier de perles de huit rangs, contenant 816 perles et coûtant 500 000 francs qu'on volera à Blois, cela n'est qu'impérial ; mais, ce qui montre l'amant dans le mari, ce sont ces bracelets avec des dates, des noms en pierres de couleurs ou en diamants, ces bonbonnières, ces médaillons où, sous toutes formes, Napoléon s'ingénie à placer son effigie. Et n'est-ce point elle qui proclame cet amour quand elle fait, par Nitot, entourer son portrait à elle de perles fines et de pierres de couleur formant ces mots : Louise, je t'aime, et qu'elle fait poser ce médaillon à l'écritoire de son mari ?

S'il ne l'aimait point comme il fait, il ne prendrait pas ombrage de la moindre phrase de journal, du moindre vers qui le présente en berger amoureux. Dès qu'il voit imprimé quelque mot qui lui semble violer l'intimité de sa pensée, vite au ministre de la Police une lettre fulminante où il ne conteste point qu'il aime, mais où il défend qu'on le dise.

Pour s'attirer la tendresse de sa femme, il s'ingénie aux attentions pour sa famille : à l'empereur François, c'est à chaque instant des cadeaux de livres et de gravures ; à l'impératrice Maria-Ludovica d'Este, des toilettes ; aux archiduchesses et aux archiducs, des livres, des meubles, des robes, des armes, des joujoux. Il ne s'agit point ici des présents de Marie-Louise, laquelle expédie par chaque

courrier des monceaux d'effets, mais de ceux de
Napoléon lui-même. En une seule fois, après l'entrevue de Dresde, où l'Impératrice d'Autriche a littéralement dévalisé la garde-robe de sa belle-fille,
on expédie aux frais de l'Empereur, à sa belle-famille, huit nécessaires, dont un de 28 000 francs,
deux montres d'or, neuf schalls, trente et une robes
en pièces, vingt-six autres robes confectionnées,
trente-deux chapeaux, toques et casques : des objets pour 122 642 fr. 70 c.

Point de chatterie qu'il n'ait à sa Cour pour le
grand-duc de Wurtzbourg, l'oncle de sa femme,
pour Metternich, pour Schwartzemberg, pour quiconque est Autrichien. « Il les gorge de diamants »,
c'est lui qui le dit, et rien n'est plus vrai.

La preuve la meilleure encore qu'il donne de son
amour, c'est que, tout jaloux qu'il est, il n'ose
gronder. La méfiance en lui est demeurée entière,
malgré le temps qui s'est écoulé, l'amour qu'on lui
témoigne et les précautions par lesquelles sa sécurité devrait être assurée et qu'il a toutes maintenues.
En voici la preuve : lorsque, devant la nécessité de
la guerre en Russie, il est obligé de quitter sa
femme, par chaque courrier il se fait adresser un
rapport circonstancié sur les promenades qu'elle a
faites, les visites qu'elle a reçues, les façons dont
elle a occupé ses soirées; et ce rapport est rédigé
par un subalterne qui emploie du papier à chandelle, qui écrit *Vildavre* pour Ville-d'Avray; et, sur

cet ignoble papier, en face de ces notes informes, lui, si méticuleux en matière de protocole, met, de sa main, des signes d'interrogation et de rappel. Voilà donc l'homme, et nulle preuve ne saurait être plus démonstrative, non de sa jalousie, mais de sa continuelle attention. Et pourtant, si quelque chose en la conduite de sa femme lui déplaît, il se contraint, il n'ose la reprendre en face; il s'ingénie à trouver un intermédiaire qui porte ses plaintes. L'Impératrice, se promenant dans le parc de Saint-Cloud avec Mme de Montebello, s'est laissé présenter par la duchesse un de ses parents auquel elle a parlé. Le lendemain, au lever, l'Empereur retient l'ambassadeur d'Autriche, lui raconte l'histoire, et comme Metternich s'excuse de ne point comprendre où va la confidence : « C'est, lui dit Napoléon, que je désire que vous parliez du fait à l'Impératrice. » Comme l'autre refuse, il insiste : « L'Impératrice est jeune, dit-il, *elle pourrait croire que je veux faire le mari morose*. Ce que vous lui direz fera plus d'impression sur elle que ce que je pourrais lui dire. »

Il y a plus : s'il est une maîtresse que Napoléon ait aimée, l'unique, pourrait-on dire, qui ait occupé sa pensée, c'est le pouvoir. Et ce pouvoir, si ardemment refusé à Joséphine que, pour un mot où elle *semble* parler de politique, il lui inflige, par le *Moniteur*, le plus cruel des désaveux; ce pouvoir dont Napoléon est jaloux à ce point que, ni à ses plus vieux conseillers, ni à ses frères, ni à qui que ce soit au monde, il n'a consenti à en abandonner l'ombre seulement; en 1813, aux heures les plus périlleuses pour son empire, il le partage avec sa femme. Il établit solennellement Marie-Louise Régente de l'Empire : Impératrice, Reine et Régente!

Sans doute, l'abandon est plus apparent que réel; sans doute, nulle décision grave ne doit être prise sans qu'il intervienne; sans doute, en Russie, il a eu la sensation du désastre, l'impression qu'il pouvait y rester, et, au retour, se lançant en des risques plus grands encore, il a prétendu assurer, pour le cas où il disparaîtrait, la transmission de sa couronne, mais encore fallait-il se dépouiller, et il l'a fait. A présent, les décrets sont rendus, au nom de l'Empereur, par l'Impératrice; par l'Impératrice, les grâces sont accordées, les nominations signées, les proclamations lancées. A présent, plus de ces Bulletins par lesquels, depuis 1800, le maître faisait partout entendre sa parole, annonçait et commentait ses victoires, distribuait la gloire et rendait ses comptes de conquêtes; c'est « Sa Majesté l'Impératrice Reine et Régente qui a reçu de l'armée telles ou telles nouvelles ». Les conscrits de l'année funeste, ce sont ses conscrits à elle : les Marie-Louise, comme le peuple les appelle.

Du haut en bas de l'échelle gouvernementale, les faiblesses se manifestent, les défections se préparent, les trahisons s'accomplissent. Il n'est plus là.

Son nom même a disparu. Ce nom de Marie-Louise, on ne le craint point. Il ne dit rien au peuple, il ne signifie rien. Mais Napoléon n'en veut point démordre : il s'applaudit de ce qu'il a établi. Sa femme en sait, à elle seule, plus que Cambacérès, plus que tous les Bonaparte réunis. Plus la catastrophe est proche, plus le péril est imminent, plus il s'attache à cette pensée que elle, elle seule, sauvera tout.

Et, par hasard — car de son départ de Paris, et de la capitulation, et du reste, elle n'est pas responsable — par hasard, c'est par elle que tout est perdu. Il lui écrit une lettre en clair, non chiffrée, où il indique le mouvement suprême qu'il va tenter contre les armées alliées. Cette lettre tombe aux mains des coureurs de Blücher, et Blücher s'empresse de la mettre, *décachetée*, « aux pieds de la fille auguste de Sa Majesté l'Empereur d'Autriche ».

XVIII

L'ILE D'ELBE

En toute cette confiance marquée, étalée, affirmée, Napoléon a-t-il été uniquement guidé par l'amour? En cette façon d'agir, la politique avait-elle sa part? Comptait-il que l'empereur d'Autriche, rencontrant en face sa fille et son petit-fils, détournerait ses coups, n'oserait et ne pourrait frapper? Avec l'Impératrice, mise ainsi en vedette, préparait-il déjà, pour le cas de revers insurmontables, une abdication personnelle qui sauverait au moins sa dynastie? S'était-il figuré que les souverains d'Europe, trouvant non plus lui, mais une des leurs, et non des moins qualifiées, installée sur ce trône, hésiteraient à l'en renverser, accepteraient et confirmeraient la substitution qu'il aurait lui-même accomplie et, au lieu d'en chasser son fils, se croiraient intéressés à assurer son règne?

Pour admettre ces dernières hypothèses il faudrait que déjà, dès avril 1813, avant Lutzen, avant cette première campagne où il fait à chaque instant éclater sa confiance en sa fortune, Napoléon en désespérât. Qu'il eût quelque-arrière pensée à l'égard de l'Autriche, qu'il tînt Marie-Louise pour un gage certain d'alliance, qu'il se confiât au lien de parenté, qu'il se reposât sur la bonne foi de François II, non sa foi d'empereur, mais sa foi de beau-père, certes.

Pour surprendre d'instinct un complot tel que l'avaient noué contre lui les aristocrates d'Europe, pour deviner que cette jeune fille qu'on avait jetée en son lit avait été le leurre préparé par la coalition des oligarques pour l'attirer au piège, il eût fallu une noirceur d'âme dont nul Français de la Révolution, — à peine Talleyrand, même pas Fouché, — eût été susceptible. Il fallait, pour former et conclure ce dessein, pour coaliser autour de ce lit nuptial les haines attentives de toutes les vieilles cours, la profondeur de corruption qui se rencontre seulement dans les sociétés aristocratiques, — celles-là qui sont habituées par tradition et par éducation à n'éprouver aucun scrupule, qui sont décidées à ne respecter d'autre loi humaine ou divine que leur intérêt et qui poursuivent leur but sans regarder aux moyens, sans trouver qu'aucun déshonore, celui-ci, moins qu'un autre, parce qu'il est chez elles le plus usité : l'amour. Ce n'est point une maîtresse qu'il s'est agi de fournir, mais une épouse. On l'a fournie : qu'importe si, le triomphe accompli, les roues du char ayant passé sur l'impie qui a outragé l'arche sainte, il se trouve, aux moyeux, de la chair pantelante et des cheveux blonds d'archiduchesse! Si elle survit, cette femme, on lui fera un sort et elle se consolera. Si elle en meurt, tant pis! A tel jeu il faut risquer, et ce n'est qu'une femme...

Napoléon n'a pas même été effleuré d'un soupçon. Jamais il n'a admis que sa femme fût la complice de ses ennemis: en quoi il avait raison, car on n'avait eu garde de la prévenir et elle jouait son rôle au naturel bien mieux que si on le lui avait soufflé. Ce n'est que beaucoup plus tard, à Sainte-Hélène, même pas entièrement, soit qu'il lui répugnât d'aller au fond de ces choses, soit qu'il lui déplût d'élucider cette cause majeure de ses désastres, que Napoléon fait la liaison entre son second mariage et les événements qui l'ont suivi. « C'était l'abîme, a-t-il répété, qu'on m'avait couvert de fleurs. » Mais encore dirait-on qu'il ne veut point s'y attarder, qu'il ne lui plaît point de plonger en ce gouffre d'impuretés. Il semble qu'il a le dessein d'empêcher que sa femme et le souvenir de sa femme en soit sali, qu'elle soit chargée devant l'histoire d'une part quelconque de responsabilité dans le grand drame dont son inconscience a été un des principaux ressorts et qui, si on le regarde avec des yeux non prévenus, apparaît tel qu'un drame d'Eschyle, large, simple, naturellement héroïque.

Loin d'en vouloir à cette femme qui l'a précipité des sommets, à mesure qu'il en tombe, il lui témoigne plus d'amour et de confiance, comme pour la consoler des désillusions que lui doit causer l'agression de sa patrie native, la levée de bouclier de son père, ce qu'elle doit regarder comme une trahison des siens envers elle-même. Même à ce moment, ce n'est pas qu'il doute de lui ou qu'il ait des incertitudes sur sa fortune : le propre de sa nature est d'espérer même contre l'espérance, et bien des journées de la campagne de France sont, par cette vertu des forts, les sœurs de l'immortelle journée de Castiglione. Ce n'est que tout à fait aux derniers jours qu'il se voit contraint d'admettre cette hypothèse que l'ennemi peut entrer dans Paris, s'emparer de l'Impératrice et du Roi de Rome : ce serait un court triomphe, car l'occupation momentanée de Paris ne change rien au plan stratégique qu'il a formé ; mais il ne saurait souffrir la pensée que sa femme et son fils puissent être la proie du vainqueur. C'est pour les soustraire à une telle insulte qu'il donne à Joseph l'ordre formel d'abandonner Paris, d'en faire partir tous les éléments de résistance et tous les hommes du gouvernement. Il compromet ainsi tout son édifice, car Talleyrand sait bien se soustraire à l'injonction de suivre la cour. Tous ses fils sont assemblés de longue date ; il s'est ménagé, près du roi Joseph, près de l'Impératrice, à la Préfecture de la Seine, à la police, partout, des complices sur qui il exerce une inexplicable influence et qui semblent liés à lui par un pacte infernal. Avec eux il achève, en 1814, l'œuvre de trahison qu'il a commencé à ourdir à Tilsitt, en 1807.

Mais, renverser le gouvernement de l'Empereur avec l'aide et l'appui de cinq cent mille baïonnettes étrangères, ce n'est que la moitié de la tâche que s'est donnée le prince de Bénévent. Il ne se tiendra satisfait que s'il a rompu les liens que lui-même à contribué à former entre Napoléon et Marie-Louise. L'Empereur croit qu'il lui restera cette consolation suprême d'avoir près de lui sa femme et son enfant. S'il n'engage point formellement l'Impératrice à le joindre à Fontainebleau, c'est qu'il s'imagine encore que ses larmes auront quelque pouvoir sur l'empereur François et que son avenir en pourra être amélioré : mais elle ira le rejoindre dès qu'il aura formé un établissement; elle aura elle-même une souveraineté qui lui appartiendra en propre, elle voisinera avec lui qui se résigne à une existence de petit prince ou croit s'y résigner ; elle viendra lui tenir compagnie et, comme elle l'aime, « qu'elle a aimé en lui moins l'empereur que l'homme », la vie encore pourra être heureuse pour eux deux, pour cet enfant qu'ils verront grandir.

A ces projets, à ces rêves, Marie-Louise est toute disposée à s'associer. Certes, elle aime son mari et elle voudrait l'aller retrouver, mais pour une âme qui se rencontre fidèle au devoir, combien parmi celles qui l'entourent viles et vendues ! Le vide se fait autour de cette jeune femme qui jamais, dès l'enfance, n'a été habituée à penser par elle-même, qui, depuis qu'elle existe, pliée à la discipline, n'a connu que des maîtres et ne sait qu'obéir. Son père étend la main sur elle. Elle se débat encore et veut s'insurger, car l'amour qu'elle ressent pour Napoléon est de force à lutter, en son cœur, même contre le respect filial. Mais cet amour, Talleyrand s'arrange pour le tuer. Il a près de Marie-Louise une femme qui lui appartient et qui est entre les plus remuantes, et les plus politiques de son temps. Elle ignore les scrupules et ne sait ce que c'est que la reconnaissance. Galante en sa jeunesse à la façon des Italiennes, elle préfère encore l'intrigue pour l'intrigue et, chaque fois qu'elle a pu s'introduire en quelque aventure diplomatique, elle s'y est sentie dans son élément. Dame du palais, elle n'est point de celles qui quittent la place et se retirent chez elles. Elle a mieux à faire : demeurée presque seule, près de Marie-Louise, elle ouvre ses batteries. Soufflée par Talleyrand, elle insinue d'abord, elle affirme ensuite que Napoléon ne l'a jamais aimée, qu'il l'a trompée constamment. L'Impératrice s'obstine-t-elle? Mme de Brignole mande les deux valets de chambre qui viennent d'abandonner, à Fontainebleau, leur maître et leur bienfaiteur, et elle leur fait dire ce qu'elle veut, les mensonges dont ils sont convenus avec M. de Talleyrand. Personne pour inspirer du courage, souffler de l'énergie à cette grande fille mollasse, incapable de résolution, en qui le tempérament joue le premier rôle et qui est plus blessée de ces infidélités qu'on lui raconte qu'elle n'est atterrée par la chute de son trône. De même qu'elle a été livrée en holocauste, moderne Iphigénie, et qu'elle s'est laissé livrer, elle se laisse délivrer à présent, où la politique défait, comme dit Schwartzemberg, ce que la politique avait fait. Ce n'est point le travail d'un jour : elle luttera encore près d'une année contre l'Europe entière acharnée contre elle et mettant en jeu tous les ressorts pour avoir raison de ce cœur de petite fille. L'orgueil, la vanité, la jalousie, l'envie, on emploiera tout et l'on ne parviendra à triompher que lorsqu'on l'aura en quelque façon contrainte à remplacer l'amour par l'amour, que le pudique empereur d'Autriche aura obligé sa fille à un concubinage public. Alors toute l'Europe monarchique applaudira et une souveraineté sera la récompense de l'adultère.

Napoléon n'a point l'idée d'une telle abjection. De chacune des étapes qu'il parcourt sur sa voie douloureuse, il écrit à sa femme une lettre, comme jadis quand elle s'avançait triomphalement sur le territoire de l'Empire au bruit des cloches sonnant en volée, des canons tirant en salve, l'armée et le peuple formant la haie à son passage et les maréchaux d'Empire la saluant de l'épée. Lui, maintenant escorté par les commissaires des alliés, au milieu des cris de mort hurlés par la populace aux gages des Verdets, s'achemine vers cette île que l'Europe, dans la peur qu'elle a encore gardée de lui, lui a abandonnée, qu'elle compte bien lui reprendre quelque jour, que va lui disputer son grand ami, le ci-devant électeur de Saltzbourg, le ci-devant grand-duc de Wurtzbourg, son hôte de Compiègne et des Tuileries, redevenu grand-duc de Toscane comme en 1797, au temps où le général Bonaparte s'asseyait à sa table. Mais ces lettres de jadis, froides et glacées par l'étiquette, adressées à une inconnue, comment les mettre en parallèle de celles qu'il écrit aujourd'hui. Deux seulement sont publiées : deux lettres à « sa bonne Louise », sa « bonne Louise-Marie ». Oubliant tout ce qu'il souffre, il n'y parle que des peines qu'elle éprouve ; il s'inquiète de sa santé, car on a eu soin de mettre en avant qu'elle avait besoin de prendre les eaux d'Aix, ce qui est un moyen de retarder la réunion, et, consciemment ou non, Corvisart s'est prêté à faire ainsi le jeu des ennemis de l'Empereur. Mais cela pas plus que le reste, Napoléon ne le soupçonne. Il se réjouit du dévouement de Corvisart auquel, de Fréjus, il adresse une lettre qui, si elle est méritée, est son meilleur titre de gloire. Loin de s'opposer au voyage à Aix, il le presse et le souhaiterait accompli pour que sa femme pût le joindre plus tôt. Si elle ne peut venir de suite à l'île d'Elbe, elle se hâtera sûrement de s'installer à Parme et, pour qu'elle n'y manque de rien, il y envoie pour sa garde un détachement de ses chevau-légers polonais et pour ses écuries une centaine de chevaux d'attelage.

A peine est-il à Porto-Ferrajo qu'il s'inquiète d'organiser dans chacun des palais — tristes palais ! — destinés à sa résidence un appartement pour l'Impératrice. Voici celui de Porto-Longone qui sera de six pièces, celui de Porto-Ferrajo qui aura la même étendue. Et il presse les travaux, car elle peut arriver d'un instant à l'autre. Il l'attend pour tirer les feux d'artifice, pour donner des bals, pour faire des excursions, subordonnant à sa pensée tous les détails de son existence, au point que lui, si peu habitué d'ordinaire à publier ses sentiments, ordonne au peintre qui décore le plafond du salon d'y représenter « deux pigeons attachés à un même lien dont le nœud se resserre à mesure qu'ils s'éloignent ».

C'est pour cela qu'il apporte un tel mystère à recevoir, le 1er septembre, la visite de Mme Walewska. Elle va à Naples réclamer près de Murat la dotation que Napoléon lui avait accordée sur les biens qu'il s'était réservés et que Murat s'est empressé de confisquer; profitant de la relâche à Porto-Ferrajo elle a sollicité de voir l'Empereur. Depuis le 20 août, il est installé à l'Ermitage de la Madonna de Marciana. C'est, dans une forêt de châtaigniers centenaires, où les grandes chaleurs l'ont forcé à se réfugier, près d'une chapelle bien bâtie, une maison faite d'un rez-de-chaussée composé de quatre petites pièces. Les ermites que Napoléon n'a point voulu déposséder sont installés dans la cave. Pour la suite, bien peu nombreuse, composée du capitaine de gendarmerie Paoli, de Bernotti, officier d'ordonnance, de quelques mamelucks et seulement de deux valets de chambre, Marchand et Saint-Denis, on a dressé, sous les châtaigniers, une tente de grandes dimensions, près d'une source qui se perd dans un tapis de mousse fraîche tout embaumée de muguet, d'héliotrope, de violettes, de toutes les fleurs sauvages. Point de cuisine : l'Empereur descend pour dîner à Marciana où est installée Madame Mère et remonte chaque soir à son ermitage.

Au reçu de la lettre de Mme Walewska[1] les ordres sont expédiés avec le plus grand mystère et de façon que le secret soit le mieux gardé. C'est à la nuit close qu'elle débarque le 1er septembre; elle trouve au port une voiture à quatre chevaux et trois chevaux de selle. Elle monte dans la voiture avec son fils; sa sœur, qui l'accompagne, son frère le colonel Laczinski, en uniforme polonais, se mettent à cheval et l'on part sous un merveilleux clair de lune. A Procchio, on rencontre l'Empereur venu à la ren-

---

[1]. Il est très possible, très probable, que le frère de Mme Walewska, le colonel Laczinski, se trouvât ou fût venu à l'île d'Elbe antérieurement. Un colonel Laczinski est en effet, le 4 août, chargé d'une mission par l'Empereur. A-t-il apporté des lettres de Mme Walewska? est-il chargé de la ramener? c'est possible. Il serait possible aussi que ce ne fût point le même Laczinski qui l'accompagnât : car Mme Walewska avait deux frères, l'un qui semble avoir été général en Pologne et tout le moins colonel en France, l'autre qui fut sans doute colonel dans l'armée du Grand-Duché. L'histoire si glorieuse de la Pologne napoléonienne est toute à faire, au moins en France.

contre, suivi de Paoli et de deux mamelucks.
Mme Walewska prend elle-même un cheval, car on ne
peut songer à faire rouler plus loin la voiture; Bernotti se charge de l'enfant et l'on arrive tant bien
que mal au haut de la montagne. A la maison, l'Empereur dit en se découvrant à la visiteuse : « Madame, voilà mon palais, » et il abandonne aux deux
dames la disposition des quatre petites pièces qui
le composent et où des lits ont été dressés. Luimême se réfugie sous la tente, dans les murs de laquelle dorment les deux valets de chambre. La fin de
la nuit est orageuse : grand vent, grande pluie. Au
matin piquant, l'Empereur, qui n'a pas dormi, appelle
Marchand. Celui-ci lui raconte que le bruit s'est
répandu à Porto-Ferrajo que la visiteuse est Marie-Louise et que l'enfant qu'elle amène est le Roi de
Rome. Sur ce bruit, le docteur Foureau s'est empressé de se rendre à l'Ermitage pour offrir ses services et il est là, attendant les ordres.

L'Empereur, habillé, sort de la tente. Un beau
soleil, que tamise l'ombre épaisse des châtaigniers,
a déjà ressuyé les terrains environnants. Dans ce
paysage, cueillant des fleurs de la montagne, joue
l'enfant mystérieux. Napoléon l'appelle et, s'asseyant
sur une chaise que Marchand a apportée, le prend
sur ses genoux. Puis, il fait chercher Foureau qui se
promène dans les environs. « Eh bien, Foureau,
lui dit-il, comment le trouvez-vous? — Mais, Sire,
répond le docteur, je trouve le Roi bien grandi. »

Napoléon rit de bon cœur, car le jeune Walewski a un an de plus que le Roi de Rome, « mais la beauté de ses traits, ses cheveux blonds bouclés répandus avec profusion sur ses épaules lui donnent une grande ressemblance » moins avec le Roi de Rome qu'avec le portrait si populaire qu'Isabey a fait de lui où il l'a vieilli peut-être à dessein.

Napoléon plaisante quelques instants le docteur, et le congédie en le remerciant de l'empressement qu'il a mis à venir offrir ses services. Mme Walewska paraît à son tour, sortant de la maison. Depuis les jours de Varsovie, elle a pris un peu d'embonpoint, mais sa taille n'a pas souffert et sa physionomie ouverte et calme est demeurée aussi attrayante. Quant à sa sœur, âgée de dix-huit ans, elle a « une tête d'ange ». C'est une de ces enfants blondes dont la jeunesse a le parfum d'une fleur rare. La table est dressée sous les châtaigniers : le déjeuner arrive tout préparé de Marciana et le repas est plein de gaieté. Puis, la journée se passe en causeries et en promenades aux environs. Au dîner, l'Empereur veut que l'enfant, qui n'a point déjeuné avec lui, soit assis à ses côtés. Mme Walewska résiste, disant que son fils est trop turbulent, mais Napoléon l'exige. Il n'a pas peur des espiègleries; lui-même, en son enfance, était très volontaire et très diable. « Je donnais des coups à Joseph, et je le forçais encore à faire mes devoirs. Si j'étais puni par du pain sec, j'allais l'échanger contre le pain de châtaignes de mes bergers, ou bien j'allais chez ma nourrice qui me donnait des poulpettes. » L'enfant, d'abord très sage, ne tarde pas à s'émanciper et l'Empereur lui dit : « Tu ne crains donc pas le fouet; eh bien ! je t'engage à le craindre. Je ne l'ai reçu qu'une fois, et je me le suis toujours rappelé. » Et il raconte alors son aventure, comment, en son enfance, Pauline et lui ce sont moqués de leur grand'mère et comment ils ont été fouettés par *Madame* qui n'entendait point raillerie. « Mais je ne me moque pas de maman », répond l'enfant avec un air tout contrit qui ravit l'Empereur. Il l'embrasse tendrement en lui disant : « C'est bien répondu. »

Le soir tombe et, à 9 heures, les visiteurs repartent pour s'embarquer. L'Empereur les accompagne jusqu'à la plage, et, en embrassant son fils, on l'entend murmurer : « Adieu, cher enfant de mon cœur. » Mme Walewska, en dédommagement des confiscations de Murat, emporte un bon au porteur de 61000 francs sur le trésorier de l'Empereur. On dit que son séjour à Naples se prolongea assez pour qu'elle s'y trouvât encore en mars 1815.

Malgré toutes les précautions prises, malgré l'arrivée et le départ à la nuit close, trop de gens avaient intérêt à être informés de ce que faisait l'Empereur pour que cette aventure passât inaperçue. Les insulaires ne manquèrent point de dire que l'inconnue était Marie-Louise; le commissaire anglais et les espions des Bourbons, mieux avisés, se doutèrent qu'il s'agissait d'une maîtresse. Mais ils voulurent voir de l'amour, alors qu'il n'y avait que de la tendresse et de la reconnaissance. La présence de Mlle Laczinska écarte toute idée de rapprochement intime. Si l'Empereur eut à l'Ile d'Elbe quelque passade, ce ne fut certes point avec cette prétendue comtesse de Rohan, vulgaire intrigante, qui y était, dit-on, venue faire on ne sait quelles réclamations et offres de services; ce fut avec une femme beaucoup plus inconnue, la même qu'il avait reçue trois ou quatre fois dans l'appartement de l'Orangerie de Saint-Cloud, et qui, de son propre mouvement, avait rejoint Porto-Ferrajo. Était-elle mariée dès ce moment au colonel B... ou l'épousa-t-elle à l'île d'Elbe? on ne sait trop; mais, mariée ou non, son dévouement fut pareil et il est malheureux qu'on n'ait sur elle que si peu de détails. Elle ne se contenta pas de venir à l'île d'Elbe; en 1815, on la vit arriver à Rambouillet, demandant, implorant que Napoléon lui permît de le suivre, dans le plus profond désespoir, lorsqu'il le lui refusa. Avec trois mille francs qu'on lui donna, elle passa, dit-on, aux États-Unis, où elle espérait le retrouver.

Nul ne semble avoir soupçonné qu'à l'île d'Elbe l'Empereur ait donné quelques instants à cette femme. Par contre, on a souvent réédité de prétendues lettres qu'un misérable prêtre aux gages de M. le duc de Blacas avait falsifiées pour accréditer certaines calomnies. Il est inutile de s'y arrêter.

A l'île d'Elbe, Napoléon se trouvait en une crise à la fois morale et politique qui l'obligeait à la réserve la plus grande. Il connaissait assez Marie-Louise pour savoir que la moindre infidélité qu'elle apprendrait, savamment exploitée par son entourage, la blesserait au cœur. Il venait d'expédier le capitaine Hurault de Sorbée, époux d'une des femmes rouges, pour tenter d'approcher d'elle à Aix-les-Bains, et de lui porter des paroles. Il venait de recevoir des indications qui pouvaient lui faire espérer une correspondance régulière. Le moment eût été mal choisi pour faire scandale.

Le temps passe, tout le mois de septembre, sans lettre, sans communication quelconque qui lui parvienne. Il se détermine, le 10 octobre, à écrire à ce grand-duc de Toscane sur l'amitié duquel il compte encore, et que, dès le 19 avril, il désignait à sa femme comme l'intermédiaire naturel entre eux. Ce n'est point une supplique qu'il adresse, et au ton dont il parle à « Monsieur son frère et très cher oncle » on sent qu'il se souvient et qu'il s'imagine aussi que le ci-devant parasite de Compiègne doit se souvenir : « N'ayant point reçu de nouvelles de ma femme depuis le 10 août, ni de mon fils depuis six mois, je prie Votre Altesse Royale de me faire connaître si elle veut permettre que tous les huit jours je lui adresse une lettre pour l'Impératrice et m'envoyer en retour de ses nouvelles et les lettres de Mme la comtesse de Montesquiou, gouvernante de mon fils. *Je me flatte que, malgré les événements qui ont changé tant d'individus, Votre Altesse Royale me conserve quelque amitié. Si elle veut bien m'en donner l'assurance, j'en recevrai une sensible consolation. Dans ce cas, je la prierai d'être favorable à ce petit canton qui partage les sentiments de la Toscane pour sa personne. Que Votre Altesse Royale ne doute pas de la constance des sentiments qu'elle me connaît pour elle ainsi que de la parfaite estime et de la haute considération que je lui porte. Qu'elle me rappelle au souvenir de ses enfants.* »

Non, ce n'est point une supplique et l'égalité de rang, la supériorité ancienne se fait sentir malgré tout, mais avec quelle habileté, quelle ingéniosité, tout ce qui peut émouvoir cet homme, pourvu qu'il ait un cœur, est mis en œuvre! Il ne s'agit que d'un service familial à rendre à celui qui se confesse malheureux, se reconnaît déchu, et qui, pour mieux l'attendrir, s'avoue presque le sujet de ce prince qui jadis a été entre ses courtisans les plus empressés.

Nulle réponse. C'est que le drame s'est accompli et que la famille impériale d'Autriche a eu la joie de déshonorer à jamais cette fille d'Autriche, impératrice des Français. Napoléon le sait ou l'ignore, mais nul ne peut dire qu'alors il l'ait su. Après une telle lettre écrite à un tel homme, il ne peut plus en écrire. On lui a pris sa femme, on lui a pris son fils. Les Bourbons ne paient pas la somme annuelle stipulée à Fontainebleau. Il va être obligé de licencier sa garde et ne pourra pas même opposer un semblant de résistance et se faire tuer avec ses grognards quand les rois ordonneront sa déportation en quelque île de l'Océan, les Açores, par exemple, que propose Talleyrand le 13 octobre, parce que « c'est, dit-il, à cinq cents lieues d'aucune terre ».

Il faut qu'il meure, qu'il se laisse assassiner par les bandits que soudoie Brulart, ou enlever par les rois que Talleyrand conseille. Il préfère risquer la suprême partie avec la France et pour la France. Le retour est décidé.

XIX

LES CENT JOURS

Au jour de l'an de 1815, Napoléon avait reçu une lettre de l'Impératrice, qui lui donnait des nouvelles de son fils, disait qu'il était charmant, que bientôt il pourrait écrire lui-même à son père. Comment, pourquoi cette lettre? On ne sait. Un remords peut-être. Quoi qu'il en soit, elle maintenait le lien, semblait lui prouver que Marie-Louise n'avait nullement renoncé à le rejoindre, que, si elle se taisait, c'était par contrainte. Il suffisait qu'elle redevînt libre pour qu'elle se hâtât d'accourir. Il suffisait que Napoléon eût un trône à lui offrir pour que ses geôliers lui rendissent sa liberté. Aussi, à peine l'Empereur est-il à demi rassuré sur son entreprise que, de Lyon, le 12 mars, il s'empresse d'avertir Marie-Louise. Mais comme elle avait fait antérieurement pour les lettres qui lui avaient été adressées de l'île d'Elbe, elle remet le billet qu'elle reçoit aux mains de son père et celui-ci le communique aux plénipotentiaires alliés. Nulle réponse.

Dès son entrée à Paris, l'Empereur a rétabli presque sur le pied ancien la maison de l'Impératrice et il a donné des ordres pour que les appartements soient remis en état. Dix jours après, le 1er avril, il écrit à l'Empereur d'Autriche, « Monsieur son frère et très cher beau-père », une lettre officielle où il réclame « l'objet de ses plus douces affections, son épouse et son fils ». « Comme, dit-il, la longue séparation que les circonstances ont nécessitée m'a fait éprouver le sentiment le plus pénible qui ait jamais affecté mon cœur, une réunion si désirée ne tarde pas moins à l'impatience de la vertueuse princesse dont Votre Majesté a uni la destinée à la mienne. » Et il termine ainsi : « Je connais trop les principes de Votre Majesté, je sais trop quelle valeur elle attache à ses affections de famille pour n'avoir pas l'heureuse confiance qu'elle sera empressée, quelles que puissent être d'ailleurs les dispositions de son cabinet et de sa politique, de concourir à accélérer l'instant de la réunion d'une femme avec son mari et d'un fils avec son père. »

Nulle réponse. Devant ce silence opposé aussi bien à ses lettres officielles qu'à celles dont il avait, avant leur départ, chargé officieusement les diplomates autrichiens accrédités près des Bourbons, Napoléon se confirme dans l'opinion que la politique continue à paralyser l'élan naturel de sa femme et il se décide à employer, pour parvenir jusqu'à elle, des voies secrètes. Il expédie à Vienne des agents qu'il choisit parmi les mieux à même d'arriver jusqu'à Talleyrand et jusqu'à l'Impératrice : Flahaut et Montrond. Montrond seul perce les lignes ; mais, lorsqu'il s'agit de remettre à Marie-Louise le billet dont il est porteur, Meneval, l'ancien secrétaire du cabinet de l'Empereur, qui, devenu en 1813 secrétaire des commandements de l'Impératrice, l'a suivie en Autriche, s'interpose. Il sait où en sont les choses avec Neipperg et c'est rendre service à l'Empereur que brûler le billet qu'il a écrit à sa femme. Meneval n'ose pourtant point écrire directement la vérité, il comprend quel coup il portera à son maître : c'est par une lettre anonyme, d'une écriture déguisée, qu'il s'imagine d'avertir quelqu'un dont il sait l'invariable fidélité : Lavallette. L'Empereur en a connaissance, mais Lavallette doute, se persuadant qu'une telle missive anonyme peut être un coup de la politique autrichienne. Comment Napoléon ne douterait-il pas aussi?

On va être éclairci : Ballouhey, secrétaire des dépenses des deux Impératrices, un honnête homme et sur la fidélité duquel on peut compter, est en route venant de Vienne par Munich où il doit prendre les instructions du prince Eugène. L'Empereur est si impatient de le voir qu'il donne ordre que, de Belfort, on lui télégraphie son passage et qu'il fait mettre à son domicile, à Paris, un planton qui, au débotté, l'amènera droit à l'Élysée. Ballouhey arrive le 28 avril et l'Empereur le retient deux heures pleines ; mais, s'il tire de lui des notions utiles dont le Prince Eugène l'a chargé, il n'obtient pas la pleine lumière sur ce qui lui importe le plus. Ballouhey, comptable d'une scrupuleuse exactitude, attaché jusqu'au fanatisme à Joséphine, puis à Marie-Louise, est d'une nature trop timorée pour oser affirmer ce qui, à Vienne, est le secret du Congrès, de la Cour et de la Ville tout entière.

Il faut attendre Meneval qui, renvoyé de Vienne, arrive enfin douze jours plus tard. Cette fois, plus d'illusion possible. C'est Marie-Louise qui en se mettant, le 12 mars, par une lettre officielle, sous la protection des Puissances, a provoqué la déclaration furibonde signée le 13 par les plénipotentiaires alliés. En récompense, Neipperg a été nommé son maréchal de Cour. C'est elle qui, le 18 mars, a consenti à livrer son fils, immédiatement séparé de sa gouvernante, Mme de Montesquiou, et de tous ses domestiques français. Et lorsque Meneval a pris congé d'elle, elle-même l'a chargé de dire à l'Empereur « qu'elle ne prêterait jamais les mains à un divorce, mais qu'elle se flattait qu'il consentirait à une séparation amiable, que cette séparation était devenue indispensable, qu'elle n'altérerait pourtant pas les sentiments d'estime et de reconnaissance qu'elle lui conservait ». Elle est décidée, sa résolution est irrévocable et son père lui-même n'aurait pas le droit de la forcer à retourner en France.

Meneval dut ajouter d'autres détails plus intimes, car il n'était plus temps de cacher la vérité. Peut-être commençait la première de ces grossesses qui devaient peupler les avenues du Burg de bâtards adultérins, titrés princes et qualifiés altesses pour la honte de la Maison d'Autriche. Lorsque Dubois, l'accoucheur, avait affirmé à Napoléon, après la naissance du Roi de Rome, qu'un second enfant mettrait en péril les jours de Marie-Louise, l'Empereur, quelque désir qu'il eût d'une postérité nombreuse, d'un second fils pour occuper le trône d'Italie, se l'était tenu pour dit : M. de Neipperg n'eut point de ces scrupules et prouva diverses fois comme le baron Dubois avait pu se tromper.

Si, dans l'intimité de son cœur, Napoléon n'avait plus le pouvoir de conserver le moindre doute, au point de vue politique, il était nécessaire que la nation ne connût point la vérité et qu'elle gardât sur l'Impératrice les illusions que l'Empereur lui supposait. Un an auparavant, il estimait que rien n'était plus propre à émouvoir les peuples que la pensée de cette femme et de cet enfant confiés à la France, aujourd'hui la captivité où on les tenait, cette séparation qui violait toutes les lois divines et humaines, cet attentat à la foi conjugale et à l'amour paternel commis par les rois armés pour rétablir en France le régime des bonnes mœurs, lui semblait de nature à soulever tout ce qu'il restait de généreux dans des cœurs d'hommes et de patriotes. La douleur que l'Impératrice a éprouvée lorsqu'on l'arracha à son devoir, les trente nuits qu'elle a passées sans dormir en 1814, la prison réelle qu'elle subit, le traité de Fontainebleau violé par les rois qui lui ont arraché sa femme et son fils, l'indignation de la vieille reine Marie-Caroline disant à sa petite-fille : « On t'empêche de sortir par les portes, sors par la fenêtre et va retrouver ton mari, » le Roi de Rome — il dit à présent le Prince Impérial! — séparé de sa mère, Mme de Montesquiou chassée, tremblante sur l'existence de son pupille, il veut que Meneval raconte tout, dans un rapport tout prêt « si la Chambre fait une motion pour le Roi de Rome ». La Chambre!

Pas une fois, durant les Cent Jours, pas une fois durant ses six années d'agonie, une parole d'amertume ou seulement une parole de blâme n'est sortie de sa bouche contre cette femme : Toujours des mots d'affection, de douceur et de pitié. Toujours, son souvenir lui revient à l'esprit paré de jeunesse et de fraîcheur. C'est la franchise, c'est la loyauté mêmes. « C'est l'innocence et tous ses attraits. » Il n'est pas un de ses compagnons de captivité qui ne rapporte les mêmes conversations, presque dans les mêmes termes. Dans les journaux, apprend-il quelque accident qui lui soit survenu, il se fait expliquer l'article jusqu'à trois fois. Un bâtiment d'Europe jette-t-il l'ancre dans la rade de James-Town, il se persuade qu'il va recevoir une lettre de l'Impératrice et il passe tout le jour, inquiet et nerveux, sans travailler. Lui enlève-t-on un de ses serviteurs, Las Cases ou O'Meara, c'est d'abord à Marie-Louise qu'il songe à l'adresser, remettant, par exemple, à son chirurgien ce billet : « S'il voit ma bonne Louise, je la prie de permettre qu'il lui baise les mains. » Dans son testament, le 5 avril 1821, il écrit cette phrase : « *J'ai toujours eu à me louer de ma très chère épouse l'Impératrice Marie-Louise. Je lui conserve jusqu'au dernier moment les plus tendres sentiments. Je la prie de veiller pour garantir mon fils des épreuves qui environnent encore son enfance.* » Et ce n'est pas assez : Ce n'est pas assez, sur cette modeste garde-robe qui fait à présent sa fortune, que le legs de ses dentelles; c'est, le 28 avril, sept jours avant sa mort, son cœur même qu'il veut qu'Antommarchi arrache de son corps : « *Vous le mettrez dans l'esprit-de-vin, vous le porterez à Parme à ma chère Marie-Louise, vous lui direz que je l'ai tendrement aimée, que je n'ai jamais cessé de l'aimer. Vous lui raconterez tout ce que vous avez vu, tout ce qui se rapporte à ma situation et à ma mort...* »

En vérité, Hudson Lowe a bien fait d'obliger Antommarchi à placer dans le cercueil le vase d'argent qui contenait le cœur de Napoléon. Qu'en eût fait M. de Neipperg?

Au moins, à défaut de cette femme, cette étrangère, d'autres, et peu importe d'où elles venaient, de France, d'Irlande ou de Pologne, ont, aux derniers jours de gloire, durant ce court règne de trois mois, entouré l'Empereur de leur beauté fidèle, réjoui son cœur de leur enthousiasme, et se faisant par dévouement, même celles qui étaient le moins faites pour la politique, ses espionnes et ses avertisseuses, ont, avec leur instinct plus qu'avec leur raison, fourni des conseils qui eussent mérité d'être suivis. Ainsi George au sujet de Fouché; ainsi Mme Pellapra, qui s'est hâtée de revenir de Lyon, et qui, elle aussi, surprend certaines démarches du duc d'Otrante; ainsi Mme Walewska, qui est accourue de Naples et qui, dès son arrivée, est reçue avec son fils à l'Élysée, apporte des paroles de la part de Murat. Mme *** est la première à se présenter à l'Empereur, et, reprenant d'autorité son titre et son rang de Dame du Palais, elle est des fidèles du 20 mars, de celles qui, dans les salons illuminés des Tuileries, attendent impatiemment le revenant de l'île d'Elbe. Et bien d'autres, Mme Dulauloy, Mme Lavallette, Mme Ney, Mme Regnauld de Saint-Jean-d'Angely, Mme de Beauvau, Mme de Turenne, se disputent de le voir et de lui plaire. A ce moment, sur quelques-unes des femmes de France, sur ces têtes charmantes et faites pour l'amour, passe ce souffle divin qui fait les héroïnes et les martyres, qui inspire des actes suprêmes de dévouement et de courage, et qui met les âmes de niveau avec les périls les plus inattendus.

On le vit bien durant toute cette période sinistre, qui retient justement le nom de Terreur Blanche, et dont on essaye en vain, aujourd'hui, de pallier les atrocités : les femmes, ces femmes de l'Empire, qui avaient fait l'ornement et la joie des fêtes impériales, ces femmes d'élégance et de grâce, les plus dépensières et gâcheuses qu'on vit jamais, montrèrent alors, au milieu de la lâcheté universelle des hommes, un courage, une énergie, une présence d'esprit qui les immortalisent. Aux Tuileries durant les Cent Jours, à Malmaison après Waterloo, elles avaient déjà prouvé comment elles savaient affirmer leur foi et honorer le malheur.

Et ce ne sont point seulement des connues, des célèbres, mais des ignorées et des obscures, comme cette femme qui, à la revue des Fédérés, s'approche de l'Empereur et lui remet une pétition, un rouleau de papier soigneusement ployé : lorsqu'il ouvre le rouleau, il s'en échappe vingt-cinq billets de mille francs. Et celle-ci qui, le 23 juin, la veille du jour où Napoléon va quitter l'Élysée pour Malmaison, écrit au valet de chambre de l'Empereur en l'invitant à se rendre à l'Église Saint-Philippe du Roule, pour une communication importante. Marchand va au rendez-vous, trouve à la place indiquée une femme en prières, à demi voilée, pas assez pour dissimuler ses traits d'une rare beauté. Il s'approche et lui demande en quoi il peut la servir. Elle reste un instant sans répondre. Puis, avec un extrême embarras, elle dit que les malheurs de l'Empereur l'ont émue profondément, qu'elle voudrait le voir, le consoler, l'admirer. Napoléon, à qui cette prière est rapportée, sourit et répond : « C'est une admiration qui peut mener à une intrigue, il n'y faut pas donner suite. » Mais l'offre naïve de ce cœur, en ce jour, à cette heure, le touche assez pour que, plus tard, à diverses reprises il parle de l'inconnue de Saint-Philippe du Roule.

Trouva-t-il au moins, dans la captivité, quelque femme qui lui apportât cette sorte de consolation que seule la femme peut donner à l'homme? On sait ses jeux enfantins avec miss Elizabeth Balcombe dans son séjour à Briars; on devine quelque habitude prise avec une femme à qui sa conduite sous l'Empire semblait devoir interdire à jamais de l'approcher, et qui, deux fois divorcée, chassée de la Cour, avait, par le simple fait de son mariage, amené la disgrâce de son troisième mari. Mais si les libéralités testamentaires que l'Empereur lui accorda donnent quelque poids aux rapports des commissaires étrangers ; si, vraisemblablement, la présence de cette femme fut l'occasion de la discorde qui se mit entre les compagnons de l'Empereur, si son départ marqua encore une de ces étapes douloureuses qu'il fallait que Napoléon parcourût, on sait encore sur cette partie du drame de Sainte-Hélène trop peu de chose pour y pouvoir insister. La femme y joua son rôle : voilà tout ce qu'on peut dire.

A côté de celle-ci, courtisane émérite, que l'intérêt conduit à Rochefort et que l'intérêt maintient à Sainte-Hélène, une autre femme se rencontre, vraiment digne, celle-là, d'admiration : Mme la comtesse Bertrand. Heureuse mère, heureuse épouse, elle trouve dans le devoir accompli la satisfaction de sa conscience. A Paris, par sa naissance, par ses parentés avec les Fitz-James, elle serait des premières à la Cour et à la Ville. Elle vit dans une maison, une cahute plutôt, infestée de rats, à portée de l'Empereur, sans avoir même la consolation de le soigner et de lui être utile. Elle est là jusqu'au bout, belle, sensible et grave, gardant en matrone romaine l'intégrité de son honneur, apparaissant, en ce dernier cortège qui mène le captif enfin expiré jusqu'à la vallée du Géranium, pareille à une statue de la Douleur et c'est elle, une Anglaise de naissance, qui, seule femme, pleure sur celui que l'Angleterre a assassiné.

XX

Et maintenant, quelle opinion peut-on se faire et garder de Napoléon *féministe ?*

Elle est double. Ici, le physique seul ; là, le physique et le moral réunis et le moral primant le physique.

Des aventures banales où le physique seul est en jeu, on n'a rien caché ; et ce n'est pas qu'on en puisse tirer des vues particulières sur son caractère, mais, en les taisant, on aurait donné à penser qu'elles en eussent fourni de défavorables. Parce qu'il était Napoléon, son alcôve n'a pu conserver de secrets ; quelque soin qu'il ait pris pour rendre mystérieuses ces rencontres de hasard, les dames du Palais, les femmes de chambre, les aides de camp, les valets de chambre, sans cesse à l'affût des événements les plus insignifiants qui se produisaient dans le château, en tenaient registre. Autour des Tuileries, quiconque vivait dans la zone gouvernementale, sollicitait des faveurs, ou chassait simplement aux nouvelles, a de même mentionné en ses cahiers ce qu'il parvenait à apprendre ; et, comme tout ce que Napoléon a touché s'est fait histoire, comme il n'est rien de ses moindres actions, des moindres accidents de sa santé qui n'intéresse l'humanité, comme, depuis cent ans, le public dans le monde ne s'est guère passionné que pour lui, tous ces témoignages, plus ou moins authentiques, ont trouvé créance ; les pamphlétaires y ont puisé à pleines mains pour appuyer leurs thèses, et bien des opinions erronées se sont accréditées. Le seul moyen que l'on ait pour les réfuter, c'est d'établir les faits, c'est de rapporter toutes celles de ces aventures qui, racontées par plusieurs témoins dont les narrations concordent, présentent des garanties d'authenticité suffisantes. S'il en est qu'on a négligées, ou qu'on a seulement indiquées quoiqu'elles soient probables, c'est qu'elles n'avaient été relevées que par un seul chroniqueur, et que l'on n'avait pu en découvrir nulle preuve documentaire ; c'est aussi parce qu'elles étaient à ce point ordinaires et communes qu'elles n'eussent été qu'une répétition sans intérêt de faits déjà exposés.

Que signifient ces aventures? Que Napoléon est un homme : il a trente ans en 1799 ; il a quarante ans en 1809, et il n'a point fait vœu de continence. Les femmes s'offrent au moindre désir qu'il témoigne ou qu'on témoigne pour lui. Il les prend, très souvent par besoin, quelquefois par volupté, mais sans qu'il en éprouve jamais une fatigue cérébrale, sans qu'il en reçoive une distraction pour son travail. De ces femmes, nulle qu'il ait corrompue. S'il en est qui soient vierges, ce sont des vierges expertes et qui font elles-mêmes marché de leur virginité. — Encore, est-on bien sûr qu'il s'en trouverait?

De fait, qu'elles aient un mari ou qu'elles n'en aient point, qu'elles soient au théâtre ou qu'elles tiennent à la Cour, ce sont des filles. Elles cherchent de l'argent pour le plaisir qu'elles donnent. Il les paye. Partant, quittes. Nulle sensualité : la sensualité n'existe que où commence le raffinement de la volupté. Lui, va droit au fait, naïvement, et ne perd pas de temps aux mignardises. On le dit brutal, parce qu'il est pressé. Il en est là comme à ses repas, et s'il donne une satisfaction à ses sens, c'est qu'ils l'exigent, que leur emploi a été prévu, ou que l'occasion s'en présente, nullement qu'il l'ait recherchée, qu'il y ait pensé, qu'il en ait rêvé, qu'il se soit fait des habitudes de plaisir ou qu'il se soit créé de factices besoins.

Cela est-il conforme à la morale? Quelle morale? Si elle varie selon les latitudes, combien plus selon les époques!

Pour juger les hommes de l'Empire, — et, bien plus, l'Empereur! — avec la morale hypocrite et étriquée des bourgeois contemporains, il faudrait d'abord leur donner l'existence de cette bourgeoisie. Or, dans la vie qu'ils mènent réellement, cette vie promenée dans les quatre coins de l'Europe au milieu des balles et sous les boulets, cette vie de perpétuelles chevauchées avec la mort en croupe, si quelques-uns, hors de la vue de l'Empereur, traînent à leur suite des maîtresses, la plupart ne s'en soucient point et, en campagne, sous leur harnais de bataille, restent chastes. Après une longue guerre, au retour, ou dans une ville conquise, s'il arrive qu'un torrent de passion brutale les emporte et les rue sur une femme, quelle que soit la femme, de même que, à des jours, crevant de faim, ils se jettent sur un croûton de pain moisi, est-ce à dire qu'ils sont immoraux et le bourgeois le plus réputé pour sa moralité n'est-il pas cent fois moins continent que n'est le plus débauché de ces hommes? Ne faut-il donc pas, pour le métier auquel ils se sont adonnés par goût et qu'ils continuent par ambition, qu'ils soient, d'origine et de nature, des spécimens hors pairs d'humanité brutale et primitive? N'ont-ils pas dû, par carrière, développer et exaspérer toutes les facultés sauvages de combativité et, par suite, d'animalité? N'ont-ils donc point, parce qu'ils sont soldats, les mêmes besoins, les mêmes goûts, les mêmes appétits que les autres hommes, et doivent-ils, par scrupule de monogamie, demeurer constamment fidèles à l'épouse constamment absente?

Quelques-uns l'ont fait et il en est des preuves singulières : il est dans ce temps d'admirables exemples d'amour unique donnés par des hommes de fer dont le cœur a la délicatesse fidèle qu'on eût prêtée au Grand Cyrus ; mais, pour la plupart, ces distractions de bivouac, ces passades de garnison ne comptent pas — de même que ne comptent point, à Paris, les infidélités d'une heure qu'ils se permettent et qu'ils cachent si soigneusement qu'il faut leur mort pour les révéler. Ils n'en gardent pas moins, près de cette animalité qu'il faut satisfaire, des côtés singuliers d'ingénuité sentimentale et de tendresse conjugale. Pour la femme qu'ils ont, tous ou presque tous, épousée par amour, avec un désintéressement absolu, rien de trop beau, rien de trop riche, rien de trop merveilleux. Pour satisfaire ses désirs, ils pillent l'Europe et ils en jettent les dépouilles à ses pieds. Pour contenter ses caprices, des patiences, des diplomaties, des empressements qui feraient sourire s'ils n'attendrissaient.

Pour la générosité, pour les soins à rendre à sa femme, pour les lettres, pour les cadeaux, pour la prodigieuse fortune qu'il lui fait, à coup sûr Napoléon ne se laisse vaincre par aucun d'eux. Mais son sentimentalisme à lui est d'autre origine et d'autre essence que le leur.

Eux, qui n'ont pu recevoir de leur nature ou garder de leur éducation aucun scrupule, s'en sont fait d'honneur : un honneur de soldats qui diffère par des côtés de celui que Montesquieu attribuait aux gentilshommes, bien qu'ils tiennent, eux, que l'épée les a faits leurs égaux. Ils ne peuvent pourtant chercher des règles à cet honneur en des temps tout proches et ne se soucient guère de prendre pour leurs modèles des Lauzun ou des Tilly : ils détestent encore ceux qu'ils ont remplacés et, s'ils prétendent à être gentilshommes, c'est qu'ils se tiennent égalisés aux ancêtres des plus nobles. Qu'étaient ces ancêtres? Les chevaliers croisés — et c'est cela qui explique l'immense succès qu'obtient sous l'Empire ce qu'on a appelé le *genre troubadour*. D'où vient la répercussion? Est-ce la littérature qui crée dans les esprits le mouvement *troubadour* — sont-ce, au contraire, les tendances sociales qui le déterminent, peu importe. Ce qu'il faut voir, c'est que jamais l'art et la littérature n'ont mieux répondu à ce que la société attendait d'eux, n'ont exercé sur les mœurs plus d'influence et que cette influence a été d'autant plus vive que les esprits qui la subissaient étaient, d'origine, moins cultivés.

Dans le genre troubadour auquel, dès 1806, tout est tourné en France : roman, histoire, théâtre, tableaux, costumes, il s'agit moins du troubadour, que de celui dont le troubadour chante les exploits : du chevalier; le chevalier qui professe le culte de sa dame, qui, pour les exploits qu'il accomplit en Terre-Sainte : infidèles occis, dragons domptés, villes emportées, se pare d'une écharpe à ses couleurs et se tient assez payé par un regard d'elle. Les guerriers de l'Empire font tous effort pour se modeler sur ce chevalier idéal et imaginaire. S'ils ne ceignent point l'écharpe aux couleurs de la dame de leurs pensées, combien ont, à leur épée, une dragonne qui a été brodée par des mains chères, combien portent sur leur cœur un portrait, se parent aux jours de bataille de quelque babiole donnée par la femme aimée!

Sans doute, Napoléon suit moins que d'autres le courant troubadour. Il n'y cède point comme son beau-fils Eugène, comme certains de ses maréchaux; néanmoins, l'atmosphère ambiante n'est pas, à la fin, sans agir sur lui et on pourrait, dans ses rapports avec Marie-Louise, relever certains détails qui le prouveraient sans réplique. Mais ce n'est qu'à la fin de l'Empire, alors qu'un sentiment, qu'il n'a point éprouvé non plus encore, fait son apparition pour primer et effacer tout autre.

Jusque-là, le sentimentalisme qu'il éprouve ne doit rien à la littérature nouvelle; mais beaucoup, sinon tout, à la littérature d'hier. La formation sentimentale de Napoléon, c'est Rousseau qui l'a faite, Rousseau seul. Au témoignage de Joséphine elle-même, il a aimé trois femmes : Elle, Mme *** et Mme Walewska. Qu'on reprenne ses lettres à Joséphine, c'est du Rousseau; qu'on reprenne ses lettres à Mme Walewska, c'est du Rousseau. Et que dire des conversations? N'y retrouve-t-on pas le ton des premiers écrits de jeunesse du lieutenant Buonaparte, et les mêmes mots, les mêmes phrases par lesquelles, à Valence, il plaignait sa solitude et sa pauvreté? N'est-ce pas de la même âme qu'elles coulent, ces pensées sur l'irréalisable et sur le néant de la vie? N'est-ce pas la même souffrance qui, à trois reprises, lui inspire les mêmes rêves? Élève de Rousseau, s'est-il à ce point imprégné de la pensée du maître qu'il l'ait faite sienne et que lui, qui a tout tenté et tout obtenu, même l'impossible, dans l'ordre des faits, ne rencontre qu'impuissance, négation et dégoût dans l'ordre des sentiments? Ou bien, tout en voyant du Rousseau à la source de ses sentiments et dans la forme qu'il leur donne, faut-il penser que son tempérament moral s'est développé dans ce sens et que la littérature n'y est plus pour rien? En cette recherche de la femme qui l'aime pour lui-même, qui ne soit qu'à lui, qui ne pense qu'à lui, qui entretienne avec lui un continuel échange de tendresses, il est certainement de bonne foi; mais jusqu'à quel point obéit-il à ses souvenirs littéraires, jusqu'à quel point se contraint-il pour éprouver des sensations qu'il croit d'une espèce rare et nouvelle?

Ce qui peut donner à penser qu'il force ici sa nature, c'est qu'il s'en lasse bientôt. Il n'en reçoit pas le plaisir qu'il en attendait; il trouve la femme qu'il aimait ou qu'il croyait aimer inférieure à l'idéal qu'il s'est forgé. Un incident le met en soupçon et le fait cabrer. Tout casse. Le sentimental qu'il est d'éducation s'est retrouvé en face de l'homme pratique et positif qu'il est de nature ; mais, dès qu'il peut, il court à une expérience nouvelle, il s'y empresse et s'y complaît, il s'y délasse et, cette fois, il en jouit pleinement.

Pour un homme tel, ce qui est surprenant, c'est la fidélité, non des sens, mais du cœur. Il trompe Joséphine, il a des maîtresses, des vraies, de celles qu'il aime sincèrement, profondément, avec qui il parcourt sans se lasser toute la gamme des enfantillages du sentiment, et, à côté, en un coin à part, il conserve, pour celle qui a été la première en sa vie, une tendresse si grande, un tel désir, une si réelle affection qu'il oublie tout ce qu'elle a pensé, dit et fait contre lui ; il ne le pardonne pas : il l'abolit.

Cette existence dont il n'a pu manquer d'être instruit, où il trouve ce qui devrait le révolter le plus, des amants, de la vénalité et des dettes, il n'en a gardé nul souvenir. Il sait seulement que cette femme qu'il a élevée à être la première de l'Europe, qu'il a appelée au trône, qu'il a fait sacrer par un pape, qu'il a associée aux plus inouïes des destinées, est la grâce même, l'élégance personnifiée : il lui prête des qualités et même des vertus ; il la pare de tous les dons qu'un amant passionné peut attribuer à sa maîtresse et, s'il lui reproche sa prodigalité, n'est-ce pas encore un moyen de montrer comme il l'a aimée, puisqu'il lui a donné les moyens d'y satisfaire?

Ce qu'est cette femme au naturel, cette femme sur laquelle il jette un manteau d'immortalité en accréditant sur elle une légende toute d'imagination, il l'ignore si profondément que, s'il trompe la postérité, c'est parce qu'il y est trompé lui-même. Jusqu'à la fin, jusqu'à la mort, il persiste en son illusion et, à Sainte-Hélène, il a toujours devant ses yeux, dans son cœur, dans ses sens, la Joséphine qu'a vue pour la première fois le général *Vendémiaire* dans le petit hôtel de la rue Chantereine, la Joséphine de Milan et de Mombello, la femme qui, la première, la seule peut-on dire, a déchaîné en lui l'orage des passions et lui a fait connaître et goûter l'amour.

Maîtresse, celle-là : car c'est d'un amour d'amant qu'il l'a aimée, d'un amour irrespectueux, qui ne sait point se contraindre, qui exige d'être satisfait sur l'heure, qui ne craint pas les fâcheries, qui trouve du plaisir aux revenez-y, qui fait volontiers l'aveu des infidélités, qui, sur la fin, est comme la camaraderie avec une vieille maîtresse, avec les demandes d'appui pour les ruptures, avec les confidences hasardées, et tout le train-train de la vie libre et sans gêne. C'est à ce point l'amour pour une maîtresse que, à chaque évolution de sa destinée, il sent mieux que sa fortune lui commande de rompre cette liaison qui, à ses yeux, n'est point un mariage; il comprend que cela ne peut durer éternellement, qu'il faut qu'il fasse une fin, qu'il s'établisse. En sa superstition de conscience, il ne se tient point marié, puisqu'il n'a point passé par l'église; ou que si, sur le tard, après huit ans, il a paru devant un prêtre, c'est par contrainte. Le contrat, tel quel, il le tiendrait pour valide si un enfant était né. Alors, l'engagement serait formel. Mais point d'enfant, point de contrat. Et lorsqu'il la quitte, il la traite encore en maîtresse, la consolant par un gros tas d'argent, lui faisant la vie large, opulente.

On peut se demander, malgré toutes les faiblesses que Napoléon a eues pour cette femme, malgré son empressement à la combler, à adopter ses enfants, à élever sur des trônes ses nièces et ses cousines, s'il l'a jamais tenue, elle, comme de *sa famille*, tant est différent le sentiment qu'il a pour elle de celui qui se développe en lui dès qu'il a épousé Marie-Louise et surtout dès que Marie-Louise l'a rendu père. Alors, l'*esprit conjugal* l'envahit, le domine, l'absorbe. Certes, il n'a jamais aimé Marie-Louise de passion comme il a aimé Joséphine. Jamais pour lui, elle n'a été la maîtresse; mais, dès le début, pour lui, elle a été l'épouse. Point d'infidélités alors, ou s'il s'en permet, elles sont si soigneusement cachées et si obscures tout ensemble qu'elles témoignent mieux du respect extérieur qu'il entend garder à la foi promise. Nulle confidence suspecte, nu divertissement qu'il prenne en dehors de sa femme. On est réduit, lorsqu'il néglige d'aller lui-même mettre ordre à ses affaires d'Espagne, à se demander si l'obligation de quitter sa femme n'est point une des causes qui l'empêchent de partir. Tandis que, à Joséphine, il a refusé toute participation au gouvernement de l'Empire, il appelle Marie-Louise à gouverner, il la fait régente; il lui découvre plus d'intelligence, plus d'esprit, plus de raison qu'il n'en accorde à ses vieux conseillers, à ses frères eux-mêmes. Ce n'est pas seulement parce qu'elle est la mère de son fils qu'il la traite ainsi, bien que ce soit là la raison apparente, mais c'est qu'il éprouve pour elle cette sorte de respect conjugal qu'il n'a jamais eu pour Joséphine.

Tandis que, avec celle-ci, il demeure toujours — même elle morte — *l'amant*, avec celle-là il est toujours *l'époux*. Avec Joséphine, c'est son éducation sentimentale, telle que Rousseau l'a faite, qui domine. Avec Marie-Louise, c'est l'atavisme corse, la vieille tradition de ses montagnes qui reprend ses droits. Il y ajoute, mais seulement par surcroît et l'on peut dire par superfétation, l'impression monarchique. Mais la qualité d'épouse est à ses yeux suffisante, dès qu'elle est sanctifiée et comme sublimée par la qualité de mère.

Il ne veut pas admettre que sa femme l'abandonne; il ne veut pas savoir qu'elle le trompe :

elle est sa femme, et c'est assez pour la mettre au-dessous des communes tentations. Et, si puissant est chez lui l'esprit conjugal que, à Sainte-Hélène, il agit jusqu'au bout, jusqu'à la mort (témoin le testament) comme s'il ignorait ; et que lui, si jaloux de la femme possédée qu'il se plaint amèrement du mariage de Mme d'Ornano, il n'a que des paroles de tendresse, de complaisance, et d'affection pour sa femme, pour Marie-Louise. Serait-ce que, jusqu'à la fin, il prétend sauvegarder en elle cette loi monarchique qui fait une obligation du respect pour les têtes couronnées? Serait-ce qu'il se plaît à se bercer d'une illusion suprême ou qu'il trouve aux fautes de l'Archiduchesse de particulières excuses, ou encore qu'il s'imagine que le secret qu'il n'avoue point en sera mieux gardé par l'histoire? Peut-être quelque chose de tout cela entre-t-il en son esprit, mais, surtout, il veut ignorer, parce que cette femme est l'épouse et que l'épouse ne peut faillir.

Ainsi, en dégageant les brutalités physiques qui ne sont que des distractions passagères, on arrive à trouver en Napoléon une faculté d'aimer aussi grande que l'est chez lui la faculté de penser et d'agir, et qui montre un amant et un époux aussi étonnants qu'ont pu être le guerrier et l'homme d'État. L'époux, pour épargner le blâme de la postérité à sa femme, se contraint au silence et se condamne, de 1815 à 1821, à jouer une comédie étrange pour maintenir l'honneur de l'épouse. Il est fidèle, il est respectueux, il est tendre. Il a des attentions craintives de jeune mari, et tout en étant, car son tempérament l'exige, d'une jalousie sans bornes, il se domine assez pour n'en point avoir l'air tant que sa femme vit avec lui, pour affecter la confiance la plus absolue alors que sa femme est séparée de lui par des océans, qu'elle l'a abandonné et qu'elle le trompe.

Pour l'amant, il est plus singulier encore par la puissance des sensations qu'il éprouve et si l'on peut dire par l'amativité qu'il développe. Il n'y a pas une des notes du clavier humain dont il ne s'essaie à jouer avec les femmes et surtout avec la femme qu'il aime en amant. Tantôt, c'est la frénésie sensuelle, la passion physique en ce qu'elle a de plus violent ; tantôt, c'est la passion morale en ce qu'elle présente de plus délicat et de plus suave. Rien ne lui échappe des sentiments ; rien ne lui en demeure étranger et, pour lui-même, en tant qu'homme et à son point de vue égoïste, il est l'amant par excellence. Pour les femmes, elles en ont jugé sans doute d'autre façon et cet amant a pu leur faire éprouver de si singulières déplaisances qu'il est à présumer qu'aucune ne l'a aimé. Mais la femme n'aimera jamais l'amant en qui elle sentira le supérieur, le maître qui la voudra plier à sa volonté et se refusera à recevoir la sienne, qui lui imposera ses sentiments et ne se conformera point à ses opinions. Qui donc sait jamais s'il est aimé et n'est-ce point beau déjà d'avoir joui pour soi de l'amour physique et de l'amour mental à un degré inconnu de la plupart des hommes et de toutes les façons dont un homme peut les éprouver?

Reste un point : Époux ou amant, Napoléon a-t-il subi, des femmes qu'il a aimées, des directions qui aient réagi sur sa politique? les femmes ont-elles eu une influence sur ses idées et, par suite, sur ses actes? D'influence directe, il ne semble point, pour les maîtresses, pas même pour la femme : mais que les impressions reçues des unes et des autres et à propos des unes et des autres, les conversations tenues avec elles, les circonstances occasionnelles qui accompagnaient telle ou telle liaison, aient amené son esprit à concevoir certaines idées nouvelles, à modifier certaines idées acquises, aient eu même sur sa vie une action certaine, cela ne saurait être discuté.

Si fort aimée qu'elle ait été, Joséphine ne serait point sans doute au premier rang parmi celles qu'on peut retrouver à l'origine de certaines résolutions politiques. Si l'on a supposé que c'est elle qui l'aiguille à droite, qui, en lui procurant un entourage à demi noble, l'amène par moments à sacrifier l'esprit de la révolution aux traditions de l'ancien régime, on se trompe, c'est bien lui qui le veut et c'est bien lui qui recherche les aristocrates, quitte à être trahi, vendu, livré par eux. Joséphine recrute pour lui, mais c'est par son ordre; Joséphine distribue des grâces, mais c'est qu'il s'imagine qu'elles en seront mieux reçues, qu'elles produiront meilleur effet. Il a le parti pris d'accorder à Joséphine les radiations d'émigrés, les restitutions de biens, et toutes ces faveurs avec lesquelles il croit obliger à la reconnaissance, au moins à la neutralité, les gentilshommes et les grandes dames : mais le point est arrêté dans son esprit, car, à moins de surprise, il ne se laisse implorer que pour des faveurs qu'il est décidé à accorder et il n'est point roi d'assez ancienne race pour prendre comme une jouissance à repousser une femme en pleurs qui mendie la tête de son mari ou de son frère. Des nuances, quelques fausses impressions, un certain nombre de renseignements parmi lesquels il en est d'inexacts, voilà bien à peu près tout ce qu'il semble tirer de Joséphine.

Mais, d'autres, combien plus? N'est-ce pas parce que la demoiselle Denuelle de la Plaigne est devenue enceinte de lui qu'il se résout au divorce et ne s'y détermine-t-il pas après que Mme Walewska a été grosse de ses œuvres? Toute sa politique à l'égard de la Pologne ne se trouve-t-elle point éclairée d'un jour nouveau si l'on regarde quelle maîtresse il a, en 1807, en 1808 et en 1809; et de même la longanimité pour Bernadotte n'est-elle point excusée par l'ancien souvenir de Désirée?

Dès qu'il s'est uni à Marie-Louise, qu'il est, par elle, entré dans la famille d'Autriche, qu'il considère le lien ainsi formé comme aussi étroit que celui qui l'attache de naissance à sa propre famille, sa confiance, sa certitude d'être suivi jusqu'au bout, la façon dont il s'engage et se livre, ne sont-elles pas expliquées? Si l'esprit familial est si puissant sur son imagination qu'il tienne que seul il assure les alliances politiques — et c'est ainsi pour lui en Bavière, à Bade, en Wurtemberg avant d'être en Autriche — à l'intérieur, combien plus ne se livre-t-il pas à l'esprit conjugal? Marie-Louise donc, non par son influence directe, mais par la place qu'il lui accorde en ses combinaisons, par le prestige dont son esprit l'entoure, se trouve exercer sur sa politique, à la fois au dehors et au dedans, une action sans précédent.

Serait-il homme s'il était autrement et n'est-ce point justement parce qu'il a retenu ce qu'il y a de meilleur en l'humanité, qu'il s'y est attaché et livré, n'est-ce point parce qu'il a gardé un fidèle et tendre souvenir de son premier amour, n'est-ce point parce qu'il a été familial à la façon dont on l'est en sa race, et conjugal comme son instinct et la morale monogamique le commandent que sa chute a été si terrible et si profonde?

Si la femme ne jouait aucun rôle en sa vie, Napoléon cesserait d'être ce qu'il est, l'exemplaire le plus surprenant du génie masculin. Il serait un individu sans sexe, à part, exceptionnel, et qui n'intéresserait plus l'humanité puisqu'il n'éprouverait aucune de ses passions, ne suivrait aucune de ses traditions, et n'aurait avec elle aucun sentiment qui serait commun. Tel qu'il est, au contraire, lui dont l'activité cérébrale est supérieure à celle de tous les hommes connus, lui qui, servi par une fortune sans égale, a trouvé sans cesse en son esprit des ressources égales à sa fortune, lui qui a accompli l'œuvre la plus grande que mortel ait jamais accomplie, il est par excellence l'homme à qui rien d'humain n'est demeuré étranger.

L'humain, c'est de subir la femme, c'est de croire en la femme, c'est d'aimer la femme, c'est d'éprouver par la femme et pour la femme toute la série des sensations et des sentiments que la femme peut inspirer. Tous, Napoléon les a connus, et par ce côté, comme par tous les autres, il demeure supérieur aux autres êtres.

NOTE A (page 66).

Grâce à l'extrême obligeance de M. Paul Le Blanc, de Brioude, j'ai eu communication de deux articles de M. H. Mosnier qui ont paru dans la *Haute-Loire* des 23 et 24 août derniers. M. H. Mosnier y a étudié avec une compétence toute particulière les *aventures de M. de Ranchoup* et, sur plusieurs points, a rectifié fort utilement mon récit. Les Ranchoup, dit-il, avaient, au xviie siècle, une position des plus modestes, étaient laboureurs dans les villages de Bougernes, Solages et Ranchoup, aux environs de Craponne. En 1651, un d'eux arrive à la dignité de consul de Craponne et ils se trouvent dès lors alliés aux bonnes familles bourgeoises de la ville. Au commencement du xviiie siècle, Pierre Ranchoup va exercer au Puy la profession de chirurgien : il a cinq fils, dont un devient précepteur du comte de Mailly, un autre chanoine de Chartres; un troisième passe aux Iles, se fixe à Saint-Domingue, y est lieutenant du prévôt, et, de son mariage avec une Mlle Denain, fille d'un armateur de Bordeaux, a un fils : Pierre-Henry, le mari futur de Mme Fourès.

Ce Pierre-Henry, né au Cap-Français, vient de bonne heure en France, où ses oncles se chargent de son éducation, mais, dès qu'il a seize ans, il leur en fait voir de toutes les couleurs. Il est reçu comme cadet au régiment d'Anjou, obtient, un an après, le grade de sous-lieutenant, et passe, en 1781, aux Indes où il se bat en brave homme et est blessé grièvement. Sa mère meurt, lui laissant une trentaine de mille francs qu'il revient manger en France. Échoué à Chartres chez son oncle, après la succession dévorée, il en repart, en 1787, pour Constantinople, obtient un emploi de major dans l'armée turque et fait les campagnes de Moldavie et de Valachie. En 1795, il y est encore, dirigeant une école militaire et formant à l'européenne un corps de l'armée turque.

Au moment de la campagne d'Égypte, il est à Paris et offre ses services au Directoire, qui semble l'employer à une mission en Hongrie. En 1800, à son retour de Hongrie, il rencontre Mme Fourès, laquelle, séduite par la particule et le titre de chevalier que Ranchoup s'est donnés, l'épouse et lui obtient le 11 brumaire an X (19 octobre 1801) le sous-commissariat des relations commerciales de Santander. Trois ans plus tard il est nommé consul en pied. En 1807, il est transféré à Carthagène. Mme de Ranchoup proteste contre ce déplacement dans une lettre très curieuse adressée à Talleyrand, dans une requête directe à l'Empereur, auquel elle demande un consulat général : Dantzig ou Hambourg. C'est, dit-elle à Napoléon, *la dernière prière qu'elle lui adresse*, et elle dit à Talleyrand que Sa Majesté ne lui refusera pas cette grâce, *la première qu'elle lui ait demandée de sa vie*. Explique qui voudra la contradiction.

Le 27 juin 1810, seulement, Ranchoup obtient le consulat de Gothembourg. Sa femme ne paraît point l'y suivre et fait, en 1812 et 1813, des séjours prolongés à Craponne. Y est-elle exilée, comme l'a dit M. Boutin? M. Mosnier ne le croit pas et il n'y a en vérité nulle raison. Vers 1814 ou 1815, les deux époux, qui vivent en médiocre intelligence, se séparent. Ranchoup obtient, en 1816, le privilège du Théâtre de Nantes et y fait banqueroute. Ensuite il accable de ses sollicitations le ministère des Affaires étrangères : « Ses demandes réitérées, écrit-on en marge de la dernière pétition, ressemblent à de la folie; il est inutile d'y répondre désormais. » Néanmoins il paraît obtenir un traitement de disponibilité en 1826; mais, cette même année, on le retrouve à l'hôpital Saint-Louis d'où il pousse encore un cri de détresse, le dernier, vraisemblablement. Cette existence d'aventurier qu'a menée le mari de Mme Fourès, complète l'histoire de celle-ci et y met le dernier trait. Reste maintenant à retrouver le sieur Auguste Bellard. Reste à éclaircir surtout, dans ce séjour de 1825 fait par Mme de Ranchoup à Paris en revenant du Brésil, la présence d'une jeune fille de vingt ans, que l'on dit sa fille, et qui porte le nom de Longchamp. D'après les rapports de la police, Mme de Ranchoup était d'ailleurs connue elle-même sous ce nom de Longchamp. Il y a là un petit mystère qu'il serait curieux de débrouiller et dont je me permets de recommander l'étude à mes aimables et savants correspondants de la Haute-Loire.

TABLE

	Pages.
Introduction	1
La jeunesse.	1
Projets de mariage.	13
Joséphine de Beauharnais.	25
La citoyenne Bonaparte	39
Madame Fourès	55
Le pardon.	67
La Grassini	79
Les actrices.	93
Les lectrices.	107
Le Sacre de Joséphine	123
Madame ***	137
Stéphanie de Beauharnais	151
Éléonore	165
Hortense	177

TABLE.

	Pages.
Madame Walewska	189
Le divorce	233
Marie-Louise	249
L'île d'Elbe	281
Les Cent-Jours	299
Conclusion	311

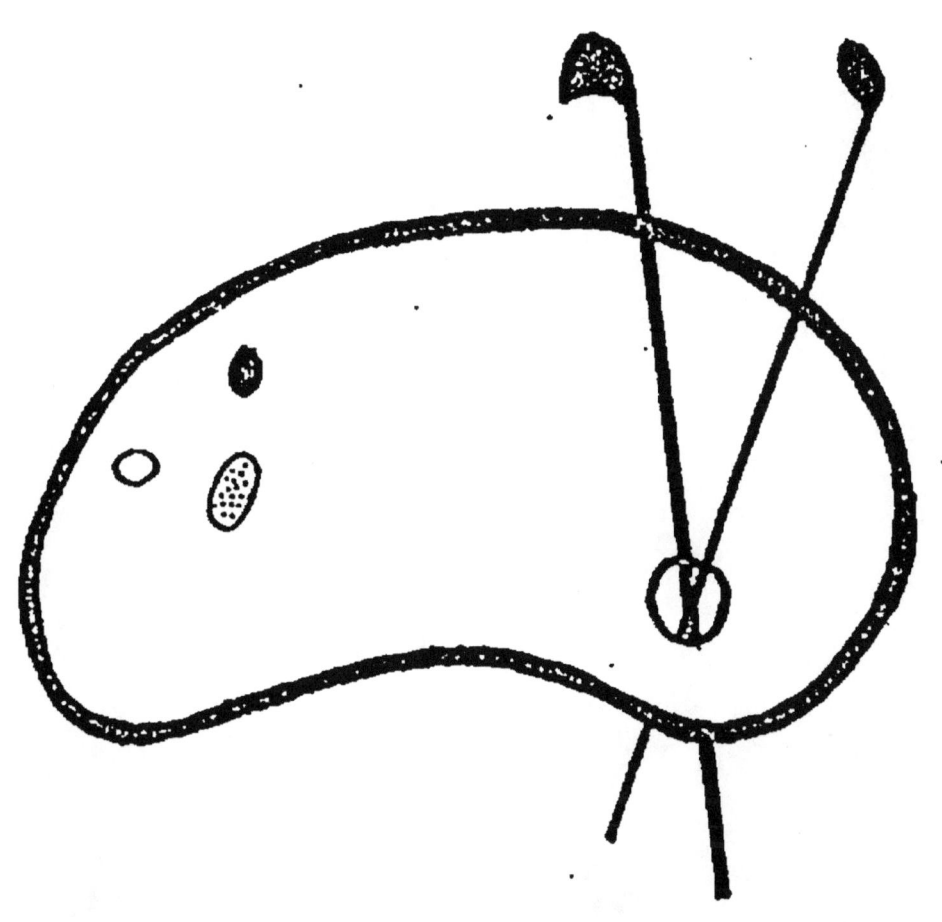

ORIGINAL EN COULEUR
NF Z 43-120-8

www.ingramcontent.com/pod-product-compliance
Lightning Source LLC
Chambersburg PA
CBHW050533170426
43201CB00011B/1413